Eberhard Schmidt
Die verhinderte Neuordnung 1945–1952

W0109582

Eberhard Schmidt ist Professor an der Universität Oldenburg. Seine Untersuchung der Entwicklung der deutschen Arbeiterbewegung in der Nachkriegsperiode 1945-1952 zählt zu Recht zu den historiographischen Pionierarbeiten auf diesem Gebiet. Sie beschreibt die innere und äußere Geschichte der Auseinandersetzungen um die Demokratisierung der Wirtschaft in den westlichen Besatzungszonen und in der Bundesrepublik Deutschland; sie stützt sich dabei auf Materialien aus den Gewerkschafts- und Parteiarchiven sowie auf die amerikanische Literatur zur Besetzungspolitik und zum Ost-West-Konflikt. Mit der Verabschiedung des Betriebsverfassungsgesetzes im Juli 1952 hatte die Nachkriegsentwicklung, die von den Kontroversen über Wirtschaftsdemokratie und Sozialisierung geprägt gewesen war, ihren Abschluß gefunden: Die alten Besitz- und Machtverhältnisse hatten sich gegen ihre politische Alternative durchgesetzt.

Eberhard Schmidt
Die verhinderte Neuordnung
1945-1952

Zur Auseinandersetzung um die Demokratisierung
der Wirtschaft in den westlichen Besatzungszonen und in
der Bundesrepublik Deutschland

Mit einem Vorwort von Wolfgang Abendroth

Europäische Verlagsanstalt

CIP-Kurztitelaufnahme der Deutschen Bibliothek

Schmidt, Eberhard:
Die verhinderte Neuordnung : 1945 – 1952 ; zur
Auseinandersetzung um d. Demokratisierung d.
Wirtschaft in d. westl. Besatzungszonen u. in
d. Bundesrepublik Deutschland / Eberhard
Schmidt. Mit e. Vorw. von Wolfgang Abendroth.
– 8. Aufl., 19. – 20. Tsd. – Frankfurt am
Main : Europäische Verlagsanstalt, 1981.
    ISBN 3-434-10019–9

© 1970 by Europäische Verlagsanstalt, Frankfurt am Main – Köln
19.-20. Tausend/8. Auflage 1981
Umschlag nach Entwürfen von Rambow, Lienemeyer und van de Sand
Produktion: Klaus Langhoff, Friedrichsdorf
Druck: Elektra, Niedernhausen
Bindung: Fuldaer Verlagsanstalt
Printed in Germany
ISBN 3-434-10019-9

Vorwort

Die Geschichte der Bundesrepublik Deutschland ist, wenn man
von der ausgezeichneten italienischen Arbeit von Enzo Col-
lotti (Storia delle due Germanie, Torino 1968) absieht, die
leider nicht in deutscher Übersetzung existiert, in wissenschaft-
lich zulänglicher Weise noch nicht geschrieben. Noch weniger ist
die innenpolitische Entwicklung ihrer Vorbereitungsperiode
nach dem Zusammenbruch des Dritten Reiches bisher analysiert:
das Buch von Hans Peter Schwarz (Vom Reich zur Bundesrepublik, Neuwied und Berlin 1966) beschäftigt sich im wesentlichen mit den interalliierten Auseinandersetzungen, die die
drei Westmächte veranlaßt haben, nach der Unterordnung Eng-
lands und Frankreichs unter die amerikanischen Wünsche die
Bundesrepublik zu gründen. Daneben gibt es nur eine große
Anzahl von Vorarbeiten zu Einzelfragen der Partei- oder
Verbandsentstehung, gelegentlich auch verfassungsgeschichtlichen
Charakters, die einer künftigen Gesamtdarstellung zur Grundlage dienen können.
Das Zentralproblem, an dem sich der künftige Charakter der
beiden Teile, in die das frühere Reich nach der Zuspitzung des
Gegensatzes zwischen den beiden Weltmächten zerfallen ist,
entscheiden mußte, war die Frage nach dem gesellschaftlichen
System, das sich in diesen industriell hochentwickelten Gebieten
bilden sollte. Die große Majorität der im Arbeitsprozeß stehenden bzw. nach der langsamen Überwindung der Kriegsschäden
wieder in den Arbeitsprozeß eingegliederten Bevölkerung bestand aus Arbeitnehmern. Es war auch von vornherein deutlich,
daß diese Majorität noch wachsen und die Zahl der Selbständigen, besonders derjenigen im agrarischen Sektor, stetig sinken
würde. So reduzierte sich die Frage nach der künftigen Sozial-
verfassung weitgehend auf diejenige nach der künftigen Stellung dieser Arbeitnehmer im Reproduktionsprozeß und Vertei-
lungsprozeß, nicht zuletzt auch im tertiären Sektor der Wirt-
schaftsgesellschaft. Sollte die künftige Ordnung also den Anspruch erheben, demokratisch zu sein und die Wiederholung der
Gefahren auszuschließen, denen die Weimarer Republik zum

Opfer gefallen war, so mußten die Tendenzen entscheidende Bedeutung erlangen, die in der relegalisierten Gewerkschaftsbewegung ihren Ausdruck fanden und sich mit den Auffassungen der jeweiligen Besatzungsmacht auseinanderzusetzen hatten.

Schon diese Vorüberlegung zeigt die Bedeutung, die der vorliegenden Arbeit für die allgemeine Geschichte Deutschlands nach 1945 zukommt. Sie bringt in Erinnerung, daß keineswegs nur auf dem Wege von SBZ zur DDR, sondern in gleichem Maße auf dem Wege von den drei westlichen Besatzungszonen zur BRD die Intervention der jeweils herrschenden Siegermächte die künftige Struktur der beiden deutschen Staaten in viel stärkerem Maße bestimmt hat als die eigene Meinungsentwicklung des deutschen Volkes und seiner relevanten sozialen Organisationen, die nach dem Zerfall des Dritten Reiches neu entstehen konnten. Die Restauration in der BRD wäre ohne diese Intervention ebensowenig möglich geworden, wie die Entstehung einer bürokratischen Form der sozialistischen Gesellschaft in der DDR.

Von mindestens gleicher Bedeutung ist jedoch der Nachvollzug dieses westlichen Weges, gemessen an den Zielsetzungen und Verhaltensformen der Gewerkschaftsbewegung bis zum Ende der ersten Phase ihrer Kämpfe um Mitbestimmung in der Wirtschaft, für die wissenschaftliche Analyse und damit für die Möglichkeiten der strategischen Richtungsbestimmung der Arbeitnehmerorganisationen selbst, die in der jüngsten Gegenwart – nun auf dem Boden der Hochkonjunktur einer spätkapitalistischen Wirtschaft und ihrer »Wohlstandsgesellschaft« – das Ringen um die Chancen erweiterter Mitbestimmung der Arbeitnehmer neu beginnen wollen.

August 1969   *Wolfgang Abendroth*

Einleitung

Eine Untersuchung, die es sich zur Aufgabe macht, die Bemühungen der Gewerkschaften um eine Neuordnung der Wirt-
schafts- und Betriebsverfassung in den westlichen Besatzungszonen und in der Bundesrepublik Deutschland von 1945 bis
1952 darzustellen, kann sich nicht darauf beschränken, die gewerkschaftspolitische Entwicklung isoliert aufzuzeigen. Die Bestrebungen der Gewerkschaften, nach dem Zusammenbruch der
nationalsozialistischen Herrschaft eine Veränderung der Wirtschaftsordnung in bestimmten Grenzen durchzusetzen, müssen
vielmehr im Gesamtzusammenhang der Nachkriegsentwicklung
im besetzten Deutschland gesehen und dargestellt werden. Nur
von daher lassen sich die Neuordnungsvorstellungen der Gewerkschaften und die Widerstände, die ihrer Realisierung ent-
gegenstanden, beschreiben, sowie die Ursachen nachweisen, die
schließlich zu einem Scheitern dieser Bemühungen führten. Diese
Ursachen, die sowohl in der Struktur der Gewerkschaften selbst
und in der Politik der Gewerkschaftsführung zu finden sind, als
auch in politischen Faktoren, die den Gewerkschaften von außen
entgegentraten, werden allein sichtbar in einer Darstellung, die
weder die Entwicklung der gewerkschaftlichen Bestrebungen,
noch ihren Zusammenhang mit den nationalen und internationalen Auseinandersetzungen vernachlässigt. Die außerordentliche Bedeutung des Ost-West-Konfliktes für diese Periode der
deutschen Nachkriegsgeschichte, seine Auswirkungen bis in alle
Entscheidungsprozesse des politischen Handelns von deutscher
und alliierter Seite, bringt es mit sich, daß in jeder Phase der
Darstellung darauf reflektiert werden muß.
Gewerkschaften sind »Vereinigungen von Arbeitnehmern zur
kollektiven Wahrnehmung ihrer Interessen im sozialen Gegen-
spiel gegenüber den Arbeitgebern ..., die erforderlichenfalls
bereit sind, mit dem Mittel des Arbeitskampfes für diese Interessen einzutreten.« [1] Die Erfolge ihrer Politik, also die erfolg-

---

[1] Abendroth (113), 231 die „in der deutschen Sozialgeschichte mit dem Be-
      griff der Gewerkschaft (verbundene) Vorstellung"

reiche Wahrnehmung der Interessen der Arbeitnehmer, lassen sich daran ablesen, inwieweit es ihnen gelingt, ihre kollektiv in demokratischen Willensbildungsprozessen artikulierten Interessen als Ansprüche an die soziale Ordnung, in der sie tätig werden, zu realisieren. Die Verwirklichung der gewerkschaftlichen Zielvorstellungen hängt dabei ab von den Kräfteverhältnissen, die die Gewerkschaften als Resultat einer bestimmten historischen Entwicklung antreffen, die sie andererseits selber mitbeeinflußt haben. Nach dem Zusammenbruch von 1945 erhoben die Gewerkschaften aufgrund der Erfahrungen, die sie in den letzten Jahrzehnten gesammelt und sich bewußt gemacht hatten, die Forderung nach Wirtschaftsdemokratie und Sozialisierung bestimmter grundlegender Industriezweige. Die Darstellung der Bemühungen zur Verwirklichung dieser Forderungen und die Frage nach den Ursachen, an denen die Gewerkschaften mit ihren Bestrebungen schließlich scheiterten, sind das zentrale Thema der vorliegenden Arbeit. Sie endet mit der Niederlage der Gewerkschaften bei den Auseinandersetzungen um die Verabschiedung eines Betriebsverfassungsgesetzes im Jahr 1952, da damit die Bemühungen der Gewerkschaften, systemändernde Strukturreformen durchzusetzen, vorerst einen Abschluß fanden und die folgenden Jahre der gewerkschaftlichen Entwicklung durch ein vorwiegend systemkonformes Verhalten gekennzeichnet sind.

Die vorliegende Arbeit beruht auf der Auswertung von Quellen aus den Archiven der IG Metall, des DGB und der SPD. Hinzugezogen wurden außerdem gedruckte Dokumente, Protokolle, Geschäftsberichte, Zeitungen und Zeitschriften der verschiedenen Organisationen sowie die wissenschaftliche Literatur zu den einzelnen Themenbereichen. Gespräche, vornehmlich mit Funktionären der IG Metall, ergänzten das Bild. [2]

In diesem Zusammenhang ist es mir ein Bedürfnis, allen denen Dank zu sagen, die mich in meiner Arbeit unterstützt und gefördert haben, vor allem meinem Lehrer, Professor Dr. Wolfgang Abendroth, der den Fortgang der Arbeit geduldig verfolgt und manche wichtige Anregung gegeben hat.

---

[2] vgl. im einzelnen das Literaturverzeichnis, auf das sich die Zahlen in Klammern hinter den Titeln oder Autoren in den Fußnoten beziehen.

Erster Teil

1945–1947: Der Zerfall der alliierten
Kriegskoalition und die Auseinandersetzungen
um eine Neuordnung der Wirtschafts- und
Betriebsverfassung in den Westzonen

Die bedingungslose Kapitulation des Deutschen Reiches am 8. Mai 1945 hatte die totale Machtübernahme durch die alliierten Großmächte zur Folge. Ihre nationalen und internationalen Interessen und Zielsetzungen bestimmten damit auf Jahre hinaus die Entwicklung der Neuordnung in Deutschland. Der Spielraum für eigenständiges politisches Handeln auf deutscher Seite wuchs nur allmählich; zunächst nur um den Preis der Anpassung an die Interessen der jeweiligen Besatzungsmacht und sofern die von ihr abgesteckten Grenzen nicht überschritten wurden. Anpassung und Widerstand an das Verhalten der jeweiligen Militärregierung kennzeichnen daher die Versuche der verschiedenen politischen Kräfte auf deutscher Seite, Einfluß auf den Gang der Nachkriegsentwicklung zu erlangen.

Die Interessen der Besatzungsmächte bestanden unmittelbar nach dem Zusammenbruch in erster Linie in der Herstellung der Sicherheit für die eigenen Truppen gegenüber möglichen nazistischen Widerstandsbewegungen und in der Durchsetzung der Kriegsziele, wie sie in Teheran, Jalta und dann in Potsdam endgültig formuliert wurden. Von einer Zusammenarbeit mit demokratischen Kräften in Deutschland selbst war zunächst nur sehr bedingt die Rede. Die Situation änderte sich erst, als eine zunehmende Konsolidierung der Verhältnisse im besetzten Deutschland eintrat, und als die wachsenden Differenzen zwischen den westlichen Besatzungsmächten und der Sowjetunion die Alliierten zwangen, die von ihnen Besiegten sich in gewissen Grenzen zu Verbündeten zu machen.

Eine Untersuchung der gewerkschaftlichen Bemühungen um die Neuordnung der Wirtschaft muß daher berücksichtigen: 1. in welchem Rahmen das Wirken der Gewerkschaften von den Besatzungsmächten vorgesehen war und geduldet wurde, und 2. inwieweit die Gewerkschaften in ihrem selbständigen politischen Denken und Handeln mögliche Reaktionen der Besatzungsmacht bereits vorab in ihre Bemühungen einbezogen. Der Spielraum der Gewerkschaften wurde ja nicht nur von den Anordnungen der Besatzungsmächte begrenzt oder von politischen Gegenkräften, wie sie von den westlichen Alliierten schon bald wieder geduldet oder sogar gefördert wurden, sondern auch von der unabweisbaren Tatsache der alltäglichen Notlage der deutschen Bevölkerung. Die Beseitigung dieser Notlage, vor allem auf den Gebieten der Versorgung mit Nahrungsmitteln, mit Heizmaterial, mit Kleidung und mit Wohnraum, hing aber wiederum in erheblichem Maße von den Entscheidungen der jeweiligen Militärregierung ab. Die direkte und indirekte Abhängigkeit von der Politik der Besatzungsmächte bildete somit den nur schwer übersteigbaren Rahmen für mögliche Neuordnungsbemühungen der Gewerkschaften. Zum Verständnis dieser Problematik ist es daher unumgänglich, die Voraussetzungen für die politische und wirtschaftliche Entwicklung Deutschlands in der ersten Nachkriegsphase darzulegen, sofern sie im Verhältnis der alliierten Mächte zueinander und damit auch gegenüber der deutschen Frage lagen.

1. Die wirtschaftlichen Grundsätze der Deutschlandpolitik der alliierten Mächte von der Potsdamer Konferenz bis zur Moskauer Außenministerkonferenz im März 1947

Die Festlegung der Richtlinien für eine Behandlung Deutschlands auf der »Potsdamer (auch Berliner) Konferenz« im Juli 1945 war das Ergebnis eines Kompromisses zwischen den »Großen Drei«, den Vereinigten Staaten von Amerika, der Sowjetunion und Großbritannien. Die unterschiedlichen Voraussetzungen, unter denen die Großmächte den Kompromiß akzeptierten, bewirkten allerdings, daß die Gegensätze zwischen den westlichen Alliierten, zu denen das in Potsdam nicht vertretene Frankreich trat, und der Sowjetunion bald in voller Schärfe sich entfalteten. Hauptanlaß dazu war der Streit um die Regelung der deutschen Reparationen, die für die von den Kriegsfolgen vergleichsweise am schwersten betroffene Sowjetunion zum wichtigsten Ziel ihrer Deutschlandpolitik geworden war, und die so von den Westalliierten, vor allem von den Vereinigten Staaten, bei Bedarf als Hebel für die Durchsetzung der eigenen Forderungen genutzt werden konnte. [1]

Die Richtlinien für eine Behandlung Deutschlands seitens der alliierten Großmächte

Die Potsdamer Konferenz der Regierungschefs der drei Großmächte vom 17. Juli 1945 bis zum 2. August 1945 endete mit der Verkündung des sogenannten »Potsdamer Abkommens« [2],

---

[1] Die Darstellung beschränkt sich im wesentlichen auf eine Erörterung der wirtschaftlichen Grundsätze der Deutschlandpolitik der Alliierten.

[2] vollständiger Text in: „A Decade of American Foreign Policy" (75), 34 ff, deutsche Übersetzung, nach der im folgenden zitiert wird, in: Potsdam 1945 (98), 350 ff

einer Zusammenfassung von »Entscheidungen und Vereinbarungen« über die zukünftige Behandlung Deutschlands, der sich Frankreich mit bestimmten Vorbehalten [3] wenig später anschloß. Dieses Schlußprotokoll basierte im wesentlichen auf einem Memorandum, das am 17. Juli von der amerikanischen Delegation vorgelegt worden war, und das in einigen Punkten eine Präzisierung erfahren hatte.

Kernpunkte der »Wirtschaftlichen Grundsätze« des Potsdamer Abkommens waren [4]: das Verbot der »Produktion von Waffen, Kriegsausrüstung und Kriegsmitteln«, die Überwachung und Beschränkung der »Herstellung von Metallen und Chemikalien«, die Dezentralisierung des deutschen Wirtschaftslebens »mit dem Ziel der Vernichtung der bestehenden übermäßigen Konzentration der Wirtschaftskraft«, die bevorzugte »Entwicklung der Landwirtschaft und der Friedensindustrie für den inneren Bedarf«, die Behandlung »Deutschlands als einer wirtschaftlichen Einheit«, die Errichtung einer »alliierten Kontrolle über das deutsche Wirtschaftsleben ... jedoch nur in den Grenzen, die notwendig sind«, und schließlich soll »die Bezahlung der Reparationen ... dem deutschen Volk genügend Mittel belassen, um ohne eine Hilfe von außen zu existieren«. An diese wirtschaftlichen Grundsätze schloß sich eine Regelung der Reparationsfrage an, die der umstrittenste Komplex der Verhandlungen gewesen war.

Trotz dieser noch zustande gekommenen Vereinbarung zwischen den Großmächten handelte es sich eher, wie die folgende Entwicklung rasch zeigen sollte, um eine »Scheinfassade der Einigkeit« [5], hinter der sich die Gegensätze nur mühsam verbargen. Die gegensätzlichen Ziele und Interessen der beteiligten Großmächte standen einer dauerhaften Einigkeit zu sehr im Wege. Zudem ließen die vereinbarten Grundsätze, die den Charakter von allgemeinen Rahmenbestimmungen hatten, den einzelnen Militärregierungen genügend Spielraum für eigene Auslegungen, eine Tatsache, die besonders auf westalliierter Seite von Bedeutung wurde. Zum Verständnis der Entwicklung der Auseinandersetzungen zwischen den Westalliierten und der Sowjetunion ist

[3] vgl. dazu Wolfgang Abendroth in: Europa Archiv (115), 4944
[4] Potsdam 1945 (98), 357 ff
[5] Moltmann (158), 150

es aber zuvor notwendig, die Voraussetzungen für die konkrete Deutschlandpolitik der einzelnen Mächte näher zu betrachten.

Besonders wichtig erscheint diese Klärung für die amerikanische Deutschlandpolitik, deren offizielle Fassung bereits zur Zeit des Potsdamer Abkommens erheblich von der tatsächlich praktizierten Politik abwich. Diese Tendenz hatte ihre Ursache vor allem in dem Wandel von der Rooseveltschen Verständigungspolitik mit der Sowjetunion zu Trumans Politik der Eindämmung des sowjetischen Einflusses in Europa. Ohne die verwickelten Linien dieses Prozesses im einzelnen verfolgen zu können, sollen einige markante Punkte, besonders im Hinblick auf die Behandlung wirtschaftlicher Fragen, herausgegriffen werden.

Noch während des Jahres 1943 standen bei der amerikanischen Deutschlandpolitik »die politischen Aspekte der Planung im Vordergrund ..., während wirtschaftlich-soziale Fragen zwar gelegentlich angeschnitten, aber doch nicht gründlich durchgesprochen wurden« [6]. Das änderte sich erst, als im September 1944 Roosevelts Finanzminister Morgenthau dem Washingtoner Kabinett einen detaillierten Deutschlandplan vorlegte. Morgenthaus 14-Punkte-Programm [7], das den Titel trug: »Wie kann Deutschland verhindert werden, einen Dritten Weltkrieg zu entfesseln?« sah für die deutsche Wirtschaft vor: »Die vollkommene Zerstörung der gesamten deutschen Rüstungsindustrie, aber auch die Wegführung oder Zerstörung aller Schlüsselindustrien, auf denen eine neue Rüstungsindustrie aufgebaut werden kann«. Das Ruhrgebiet sollte in absehbarer Zeit kein Industriezentrum mehr sein können, »die Militärregierung soll ... überhaupt keine Maßregel ergreifen, die den Zweck hat, die deutsche Wirtschaft zu erhalten oder zu stärken ... Es ist ausschließlich Sache der Deutschen selbst, ihre Wirtschaft und sich selbst zu erhalten«, schließlich sollen »mindestens zwanzig Jahre lang nach der Kapitulation Kontrollen, auch über den deutschen Außenhandel, und scharfe Beschränkungen des Kapitalimports durch die Vereinigten Staaten durchgeführt werden.« Dieser radikale Plan eines »Karthagofriedens« gegenüber Deutschland rief sofort die scharfe Gegnerschaft des Außen- und des Kriegsministeriums hervor, wo sich bereits unter Roosevelt diejenigen

---

[6] a.a.O. (158), 90
[7] vollständiger Text in: A Decade ... (75), 502 ff. Deutsch bei Warburg (193 a), 295 f

Kräfte zu formieren begannen, die später als die Befürworter eines harten Kurses gegenüber der Sowjetunion hervortraten. Dennoch gelang es Morgenthau, Roosevelt zumindest in den Grundzügen für seine Vorstellungen zu gewinnen. Dies zeigte sich besonders deutlich in dem Niederschlag, den Vorstellungen Morgenthaus in einem Dokument fanden, das von 1945 bis zum Juli 1947 die offizielle Richtschnur der Politik der amerikanischen Militärregierung in Deutschland bildete.

Die »Direktive der Vereinigten Amerikanischen Generalstäbe an den Oberkommandierenden der amerikanischen Besatzungstruppen, betreffend die Militärregierung in Deutschland (ICS 1067/6–7)« [8] wurde General Eisenhower im Dezember 1944 übermittelt. Nachdem es Eisenhower nicht gelang, eine Einigung darüber mit den anderen alliierten Oberbefehlshabern herbeizuführen, wurde die Direktive schließlich in überarbeiteter Fassung am 14. 5. 1945 für die amerikanische Militärregierung allein verbindlich. Wegen ihrer Bedeutung für die kommenden beiden Jahre der Besatzungspolitik und als Anhaltspunkt für die Tatsache, wie rasch sich die Militärregierung in der Praxis, unter dem Eindruck des Zerfalls der Kriegskoalition, von diesen Richtlinien entfernte, sei hier näher auf sie eingegangen. Der Vergleich mit den oben angeführten Hauptpunkten des Morgenthauplanes zeigt den Einfluß des Finanzministers auf die Ausformulierung der amerikanischen Deutschlandpolitik zum Zeitpunkt der Abfassung der Direktive Ende 1944/Anfang 1945.

Als wirtschaftliche Hauptziele waren in ICS 1067 in Artikel 4 unter anderem definiert [9]: »Die industrielle Abrüstung und die Entmilitarisierung Deutschlands, an die sich eine ständige Kontrolle über die Mittel anschließen muß, mit denen Deutschland sich eine neue Rüstung schaffen könnte . . .«. In Artikel 5 heißt es: »Als Mitglied des Kontrollrats und als Oberbefehlshaber der amerikanischen Besatzungszone werden Sie sich von dem Grundsatz leiten lassen, daß die deutsche Wirtschaft in der Weise überwacht wird, daß die Entwicklung der in Artikel 4 näher gekennzeichneten Ziele sichergestellt wird . . . Es soll aber bei der Durchführung des Reparationsprogrammes oder in anderem Zusammenhang nichts unternommen werden, was die allgemeinen

---

[8] vollständiger Text in: Germany 1947–1949 (92), 21 ff. Deutsch bei Warburg (193 a) 299 ff

[9] Warburg (193 a), 303

Lebensbedingungen in Deutschland oder in Ihrer Zone auf einen höheren Stand bringen würde, als in irgendeinem der Nachbarländer Deutschlands ...« Im zweiten Teil der Direktive, der »Wirtschaftsfragen« überschrieben ist, werden dann im einzelnen Ziele und Methoden der Kontrolle erläutert. Unter Hinweis auf die in den Artikeln 4 und 5 definierten Ziele wird die Militärregierung angewiesen »... keine Maßnahmen (zu) ergreifen, die a) dem wirtschaftlichen Wiederaufbau Deutschlands dienen, oder b) das Ziel haben, die deutsche Wirtschaft zu erhalten oder zu stärken.« [10]

Besonders die beiden letzten Sätze, die fast wörtlich den Formulierungen des Morgenthauplanes (Ziffer 8) entsprachen, stießen auf den heftigsten Widerstand derjenigen, die die Anweisungen als Verantwortliche der amerikanischen Militärregierung in Deutschland ausführen sollten. Schon unter Roosevelt, besonders aber dann unter seinem Nachfolger Truman, rekrutierten sich die meisten Schlüsselpositionen im Kriegs- und Außenministerium aus den Kreisen der Hochfinanz und mit ihnen verflochtener Anwaltsfirmen sowie aus Persönlichkeiten, die diesen Interessen in irgendeiner Weise verbunden waren. [11] Zu ihnen gehörten neben dem künftigen Militär-Gouverneur General Clay eine Reihe seiner Berater, vor allem sein Leiter der Wirtschaftsabteilung, William H. Draper, ein ehemaliger Bankier, sein erster Finanzberater Lewis Douglas, ehemaliger Präsident einer großen Versicherungsgesellschaft, und der Leiter der politischen Abteilung, Robert Murphy. [12] Eine Ausnahme machten in der »Clay-Administration« offenbar nur die rasch wechselnden Leiter der Entflechtungsabteilungen, wie Russel A. Nixon und James Stewart Martin, die als »Morgenthauboys« galten und deshalb rasch in Konflikt mit Clays Politik und der seiner anderen Berater gerieten. Die politischen Ziele der Gruppe, die nach dem Tode Roosevelts im April 1945 unter

---

[10] a.a.O (193 a), 309

[11] vgl. dazu Schwarz (180), 64

[12] Diese Tatsachen werden von allen Kennern der Washingtoner Szenerie offen ausgesprochen, so: Murphy (17), 305 f; Martin (15), 164 und 265; Blum (124), 309; Wheeler (196), 17
In der gründlichsten Studie über die Beziehungen von ziviler und militärischer Verwaltung in den USA wird in diesem Zusammenhang von einem „fairly close knit band of bankers and lawyers, soldiers and diplomats" (recht eng geknüpftem Band zwischen Bankiers und Rechtsanwälten, Soldaten und Diplomaten) gesprochen, siehe Huntington (147 a), 377

dessen Nachfolger Truman ihren vollen Einfluß entfalten
konnte, waren gemäß ihrer konservativen Grundeinstellung und
ihrem ungebrochenen »Vertrauen in die Leistungskraft privatkapitalistischen Managements« [13], auf eine harte Haltung gegenüber der Sowjetunion gerichtet. Deutschland gegenüber rieten
sie eher zu einer gemäßigten Politik der wirtschaftlichen Unterstützung und des Wiederaufbaus der Wirtschaft nach dem Vor-
kriegsmuster, damit das sowjetische Übergewicht in Europa aus-
geglichen würde.
Es ist daher nicht verwunderlich, daß Clay, als er die Direktive
ICS 1067 zusammen mit Douglas im April 1945 zum ersten
Mal zu Gesicht bekam, schockiert war. Er erinnert sich: »Wir
waren entsetzt – nicht wegen der vorgesehenen Strafmaßnah-
men, sondern über das Versagen, das in dem Mangel zum Ausdruck kam, die finanziellen und wirtschaftlichen Zustände, denen
wir uns gegenüber sehen würden, zu erkennen.« [14] Douglas
Reaktion wird von Murphy überliefert: »Ökonomische Schwach-
köpfe!« [15] Sein Versuch, auf Geheiß Clays, in Washington Ein-
schränkungen der Direktive durchzusetzen, schlug fehl. Er trat
deshalb bald darauf von seinem Posten als Finanzberater zurück. Clay dagegen, der die wenig straffe Führung der Außen-
politik unter Truman auszunutzen wußte und sich auf den
starken Einfluß der Vereinigten Stabschefs und des Verteidi-
gungsministeriums in Washington stützen konnte, wählte den
Weg, ihm allzu unbequeme Bestimmungen zu umgehen: »Zum
Glück waren die Vorschriften von ICS 1067 in mancher Hinsicht allgemein gefaßt, sodaß die Auslegung dem Militärgouverneur überlassen blieb.« [16] Walter L. Dorn beschreibt Clays Haltung noch präziser: »Clay tat, was das Kriegsministerium von
ihm erwartete, er ließ die undurchführbaren Bestimmungen von
ICS 1067 in der Praxis Stück für Stück fallen.« [17]
Außerdem bediente er sich der noch flexibleren Bestimmungen
des Potsdamer Abkommens. Clay: »Einige der drastischeren

---

[13] Schwarz (180), 66
[14] Clay (13), 33
[15] Murphy (17), 306
[16] Clay (13), 33
[17] Dorn (133), 77, der ehemalige „Chief historian" (Chef-Historiker) beim
U.S. Hochkommissar für Deutschland, Harold Zink, bemerkt dazu: „General Clay konnte in Deutschland mehr oder weniger tun, was ihm be-
liebte, solange er die Formalitäten einhielt und ICS 1067 als allgemeine
Richtlinie akzeptierte", Zink (199), 95

wirtschaftlichen und finanziellen Bestimmungen (der Direktive ICS 1067, d. V.) wurden auch durch das Potsdamer Abkommen gemildert.«[18] Obwohl das Potsdamer Abkommen durchaus noch Morgenthaugedanken (etwa in Abschnitt 13) enthielt, war Clay bestrebt, die Auslegung seinen eigenen Zielen anzupassen: »Die wirtschaftlichen und finanziellen Bestimmungen des Potsdamer Abkommens hoben die Verfügungen von ICS 1067, nach denen wir Kontrollen in finanziellen und wirtschaftlichen Angelegenheiten nicht ausüben durften, es sei denn zur Verhinderung einer Inflation, auf ... Jetzt waren wir direkt verpflichtet, eine ausgeglichene Wirtschaft zu entwickeln, die Deutschland auf eigene Füße stellen sollte.«[19] Diese Wendung ursprünglich einschränkender Bestimmungen (Clay bezog sich hier offenbar auf Artikel 15 c des Potsdamer Abkommens) in konstruktive bedeutete eine ziemlich extensive Auslegung des Abkommens und brachte Clay bald in Gegensatz zur sowjetischen Politik, aber auch zur eigenen Regierungspolitik, vor allem in der Frage der Dekartellisierung (Entflechtung) der deutschen Industrie.[20]

Im Gegensatz zu diesen Widersprüchen zwischen offiziell proklamierter Politik und tatsächlich praktizierter erschien die sowjetische Deutschlandpolitik eindeutiger ausgerichtet. Die Sowjetunion war, was die wirtschaftlichen Probleme anbetraf, von Anfang an nahezu ausschließlich an der Frage deutscher Reparationen interessiert. Die außerordentlich hohen Verluste, die die deutsche Kriegsführung der sowjetischen Wirtschaft beigebracht hatte, ließen alle anderen Probleme als nachgeordnet erscheinen. So hatte die sowjetische Delegation bereits auf der Konferenz von Jalta im Februar 1945 darauf gedrängt, die Reparationssumme und die Verteilung festzulegen. Nach anfänglichem Widerstand hatten die Vereinigten Staaten, nicht aber Großbritannien, nachgegeben und eine Summe von 20 Milliarden Dollar als Diskussionsgrundlage (»as a basis for discussions«) akzeptiert.[21] In Potsdam kam es nun ein halbes Jahr später über diese Frage wieder zu heftigen Auseinandersetzungen. Die Amerikaner setzten schließlich mit der Drohung, sonst

---

[18] Clay (13), 33
[19] a.a.O. (13), 57
[20] vgl. dazu etwa Martin (15), 163 f und weiter unten in dieser Arbeit S. 52 f
[21] Marienfeld (157), 199 ff

die Konferenz scheitern zu lassen[22], durch, daß keine fixe Summe genannt wurde und stattdessen jede Besatzungsmacht für Reparationen auf ihre Zone verwiesen wurde. Der Kompromiß, der damit zustande kam, sah im wesentlichen vor, daß die einzelnen Mächte ihre Reparationsansprüche an Deutschland aus den von ihnen besetzten Zonen deckten, daß aber die Sowjetunion zusätzlich »15 % derjenigen verwendungsfähigen und vollständigen industriellen Ausrüstung, vor allem der metallurgischen, chemischen und maschinenerzeugenden Industrien (erhält), soweit sie für die deutsche Friedenswirtschaft unnötig und aus den westlichen Zonen Deutschlands zu entnehmen sind ...«[23]. Als Austausch waren in entsprechendem Wert Nahrungsmittel, Kohle und andere Güter nach Vereinbarung vorgesehen. 10 % der industriellen Ausrüstung sollten außerdem ohne Gegenwert verrechnet werden. Die Entnahme der industriellen Ausrüstung sollte sobald wie möglich beginnen. Hinsichtlich der Frage einer neuen deutschen Wirtschaft trat die Sowjetunion in Potsdam für eine vollständige Entmilitarisierung Deutschlands ein und für die Vernichtung des deutschen Kriegspotentials. Dazu diene, wie die sowjetischen Vertreter ausführten, eine Wirtschaftspolitik, die das Ziel verfolge, »ein Wiedererstarken der Teile der Wirtschaft zu verhindern, die die Grundlage der Schwerindustrie sind, und gleichzeitig Deutschland freie Hand in der Landwirtschaft und in der Leichtindustrie zu lassen.«[24] Maiskij, der sowjetische Vertreter im Unterausschuß für deutsche Wirtschaftsfragen in Potsdam, betonte außerdem: »Die deutsche Wirtschaft wird nach diesem Krieg eine sehr straff gelenkte Wirtschaft sein, denn sonst könnte sie keine Reparationszahlungen leisten.«[25]
Die Politik der britischen Regierung wurde ebenfalls eindeutig von der finanziellen Notlage bestimmt, in die Großbritannien durch den Krieg und seine Folgen hineingeraten war. Bereits in Jalta hatten sich Churchill und Eden deshalb heftig gegen die Höhe der sowjetischen Reparationsforderungen gewehrt. Sie

---

[22] Vgl. dazu vor allem Alperovitz (118), 189 f, der die harte Haltung der Amerikaner vor allem auf ihr eben erreichtes Atomwaffenmonopol zurückführt, das Truman die Möglichkeit gab, die Änderung von Roosevelts Verständigungspolitik mit dem nötigen Nachdruck einzuleiten.

[23] Potsdam 1945 (98), 359 f

[24] a.a.O. (98), 231

[25] a.a.O. (98), 231 f

wollten, wie sie erklärten, nicht an einen ökonomischen Leichnam gekettet werden, denn sie befürchteten, Deutschland später »finanzieren und ernähren« zu müssen. [26] Auch in Potsdam legte die britische Delegation, und es gab hier zwischen Churchill und dem ihn ablösenden Labour-Premierminister Attlee keinen Unterschied, größten Wert auf möglichst umgehende Lieferung von Nahrungsmitteln im Austausch gegen die der Sowjetunion zugesprochenen Investitionsgüter aus den westlichen Zonen. [27] Großbritannien war damit an einer möglichst raschen Ingangsetzung der deutschen Produktion interessiert, soweit es ein Niveau betraf, das die Selbstversorgung der Bevölkerung nicht überschritt. Churchills Unterhausrede vom 16. August 1945 gab dieser Ansicht Ausdruck: »In der Zwischenzeit aber ist es nach meiner Meinung überaus wichtig, daß die Verantwortung tatsächlich von deutschen lokalen Körperschaften übernommen wird, um unter alliierter Oberaufsicht die für die Erhaltung des Lebens einer riesigen Bevölkerung nötige Produktion und Verwaltung weiterzuführen ... Die deutschen Massen dürfen uns nicht zur Last fallen und erwarten, jahrelang von den Alliierten ernährt, organisiert und erzogen zu werden.« [28]

Frankreich schließlich, das in Potsdam selbst nicht anwesend war, war von Anfang an daran interessiert, eine Abtrennung des Ruhrgebiets und des Saargebiets vom Deutschen Reich durchzusetzen. Unter Umständen war es auch bereit, die Form einer internationalen Eigentümerschaft anzuerkennen, wenn Frankreich dabei einen besonders großen Teil der Ruhrkapazität erhalten würde. Wirtschaftliche Bedürfnisse, die Ersetzung der Kriegsverluste und militärisches Sicherheitsstreben gegenüber deutscher Aggression waren die Hauptmotive der französischen Politik gegenüber Nachkriegsdeutschland.

Damit sind in Kürze die Ausgangspositionen beschrieben, die unmittelbar nach der Kapitulation von seiten der drei alliierten Großmächte und Frankreichs für eine Behandlung der deutschen Wirtschaft eingenommen wurden. Die gegensätzlichen Interessen der Großmächte, vor allem aber der Sowjetunion und der Westmächte, konnten bereits in Potsdam nur noch schwer durch

---

[26] so Eden in Jalta; s. Marienfeld (157), 200
[27] Potsdam 1945 (98), 328
[28] a.a.O. (98), 382

Kompromisse gebändigt werden. Sie trugen in sich schon den Keim der künftigen Auseinandersetzungen.

Das Auseinanderbrechen der Siegerkoalition über der Frage der Reparationsregelung

Die Entwicklung nach Potsdam ist gekennzeichnet durch die ständig wachsenden Spannungen zwischen den Westalliierten und der Sowjetunion über die Auslegung und Anwendung der Bestimmungen des Potsdamer Abkommens. Der offene Bruch trat ein als Clay im Mai 1946 die seit September 1945 begonnenen Reparationslieferungen aus der amerikanisch besetzten Zone stoppen ließ. Nach Auffassung der amerikanischen Militärregierung sei von der Sowjetunion das Potsdamer Abkommen verletzt worden, da das Prinzip der Behandlung Deutschlands als einer Wirtschaftseinheit nicht eingehalten worden sei. Insbesondere habe es an Lebensmittellieferungen aus der sowjetisch besetzten Zone gefehlt, wie sie im Austausch für Investitionsgüter vorgesehen seien. [29] Die Sowjetunion argumentierte dagegen, die Behinderung und Verzögerung der Reparationslieferungen aus den westlichen Besatzungszonen durch die Erklärung Clays sei ungesetzlich und eine Verletzung der Potsdamer Vereinbarungen. [30] Auf der Pariser Außenminister-Konferenz, die vom 25. 4. bis 19. 5. und vom 15. 6. bis 12. 7. 1946 stattfand, hatte der amerikanische Außenminister Byrnes einen neuen Plan vorgelegt, der die Entmilitarisierung Deutschlands für 25 Jahre vorsah und entsprechende Abrüstungsmaßnahmen vorschlug. [31] Der sowjetische Außenminister Molotow lehnte diesen Plan vor allem deswegen als unzulänglich ab, da der Plan die Reparationslieferungen völlig ignoriere. Außerdem sei eine Entwaffnung und Entmilitarisierung Deutschlands für mindestens 40 Jahre vonnöten, und die vorgesehenen Maßnahmen böten keine ausreichende Sicherheitsgarantie. [32] Da es

---

[29] vgl. Clay (98), 143
[30] Europa-Archiv (91), 183
[31] a.a.O. (91), 258 f
[32] a.a.O. (91), 182 ff

zu einer Einigung über den von ihr vorgeschlagenen Plan in Bezug auf eine Wirtschaftseinheit ganz Deutschlands nicht kam, machte die amerikanische Militärregierung am 20. Juli 1946 jeder interessierten Besatzungsmacht das Angebot, auch getrennt zu diskutieren, »um gegebenenfalls gemeinsam beschlossene Abmachungen in die Tat umzusetzen.«[33] In einer Rede in Stuttgart am 6. 9. 1946 begründete der amerikanische Außenminister Byrnes diese Wende der amerikanischen Deutschlandpolitik, die die Separatentwicklung der Westzonen einleitete, mit der Notwendigkeit, »den Stand der industriellen Erzeugung zu erreichen, auf den sich die Besatzungsmächte als auf das absolute Mindestmaß einer deutschen Friedenswirtschaft geeinigt hatten.«[34] Da die Bestimmungen des Potsdamer Abkommens nicht eingehalten worden seien, werde man nun den Weg der wirtschaftlichen Vereinigung mit allen Zonen beschreiten, die dazu bereit seien. Bereit war dazu vor allem Großbritannien, das die fehlenden Lebensmittellieferungen ebenfalls beklagte und wirtschaftlich wie finanziell nach dem amerikanisch-britischen Anleihevertrag vom 6. 12. 1945 in starkem Maße von den USA abhängig war.[35] Nachdem erste Besprechungen über die wirtschaftliche Verschmelzung der britischen und amerikanischen Zone bereits Ende Juli 1946 aufgenommen worden waren, kam es am 2. Dezember 1946 zur Unterzeichnung eines Abkommens in Washington, das die Zusammenlegung der beiden Besatzungszonen für den 1. Januar 1947 vorsah und die näheren Modalitäten festlegte. Die Kosten wurden von den beiden Mächten geteilt.[36] Auf der Moskauer Außenministerkonferenz im März 1947 (10. 3. bis 24. 4. 1947) reagierte die sowjetische Regierung mit heftigem Protest und forderte die Beseitigung des Bizonenabkommens, da es mit der Verwirklichung der Wirtschaftseinheit Deutschlands unvereinbar sei.[37]

---

[33] a.a.O. (91), 260; die Erklärung stammt von General McNarney, der als Militärgouverneur zusammen mit Clay die Spitze der Militärregierung bildete. Clay übernahm Anfang 1947 auch diese Funktion, nachdem er bisher nur für den zivilen Teil zuständig war. Übrigens datiert Adenauer in seinen Erinnerungen a.a.O. (11), 99, die entscheidende Wandlung der Westmächte vom Ende der Pariser Konferenz am 15. 7. 1946. Am gleichen Tage wurde er mit anderen Politikern nach Berlin gerufen zur Schaffung des Landes Nordrhein-Westfalen

[34] E. A. (91), 262

[35] a.a.O. (91), 77 ff (Text des Vertrages)

[36] a.a.O. (91), 567 f (Text des Abkommens)

[37] a.a.O. (91) 685

Allerdings beschränkte sich die Sowjetunion nicht auf den Protest, sondern bot anstatt der Bizonenlösung die Einsetzung einer vorläufigen Regierung nach einer Volksabstimmung an, die darüber entscheiden sollte, »ob Deutschland ein Einheits- oder ein föderalistischer Staat werden soll. Durch einen Beschluß über die Abhaltung eines solchen Volksentscheids unter vierseitiger Kontrolle würde den Meinungsverschiedenheiten in dieser Frage ein Ende gemacht werden.«[38] Dieses Angebot einer freien, von den Alliierten überwachten Abstimmung wurde von allen drei Westalliierten abgelehnt. Als Begründung wurden Sicherheitsbedenken angeführt. Bevin erklärte: »Es ist mir gleichgültig, ob die Deutschen Sozialisten, Konservative oder Kommunisten sind, solange sie friedlich bleiben. Es ist mir aber nicht gleichgültig, wenn einer deutschen Zentralregierung automatisch große Machtbefugnisse übertragen würden.«[39] Bidault schloß sich dieser Meinung ausdrücklich an, und der neue amerikanische Außenminister Marshall bezweifelte, ob das deutsche Volk die notwendige Einsicht besitze. Er glaube nicht daran.[40] Die Moskauer Konferenz zeigte mit aller Deutlichkeit, daß eine gemeinsame Linie für die Behandlung Deutschlands durch die ehemaligen Verbündeten nicht mehr zu finden war. Die Westmächte waren nicht mehr bereit, der Sowjetunion in der Reparationsfrage entgegenzukommen. Schwarz bemerkt in seiner Bilanz der Moskauer Konferenz deshalb:
»War die Sowjetunion nicht bereit, so gut wie vollständig vor der amerikanischen Deutschlandkonzeption zu kapitulieren, so mußte Amerika unverzüglich und nunmehr auf lange Frist gesehen, den Versuch aufgeben, mit dem russischen Partner in Deutschland weiter zusammenzuarbeiten ... Die antirussische Richtung in Washington war endgültig zum Zuge gekommen. Sie drängte darauf, die bloß taktisch gedachte Bizonen-Verschmelzung zur strategischen Grundlinie einer neuen Deutschlandpolitik zu machen.«[41]
Zusammenfassend läßt sich sagen, daß der Prozeß des Auseinanderfallens der Kriegskoalition zwischen den Westmächten und

---

[38] a.a.O. (91), 716, Vorschlag Molotows vom 7. 4. 1946
[39] a.a.O. (91), 716
[40] a.a.O. (91), 716
[41] Schwarz (180) 119; ob nach Roosevelts Tod von amerikanischer Seite ein Versuch zur Zusammenarbeit überhaupt ernstlich gemacht worden ist, ist allerdings durchaus zweifelhaft.

der Sowjetunion, der nach Kriegsende einsetzte und in ständiger Steigerung der Spannungen im Frühjahr 1947 einen ersten Abschluß erreichte, die bestimmende Komponente für die Politik der Großmächte und der von ihnen eingesetzten Militärregierungen gegenüber Deutschland war. Die Forderung nach Reparationen und nach einer zentralstaatlichen Regelung auf seiten der Sowjetunion einerseits, die Sicherung des deutschen Potentials vor den sowjetischen Ansprüchen seitens der Westmächte andererseits, bestimmten im großen und ganzen das Verhalten der Besatzungsmächte gegenüber »ihren« Zonen und steckten damit auch den Rahmen ab für den politischen Spielraum von Gewerkschaften und Parteien in der ersten Phase der Nachkriegsentwicklung.

2. Das Wiederentstehen von Betriebsvertretungen und Gewerkschaften nach der Kapitulation unter der Kontrolle der alliierten Besatzungsmächte

Die gewerkschaftliche Regeneration auf der Ebene der Betriebe und örtlicher Zusammenschlüsse

Noch vor der formellen Beendigung des Krieges durch die deutsche Kapitulation am 8. Mai 1945 kam es nach zwölfjährigem Verbot und illegaler Arbeit zu den ersten Ansätzen gewerkschaftlicher Tätigkeit. General Eisenhower, der Oberkommandierende der Alliierten Streitkräfte in Europa, hatte sofort nach Überschreiten der deutschen Grenze im März 1945 eine Anordnung der Alliierten Militärregierung erlassen, die versprach: »Die deutschen Arbeiter werden sich, sobald die Umstände dies gestatten, zu demokratischen Gewerkschaften zusammenschließen dürfen. Die Deutsche Arbeitsfront und andere Gliederungen der Naziorganisationen werden sofort aufgelöst ...«[42] In Aachen kam es daraufhin bald zu den ersten Gewerkschaftsversammlungen, von denen der britische Historiker Ebsworth als zeitgenössischer Beobachter schreibt, sie seien die ersten politischen Versammlungen im besetzten Gebiet überhaupt gewesen. Alle seien nach dem gleichen Muster abgelaufen: Angriffe gegen die früheren Machthaber und Besitzer, die Picke und Schaufel in die Hand nehmen und richtige Arbeit leisten sollten.[43]
Eine systematische Übersicht über das Wiedererstehen von Betriebsvertretungen und Gewerkschaftsorganisationen unmittelbar nach dem Zusammenbruch ist aufgrund der schwierigen Quellenlage bisher nicht möglich. Die Darstellung muß sich daher auf typische Einzelbeispiele beschränken. Eine zutreffende

---

[42] s. Anordnung Nr. 12 der Alliierten Militärregierung, abgedruckt bei Enderle (136) I, 218 ff und bei Opel/Schneider (163), 345
[43] Ebsworth (134), 22

Vorhersage der Entwicklung findet sich bereits in der Programmschrift der Landesgruppe deutscher Gewerkschafter in England im September 1944. Dort heißt es: »Die ersten Formen gewerkschaftlicher Interessenvertretung werden sich aus den Kämpfen der illegalen Organisationen und Kräfte gegen Naziregime und Krieg entwickeln. Betrieblich und örtlich werden sich in Stadt und Land vom Vertrauen der Arbeitenden getragene Ausschüsse bilden. Sie werden die Interessen der Arbeitenden an der Arbeitsstelle und in der Selbstverwaltung zu vertreten und besonders in der Übergangszeit in der örtlichen Verwaltung, in der Lebensmittelversorgung und bei der Behebung sozialer und wirtschaftlicher Notstände mitzuwirken haben.«[44]

Tatsächlich traten nach der Besetzung durch die alliierten Streitkräfte überall wieder gewerkschaftliche Kräfte in die Öffentlichkeit, deren Basis die Betriebe bildeten. In einer Erinnerungsschrift der Verwaltungsstelle Essen der IG Metall heißt es, stellvertretend für viele Fälle: »Als am 11. April 1945 für unsere Ruhrmetropole der unerträgliche Kriegszustand beendet und die Handlungen der furchtbaren Zerstörungen ihren Abschluß fanden, wurde schon in der letzten Aprilwoche durch Bildung von provisorischen Betriebsausschüssen der erste Keim unserer neuen Gewerkschaftsarbeit gelegt.«[45] Über die Tätigkeit solcher Betriebsausschüsse heißt es in einem Rückblick der Hüttenzeitung des »Bochumer Vereins«, daß bereits wenige Tage nach der Besetzung am 10. April 1945 ein vorläufiger Betriebsausschuß gebildet worden war. Am 16. 4. 1945 sei bereits wieder der größte Teil der Belegschaft am Arbeitsplatz gewesen. Der Betriebsausschuß habe sich um Brot, Arbeitskleidung und Wohnungen kümmern müssen und habe Verbindung zu den neuen Behörden aufgenommen, um das für das Werk Günstigste herauszuholen. Erst später sei der Betriebsvertretung wieder die traditionelle Aufgabe der Mitwirkung bei der Regelung der Löhne und Prämien zugefallen.[46] Zu beobachten ist, daß überall dort, wo illegale Kader der verschiedenen Richtungen der alten Arbeiterbewegung das Dritte Reich überlebt

44 Neue Deutsche Gewerkschaftsbewegung (107), 5
45 70 Jahre Ortsverwaltung Essen (26), 13
46 Graumann (142), 26

hatten, rasch wieder Betriebsvertretungen entstanden, die dann auch auf örtlicher Ebene sich sofort an die Gründung von Gewerkschaften machten. Der ehemalige Betriebsratsvorsitzende der Reichswerke AG Salzgitter, Erich Söchtig, erinnert sich, daß die illegale Gruppe, die er während der Nazi-Zeit aufgebaut hatte, sofort nach dem Zusammenbruch die entscheidenden Positionen im Betrieb besetzte und von dieser Basis aus eine Neugründung der örtlichen Gewerkschaftsorganisation betrieb, wobei Söchtig selbst in Personalunion als Betriebsratsvorsitzender und Vorstandsmitglied der neuen Gewerkschaft fungierte. [47] Für den Raum Solingen berichtet der spätere Vorsitzende der Metallarbeitergewerkschaft der Nordrhein-Provinz, Karl Küll, der damals der KPD angehörte, daß vor der Legalisierung durch die Besatzungsmächte illegale Ernährungsausschüsse in den Betrieben als Massenbasis für die Betriebsrätearbeit dienten. In der ersten Zeit nach dem Zusammenbruch habe auch durchaus eine Aktionseinheit zwischen Kommunisten und Sozialdemokraten geherrscht. [48] Beispielhaft für eine solche Aktionseinheit war in Bremen die »Kampfgemeinschaft gegen den Faschismus« (KGF), der ehemalige Sozialdemokraten, Kommunisten und Mitglieder anderer Linksgruppen angehörten. Die KGF trat am 1. 6. 1945 mit einem Rundschreiben Nr. 1 ihrer Abteilung Betrieb und Gewerkschaften an »alle Stadtteilleitungen und Betriebsarbeiter« heran. [49] Neben einer Aufforderung, die Betriebe von allen Nationalsozialisten zu säubern, wird dazu aufgerufen, schnellstens überall, wo das noch nicht geschehen ist, antifaschistische Betriebsvertretungen zu bilden, die als Sofortforderung »die Anerkennung des provisorischen Betriebsrates« durch die Betriebsleitung und »die sofortige Entlassung des NS-Vertrauensrates« durchsetzen sollten. Einstellungen und Entlassungen sollten nur dann Gültigkeit haben, »wenn zwei besonders dazu beauftragte Mitglieder des Betriebsrates ihre Zustimmung dazu gegeben haben«, eine Maßnahme, die verhindern sollte, daß bei den unklaren Rechtszuständen die Betriebsratsmitglieder entlassen würden.

---

[47] Gespräch mit Erich Söchtig (8)
[48] Gespräch mit Karl Küll (6)
[49] Dokument im Archiv der IG Metall (2). Das Rundschreiben ist noch auf Kopfbogen der Deutschen Arbeitsfront abgezogen, wie die Rückseiten zeigen. Der KGF gehörten u. a. so bekannte Bremer Politiker an wie der spätere Hafensenator Wolters (erst KPD, dann SPD) und Ehlers (SPD).

Die Beispiele zeigen, wie auf der Betriebsebene sich das gewerkschaftliche Leben rasch wieder regenerierte, noch bevor die Besatzungsmächte eingreifen konnten. Auf örtlicher Ebene wurden von Mai bis August 1945 (als die Militärregierung die ersten reglementierenden Anordnungen erließ) in mindestens 29 Städten der britischen Besatzungszone Gewerkschaftsversammlungen veranstaltet. [50] Die Betriebsräte als Hauptträger der gewerkschaftlichen Arbeit in der Phase unmittelbar nach dem Zusammenbruch übten damals einen außerordentlich großen Einfluß aus. Nach Broeckers Darstellung [51], die an der arbeitsrechtlichen Problematik orientiert ist, gab es einen machtfreien Raum in den Betrieben, da zahlreiche Unternehmer als belastete Personen in den Lagern der Alliierten saßen oder sonst nicht wagen konnten, gegen die Betriebsräte vorzugehen. Broecker schreibt: »Das Vakuum, das der Zusammenbruch des Dritten Reiches auf dem Gebiet des Arbeitsrechts und der Sozialordnung hinterließ, wurde im Bereich der Betriebsvertretungen durch eine durchaus spontane Praxis, die sich z. T. auf vorläufige Erlasse der Besatzungsmächte stützte, wieder ausgefüllt, indem sich in den Betrieben, zunächst meist ohne Wahlvorgang, die Bildung von Ausschüssen vollzog, die oft sogar den neuen gewerkschaftlichen Zusammenschlüssen vorangingen.« [52] Broecker grenzt allerdings dann die inhaltlichen Aspekte der Machtausübung der Betriebsräte stark ein, wenn er fortfährt: »Ähnlich wie 1918 wuchs diesen Ausschüssen vorübergehend ein revolutionärer Nimbus zu, der sich allerdings angesichts der totalen Machtausübung durch die Besatzungsmächte praktisch meist nur in einer von diesen Mächten mehr oder weniger unterstützten Personalbereinigung nach dem Programm der Entnazifizierung auswirken konnte, und nur in der russischen Zone, und auch dort nicht überall und nur vorübergehend, sowie in wenigen Ausnahmefällen in den westlichen Zonen zu einer praktischen Beherrschung der Betriebe durch die Betriebsräte führte.« [53] Diese Darstellung wird von offizieller britischer Seite bestätigt, allerdings mit kritischem Akzent. In einem Tätigkeitsbericht der Manpower Division heißt es dazu:

---

[50] GBZ (32), 23
[51] s. Broecker (127)
[52] a.a.O. (127), 18
[53] a.a.O. (127), 19

»Unmittelbar nach dem Zusammenbruch Deutschlands 1945 spielten sich selbsternannte Gruppen von Leuten, die in den meisten Fällen nicht repräsentativ für die Arbeiter waren, als ›Betriebsräte‹ auf und versuchten in einigen Fällen, die Kontrolle über die Unternehmen zu erlangen.«[54]

Daß dies nicht im Sinne der britischen Militärregierung war, wird weiter unten in dem Bericht noch deutlicher:

»Es war die Absicht der britischen Behörden, die Organisation von Belegschaftsvertretungen zu gegebener Zeit der Initiative der Gewerkschaft zu überlassen. Die Gewerkschaften riefen jedoch nach der Wiederbelebung der alten Betriebsrätegesetze. Sie hofften, daß die Betriebsräte dadurch nicht nur einen gesetzlichen Status erhalten würden, sondern auch gesetzliche Rechte der Mitbestimmung im Management.«[55]

Aus den oben geschilderten Beispielen wird aber neben der Regeneration des gewerkschaftlichen Lebens auf der Basis der Betriebe noch ein zweites wichtiges Moment deutlich. Träger der Reorganisation waren im wesentlichen die alten Kräfte der Arbeiterbewegung, die die Naziherrschaft überlebt und in der Illegalität eine neue Aktionseinheit gefunden hatten, die nun legal praktiziert werden konnte. Aber es zeigte sich rasch, daß diese Aktionseinheit unter den Bedingungen der Verschärfung der Spannungen zwischen den Siegermächten nicht lange aufrechterhalten werden konnte. Schnell wieder aufbrechende Gegensätze über die Fragen von Form und Taktik der Gewerkschaftsarbeit und die Eingriffe der jeweiligen Parteizentralen[56], die auch wieder entstanden waren oder aus der Emigration zurückkehrten, in die örtliche und betriebliche Arbeit führten zu Belastungen, an denen die frühere Aktionseinheit bald nach dem Ende des Hitler-Regimes zerbrach. Besonders deutlich wird das am Beispiel Hamburgs, wo dieser Prozeß aufgrund der Quellenlage[57] besonders gut zu verfolgen ist.

In Hamburg hatten relativ gut organisierte Gruppen des illega-

[54] Industrial Relations (33), 11 f
[55] a.a.O. (33), 32
[56] Gespräch mit Küll (6), der darauf hinwies, daß nach der Rückkehr der Ulbricht-Gruppe aus Moskau sich die Eingriffe in die örtliche Gewerkschaftsarbeit gemehrt hätten und verstärkt betriebsfremde Anordnungen ausgegeben worden seien.
[57] vgl. vor allem den Bericht des Ortsausschusses Hamburg (19) und die Darstellung von Franz Spliedt (184), die beide von sozialdemokratischer Warte geschrieben sind, aber Quellen abdrucken.

len Widerstandes überlebt, so daß bereits zwei Tage nach Einzug des englischen Militärs eine Reihe von Sozialdemokraten und Kommunisten den englischen Kommandanten um die Erlaubnis zur Wiedererrichtung der politischen Parteien ersuchten. Da ihnen dies abgeschlagen wurde, gründeten sie zunächst die »Sozialistische Freie Gewerkschaft« im Hamburger Gewerkschaftshaus am 11. Mai 1945. [58] Eine ihrer ersten Forderungen war die sofortige Säuberung der Betriebe von ehemaligen Nationalsozialisten und die Anerkennung der von den Belegschaften gewählten Betriebsräte. Der Konflikt zwischen den eher an traditioneller Gewerkschaftsarbeit orientierten Sozialdemokraten und den Kommunisten, die versuchen wollten, weitergehende politische Forderungen in Hinsicht auf die Mitarbeit in der Stadtverwaltung durchzusetzen, sprengte schließlich die »Einheitsgewerkschaft«. Die sozialdemokratischen Gewerkschaftsführer arrangierten sich mit der britischen Militärregierung, die die politische Aktivität der SFG ohnehin mit Mißtrauen beobachtete, und lösten am 18. 6. 1945 die Einheitsgewerkschaft in selbständige Industrieverbände auf [59], in denen in der Folgezeit der Einfluß der Kommunisten mehr und mehr zurückgedrängt wurde.

Die Entwicklung der Betriebsvertretungen und Gewerkschaftsorganisationen unter dem Einfluß der alliierten Richtlinien

Die alliierte Militärregierung schaltete sich, mit Ausnahmen wie in Hamburg, erst im August 1945 direkt in den Prozeß der Neugründung von Gewerkschaften und Betriebsräten ein. Mit Datum vom 18. August ließ die britische Militärregierung in allen Betrieben ein Plakat aushängen, das den Titel trug: »An alle Arbeiter in diesem Betrieb«. Punkt 1 lautete: »Als zeitweilige Maßnahme, bis regulär aufgestellte Gewerkschaften die Aufgabe der Organisation der Vertretung der Arbeiter-

---

[58] Bericht des DGB-Ortsausschusses Hamburg (19), 20
[59] a.a.O. (19), 22 f; Dieses Beispiel sollte später noch Bedeutung erlangen, s. unten S. 32.

schaft in Arbeitsangelegenheiten übernehmen können, wird die Arbeiterschaft dieses Betriebes aufgefordert, aus ihrer Mitte Sprecher zu wählen, zwecks Verhandlung mit der Betriebsleitung in Fragen innerbetrieblicher Natur, wie sie von Zeit zu Zeit im Laufe des Arbeitsverhältnisses auftreten.« [60] Anschließend wurden die Verfahrensweisen einer demokratischen Wahl aufgeführt, die zu beachten seien. In der amerikanischen Zone wurden nach Angaben Clays im Oktober 1945 in rund 3 000 Betrieben Sprecher gewählt. [61]

Auch der Aufbau von Gewerkschaften wurde nun durch allgemein geltende Vorschriften reglementiert. Bereits im Potsdamer Abkommen hatte es unter Ziffer 10 geheißen: »Die Schaffung freier Gewerkschaften, gleichfalls unter Berücksichtigung der Notwendigkeit der Erhaltung der militärischen Sicherheit, wird gestattet werden.« [62] Auf örtlicher Ebene drängten inzwischen die Betriebsvertretungen auf die gewerkschaftliche Zusammenfassung. In der bereits zitierten Schrift der Essener Ortsverwaltung der IG Metall heißt es dazu: »Die Betriebsvertretungen unterließen keine Versuche, die Gewerkschaftsbewegung voranzutreiben, so daß nach monatelangen Bemühungen der beiden Betriebsausschüsse Krupp und Wallram im August bzw. September die Genehmigung zur betrieblichen gewerkschaftlichen Vereinigung ohne beitragsmäßige Bindung erteilt wurde.« [63] Damit war allerdings die örtliche Gewerkschaft noch nicht gegründet. In Essen beispielsweise wurde die Genehmigung dazu erst im März 1946 erteilt, nachdem man vorher bereits zur illegalen Beitragskassierung übergegangen war. Haupthindernis für den örtlichen Zusammenschluß war das von alliierter Seite entwickelte Genehmigungsverfahren.

Nachdem in Hamburg bereits am 30. 5. 1945 von der Militärregierung vorläufige Richtlinien für die Bildung von Gewerkschaften erlassen worden waren, kam es erst am 8. August 1945 zur offiziellen Bekanntmachung der britischen Militärregierung über die Gründung von Gewerkschaften für das übrige Zonengebiet. Das Dokument »Die Gewerkschaften in Deutschland« erläuterte die alliierte Zielsetzung: »Es ist die Absicht der Alliierten: 1. Die Bildung freier Gewerkschaften in ganz Deutsch-

---

[60] im Wortlaut abgedruckt in GBZ (32), 289 f
[61] Clay (13), 324
[62] Potsdam 1945 (98), 356
[63] 70 Jahre Ortsverwaltung Essen (26), 14

land zuzulassen. 2. Sich zu vergewissern, daß die Schaffung freier Gewerkschaften das Ergebnis freiheitlichen Selbstgefühls und Initiative ist, die sich in den grundlegenden Stadien, das heißt bei den Arbeitern selbst, entwickeln. 3. Den Gewerkschaften volle Entwicklungs- und Handlungsfreiheit zu gewähren, vorausgesetzt, daß sich ihre Tätigkeit nicht gegen die alliierten Behörden richtet.« [64] Anschließend wurden die Verfahrensweisen zur Bildung von Gewerkschaften und das, »was von den Gewerkschaften erwartet wird«, festgelegt. Hier waren die wichtigsten Punkte: Strikter Aufbau von unten nach oben im Rahmen demokratischer Spielregeln und als Aufgabe die Unterstützung der Alliierten bei der Entnazifizierung und Ausrottung des Militarismus. Diese allgemeine Anordnung wurde durch eine weitere Bekanntmachung vom 30. 8. 1945 ergänzt, die noch einmal betonte, daß »1. Die Militärregierung wünscht, daß das deutsche Volk selbst entscheiden soll, welche Form von Gewerkschaften es haben will«. Für das Kontrollverfahren der Militärregierung sei der Grundsatz wichtig: »Das deutsche Volk soll im eigenen Interesse feste Grundlagen für seine Gewerkschaften schaffen. Es soll langsam und gut aufbauen.« [65]

Das weit verbreitete Mißtrauen gegenüber gewerkschaftlichen Kräften in der Militärregierung, das hierin zum Ausdruck kam, bedeutet eine erhebliche Erschwerung der organisatorischen Aufbauarbeit. Während in der sowjetisch besetzten Zone bereits vor der Potsdamer Konferenz, am 10. Juni 1945, der Freie Deutsche Gewerkschaftsbund gegründet worden war, und in der französischen Zone sich in Stuttgart sogar schon am 11. Mai 1945 der Württembergische Gewerkschaftsbund konstituiert hatte (ohne allerdings eine Massenorganisation zu werden), verhängten die amerikanische und die britische Militärregierung eine Art »politische Quarantäne« in ihren Besatzungszonen. [66]

Die Motive waren eindeutig. Harold Zink, »Chief historian« (Chef-Historiker) beim U. S. High Commissioner for Germany, schreibt in seinem Werk »The United States in Germany 1945–1955«:

---

[64] im Wortlaut s. GBZ (32), 12 ff
[65] im Wortlaut s. a.a.O. (32), 14 f
[66] Geschichte der deutschen Arbeiterbewegung Bd. 6 (140), 91, wo zu Recht angeführt wird, daß diese scheinbar überparteiliche Maßnahme reaktionären Kräften eine gewisse Atempause in dem Augenblick verschaffte, wo sich die Kräfteverhältnisse zugunsten der Arbeitnehmer verschoben hatten.

»Die anfängliche Haltung der amerikanischen Militärregierung, was die Wiedererrichtung der deutschen Arbeiterorganisationen betraf, war im allgemeinen ziemlich vorsichtig.«[67]

An die Kritiker dieser Haltung gewandt, gibt er zu erkennen, was die Ursache dafür war:

»Ein Teil des scheinbaren Zögerns im Zusammenhang mit den Arbeiterorganisationen rührte zweifellos von der Sorge her, die in manchen amerikanischen Abteilungen sich zeigte, *daß die Kommunisten einen Vorteil* (im Original gesperrt, E. S.) aus der Situation ziehen könnten, derart, daß sie die Kontrolle über solche Organisationen wie Gewerkschaften, politische Parteien oder ähnliches erlangen könnten ...«[68]

Darum wollte man langsam vorgehen:

»Das Argument war, durch langsames Vorgehen bei der Wiedererrichtung von Arbeiterorganisationen in Deutschland das bedeutende Risiko, daß solche Organisationen von den Kommunisten erobert würden, merklich zu verringern, wenn nicht ganz auszuschalten.«[69]

In dieselbe Richtung deutet eine Bemerkung von Clay: »Schon betätigten sich fähige Arbeiterführer wie Schleicher, Richter, Hagen und Schiefer (später auch Tarnow) als demokratische Führer und setzten sich mit den Kommunisten in den Reihen der Arbeiterschaft auseinander.«[70] Besonders mißtrauisch standen die Amerikaner der ihnen wenig bekannten Institution der Betriebsräte gegenüber. Zink weist darauf hin, wie sehr die Amerikaner hier ihre eigenen Vorstellungen und Organisationsformen von Gewerkschaften verabsolutierten und auf fremde soziale Verhältnisse aufzupropfen suchten:

»Der Fehler der Vereinigten Staaten im Erkennen der Bedeutung der Betriebsräte für deutsche Arbeiterorganisationen war zweifellos die Hauptschwäche von OMGUS (dem amerikanischen Hauptquartier, E. S.) auf dem Gebiet der Arbeitsorganisation. Bis zu welchem Ausmaß diese Tatsache das Ergebnis bloßer Unwissenheit war und bis zu welchem Ausmaß Resultat eines bornierten Glaubens, daß die Vereinigten Staaten in Deutschland so viel Macht hätten, daß sie mehr oder weniger

---

[67] Zink (199), 281
[68] a.a.O. (199), 282
[69] a.a.O. (199), 282
[70] Clay (13), 324 und 326 f

die Vergangenheit ignorieren und ihr eigenes Schema aufpropfen könnten, ist schwer zu entscheiden.«[71]
In Verbindung mit den antikommunistischen Interessen der amerikanischen Militärregierung kommt Zink dann zu der Vermutung, bei einem realistischen Einschätzen der Bedeutung der Betriebsräte hätte auch der kommunistische Einfluß besser bekämpft werden können:
»... es ist möglich, ja wahrscheinlich, daß es einen geringeren kommunistischen Einfluß in diesen Betriebsräten während der frühen Jahre der Besetzung gegeben hätte.« Der Beweis: »Im hochwichtigen Bergbau waren in den Jahren 1946–1948 nicht weniger als 71 % der Betriebsratsmitglieder Kommunisten.«[72]
Später, als man sich nicht mehr in die »basic desires of German labor unions« (grundlegenden Wünsche der deutschen Gewerkschaften) eingemischt habe, sondern sein Interesse stärker auf die Verminderung des kommunistischen Einflusses gelegt habe, sei dieser Prozentsatz auf 32 % für 1949 und 25 % für 1950 zurückgegangen.[73] In der Praxis bedeutete diese Grundeinstellung der Amerikaner, daß das Genehmigungsverfahren für die Betroffenen mit äußersten Schwierigkeiten und ermüdendem Kleinkrieg verbunden war. Beispielsweise erhielt der spätere DGB-Vorsitzende Willi Richter, der im Juli 1945 mit einer Gruppe alter Gewerkschafter zur Gründung des FDGB Hessen geschritten war, eine Vorladung von der Militärregierung, die ihm jedes eigenmächtige Vorgehen strikt untersagte. In dem Schreiben vom 19. 7. 1945 wurde ihm befohlen: »Dementsprechend wollen Sie und Ihre Mitarbeiter es sofort unterlassen, in irgendeiner Weise darzulegen, daß Sie den Führer und die Organisatoren des FDGB darstellen, oder daß eine solche Organisation dieses Namens in Frankfurt/Main existiert.«[74]
Richter wurde später aufgefordert, »die gleichen Arbeitnehmer-Funktionäre sich im Zimmerweg 12 versammeln (zu) lassen, die dort am 26. Juni ebenfalls versammelt waren. Der Arbeiter-Offizier dieses Detachment (Bereichs) wird dort anwesend sein und sich dieserhalb an Sie wenden.«[75] Die Gründung konnte August 1946 vollzogen werden.

---

[71] Zink (199), 294
[72] a.a.O. (199), 285, vgl. auch Gillen (141), 41
[73] a.a.O. (199), 285
[74] Enderle II (136), 288 f
[75] a.a.O. (136), 289

Auch die Haltung der britischen Militärregierung unterschied sich in dieser Phase nur wenig von der amerikanischen. In seinen Memoiren berichtet der damalige britische Oberbefehlshaber und Militärgouverneur Marshall Montgomery: »Die Russen unterstützten die Gewerkschaften. Ich beschloß, das nicht zu tun, ich war zwar sehr dafür, daß sie langsam den Verhältnissen entsprechend wachsen sollten, aber dagegen, daß sie »forciert« wurden. Dadurch hoffte ich zu erreichen, daß im Laufe der Zeit aus ihren eigenen Reihen die richtigen Leute an die Spitze kamen. Gingen wir jedoch zu schnell vor, so bestand die Gefahr, daß die Gewerkschaften in falsche Hände gerieten und daraus Schwierigkeiten entstanden.« [76] Die »falschen Hände« bezeichnet Montgomery dann näher: »In einigen Gegenden der englischen Zone gab es deutliche Anzeichen für die Wühlarbeit russischer Kommunisten, und in allen von den Westalliierten besetzten Gebieten bildeten sich kommunistische Zellen.« [77] In einer Denkschrift für die britische Regierung, die Montgomery kurz vor seinem Verlassen Deutschlands am 2. Mai 1946 abfaßte, gab er den Befürchtungen militärischer Kreise in dieser Hinsicht noch einmal Ausdruck: »Doch wenn die Deutschen unzufrieden werden und größere Feindseligkeiten gegen die Besatzungsmacht ausbrechen, dann haben sie in den politischen und Gewerkschaftsorganisationen eine Stütze, die sie zur Durchführung ihrer schädlichen Absichten benützen könnten.« [78] Der schon zitierte Bericht über »Industrial Relations in Germany 1945-1949«, den das Außenministerium später herausgab, spiegelt diese Besorgnis ebenfalls wider:
»Die ernsteste Drohung, der sich die Einheit der Gewerkschaften gegenübersah, lag in der Möglichkeit, daß sich der marxistische Einfluß in den Gewerkschaften verstärken würde.« Später sei diese Gefahr jedoch gebannt worden: »Die feste Zurückweisung kommunistischer Versuche, durch die Gewerkschaften die Kontrolle über die Organisationen zu erreichen, hat außerordentlich viel zum Erhalt der gewerkschaftlichen Solidarität beigetragen.« [79]
Der britische Labor Offizier, unter dessen Regie sich weitgehend die Entwicklung der Gewerkschaftsbewegung in der britischen

---

[76] Montgomery (16), 428
[77] a.a.O. (16), 427
[76] a.a.O. (16), 464
[79] Ind. Rel. (33), 8

Zone vollzog, Mr. Francis Kenny, gibt zu dieser Frage der Verzögerung und Behinderung des Gewerkschaftsaufbaus zu bedenken [80], daß die Zivilverwaltung, die den Gewerkschaften positiv gegenübergestanden habe, in dieser Phase der Militärregierung strikt untergeordnet gewesen sei. Die Ziele der Militärregierung hätten aber in allererster Linie darin bestanden, für die Sicherheit der Truppen zu sorgen, die Kriegsziele durchzusetzen und Ruhe und Ordnung aufrechtzuerhalten. Dafür wären in erster Linie die einzelnen Kreisoffiziere verantwortlich gewesen, denen die zivile Verwaltung für ihren Bereich unterstellt gewesen sei. Diese Offiziere seien in ihrer Mehrheit konservativ orientiert gewesen, also ohne große Sympathie für die Gewerkschaften. Ihr hauptsächliches Interesse bei dem Aufbau von Gewerkschaften sei die Einhaltung des ordnungsgemäßen Ablaufes gewesen, damit sie die Kontrolle über das, was in ihrem Kreis vorging, behalten hätten. Andererseits hielten die deutschen Gewerkschafter die britischen Besatzungsoffiziere sehr oft irrigerweise für die ideologischen Vertreter der britischen Labour-Regierung, und dieses Vertrauen reichte bis weit in die Führungsspitzen der Gewerkschaften. [81]

Die Eingriffe der Militärregierungen in den Organisationsaufbau zur Verhinderung der Einheitsgewerkschaft

Bei der dargestellten Grundeinstellung der Militärregierungen zu den Gewerkschaften ist es wenig verwunderlich, daß sie sich nicht an die von ihnen selbst proklamierten Direktiven hielten, die vorsahen, daß das deutsche Volk selbst entscheiden solle, welche Form von Gewerkschaften es haben wolle [82], sondern

[80] Gespräch mit Kenny (5), der sich ganz ähnlich auch Enderle (136) II, 269 gegenüber äußerte

[81] vgl. Spiro (183), 26, ähnlich die allerdings extrem antikommunistischen Auffassungen huldigende amerikanische Schriftstellerin Freda Utley (190), 149 ff, die anläßlich eines Deutschlandbesuchs zum Studium der Demontagen beschrieben hat, wie sie bei deutschen Arbeiterführern noch 1948 dieses Vertrauen in die Politik der britischen Sozialisten fand: „In der Hoffnung, den Sozialismus durch Zusammenarbeit mit den englischen Eroberern durchzuführen, hatten die alten deutschen Gewerkschaftsführer die deutschen Arbeitnehmer wehrlos gemacht."

[82] so in den Anordnungen vom August 1945
vgl. Anm. 64 und 65

selbst massive Eingriffe in den Organisationsaufbau nicht scheuten.

Als Instrument zur Durchsetzung ihrer Vorstellungen von der richtigen Organisationsform für die Gewerkschaften diente ihnen dabei die sogenannte Drei-Phasen-Theorie (später als Industrial Relations Directive Nr. 16 vom 12. 4. 1946 [83] bekanntgemacht). Sie sah vor, daß der Schritt von der ersten Phase (örtliche Gründung) zur zweiten Phase (Erlaubnis, Beiträge zu kassieren, öffentliche Mitgliederwerbung zu betreiben und Büroräume zu mieten) von einer Genehmigung der Manpower Division der Militärregierung abhängig war. Diese Genehmigung konnte versagt werden, ohne daß ein Einspruchsrecht bestand. Daß die Militärregierung von diesem Instrument Gebrauch zu machen gewillt war, erwies sich bei der für die weitere Entwicklung bedeutsamen Frage der Organisationsform: Einheitsgewerkschaft oder Industrieverband. Dabei war es nicht einmal nötig, formelle Verbote zu verhängen; die Drohung, Phase 2 nicht zu genehmigen, reichte, selbst unausgesprochen, aus. Denn ohne die Erlaubnis, Beiträge zu kassieren, öffentliche Werbung zu betreiben und Büroräume zu mieten, war es auf die Dauer unmöglich, eine Massenorganisation aufzuziehen. Worum ging es aber in Wirklichkeit bei der Frage der Organisationsform?

In der Emigration waren von mehreren Landesgruppen deutscher Gewerkschafter in England, in der Schweiz, in Schweden und in den USA Pläne für eine Neuorganisation der Gewerkschaften nach dem Zusammenbruch des Dritten Reiches erarbeitet worden. [84] Gemeinsam war allen diesen Entwürfen das Prinzip der einheitlichen Organisierung von Arbeitern und Angestellten und der Verzicht auf das Prinzip der weltanschaulichen Richtungsgewerkschaften, die vor 1933 nebeneinander in den einzelnen Betrieben vertreten waren. In Zukunft sollte es nur noch eine Gewerkschaft im Betrieb geben. Die Ursache für diesen Drang zu einer einheitlichen Gewerkschaft ist in der Auffassung vieler Gewerkschaftsfunktionäre und Mitglieder zu sehen, daß die Zersplitterung der Gewerkschaftsbewegung in sich bekämpfende weltanschauliche Gruppen wesentlich zu der

---

[83] GBZ (32), 15 ff, dort im Wortlaut
[84] Auszüge abgedruckt bei Enderle (136) I, 181 ff, Scholz (178), 205 ff, NDG (107)

Lähmung der Gewerkschaften gegenüber dem heraufziehenden Faschismus beigetragen hätte. Unterschiedliche Auffassungen gab es aber darüber, ob man eine Einheitsgewerkschaft im strengen Sinne oder eine Einheitsgewerkschaft als Dachverband einzelner Industriegewerkschaften gründen solle. Eine Einheitsgewerkschaft im strengen Sinne des Wortes bedeutete, daß die Mitglieder direkt einer einzigen allgemeinen Gewerkschaft angehören würden, die lediglich Untergliederungen nach Wirtschaftszweigen vorsah, ohne eigene Tarifhoheit und sonstige wichtige gewerkschaftspolitische Befugnisse zu erhalten. Dagegen gehören die Mitglieder von Gewerkschaften auf Industrieverbandsprinzip dem Dachverband nicht direkt, sondern nur korporativ über ihre Industriegewerkschaft an. Die Spitze des Dachverbandes ist dabei notwendig schwächer als bei der anderen Alternative (vgl. den heutigen DGB).

Während die Landesgruppe deutscher Gewerkschafter in Schweden eine Übernahme der »Deutschen Arbeitsfront« als Zwangsorganisation für ein Übergangsstadium vorschlug und damit eher für die Einheitsgewerkschaft im strengen Sinne Partei nahm, trat die amerikanische Gruppe entschieden für das Industrieverbandsprinzip ein. Auch die einflußreiche Gruppe in Großbritannien und die Schweizer Gruppe befürworteten diese Lösung. [85] In Deutschland selbst scheint sich, beeinflußt wohl durch die Bedingungen der illegalen Arbeit, eher das Prinzip der Einheitsgewerkschaft in ihrer rigorosen Form, die auch »Allgemeine Gewerkschaft« genannt wurde, durchgesetzt zu haben. Darauf deuten jedenfalls eine ganze Reihe von Ansätzen zur Organisationsneuordnung, die sich unabhängig voneinander, etwa im Rheinland, in Niedersachsen und in Hessen entwickelten. Die bedeutendsten Versuche, zu einer einheitlichen und schlagkräftigen Gewerkschaft zu kommen, ereigneten sich im Rheinland und in Niedersachsen. Hierauf konzentrierten sich dann auch die Eingriffe der Militärregierung.

In Köln war es bereits im März 1945, kurz nach dem Einmarsch amerikanischer Truppen, zu einem Treffen führender Mitglieder der früheren Gewerkschaftsbewegung gekommen, die die Bildung einer einheitlichen Gewerkschaftsorganisation besprachen. [86] Es wurde ein Organisationskomitee gegründet,

---

[85] a.a.O. (136), (178), (107)
[86] vgl. zum folgenden die Darstellung in GBZ (Sonderdruck) (22), 657 ff

der sogenannte Siebener-Ausschuß, dem, nach den Parteirichtungen, vier Sozialdemokraten, zwei CDU-Vertreter und ein Kommunist angehörten. [87] An der Spitze stand der ehemalige Bezirkssekretär des Allgemeinen Deutschen Gewerkschaftsbundes von Rheinland-Westfalen, Hans Böckler. Am 12. 6. 1945 trugen Böckler und seine Kollegen der Militärregierung ein 5-Punkte-Programm für die Bildung einer Gewerkschaft vor. Dieses Programm enthielt den Passus: »Die Gewerkschaft soll Arbeiter, Angestellte und Beamte umfassen. Wir sehen ab von der Aufteilung in drei Säulen. Wir wollen *einen* Bund, natürlich untergliedert nach Berufsgruppen. Auch örtlich wird die Organisation in der gleichen Weise aufgebaut: also *eine* Organisation; Arbeiter, Angestellte und Beamte jeweils in der Gruppe zusammengefaßt, in der sie beschäftigt sind.« [88] Eine Konferenz von Gewerkschaftsvertretern aus nahezu allen großen rheinischen Städten billigte im September 1945 dieses Konzept in einer Entschließung ausdrücklich. Es hieß darin, daß es der einheitliche Wille der Gewerkschaftsvertreter sei, daß »völlig autonome Industriegewerkschaften auf einer örtlichen geographischen Ebene, wie Sie (d. i.: die Militärregierung, E. S.) das vor hatten, zu einer Entwicklung führen würden, die für den Aufbau einer starken und einheitlichen Gewerkschaftsbewegung unangebracht wäre.« [89] Böckler selbst hat in einem handschriftlichen Entwurf, der den Titel trägt: »Einige Erläuterungen zur Absicht der Wiedererrichtung einer Gewerkschaft« [90], die Gründe, die ihn bewogen haben, für das Konzept einer Einheitsgewerkschaft im strengen Sinne einzutreten, genannt. Vor allem ging es um eine »Zusammenfassung aller Kraft«, um aus dem von den Nazis hinterlassenen Abgrund herauszukommen. »Diejenigen, die sich mit der Frage beschäftigten, sind dahin übereingekommen, daß der Bund nicht als Dachorganisation, sondern eben als die Einheits- und einzige Gewerkschaft in straffer Zentralisation 17 Industrie- bzw. Berufsgruppen, jede in sich Arbeiter, Angestellte und Beamte vereinigend, umfassen sollte.« [91] Die Militärregierung, insbesondere die zuständige

[87] Kolb (151), 18
[88] GBZ (S) (22), 657
[89] a.a.O. (22), 658
[90] abgedruckt bei Enderle (136) II, 259
[91] a.a.O. (136), 260

Manpower Division [92], war allerdings nicht bereit, derartige Pläne zu genehmigen. Die Gründe dafür wurden zwar nie ganz offen ausgesprochen, aber die Aussage von Kenny [93], der mit Böckler im Auftrage der Militärregierung verhandelte, die vorgelegten Pläne seien »zu ehrgeizig« gewesen, dürfte in die Richtung weisen, wo der Widerstand seine Ursache hatte. »Zu ehrgeizig« hieß im Klartext, die Militärregierung war nicht bereit, den Gewerkschaften mehr Macht zuzugestehen als ihr gut dünkte. Bezeichnenderweise fügte Kenny im Gespräch mit Enderle noch hinzu: »Manpower wäre verantwortlich gemacht worden, wenn sich die Gewerkschaften später als Untergrundorganisationen herausgestellt hätten.« [94] Eine Befürchtung, die auch Montgomery selbst geäußert hatte. [95] Da die Militärregierung sich weigerte, die notwendige Genehmigung für den Plan des Siebener-Ausschusses zu geben, und damit der Übergang in die zweite Phase nicht möglich war, stagnierte die Gewerkschaftsarbeit im Herbst 1945 in der Nordrhein-Provinz. Da die Militärregierung aber andererseits an einer von ihr kontrollierten und in Grenzen gehaltenen Gewerkschaftsbewegung durchaus interessiert war, schon um Unruhen unter den Arbeitern vorzubeugen, bediente sie sich eines diplomatischen Kniffs, um die Angelegenheit wieder in Fluß zu bringen. Sie organisierte eine Delegation des Britischen Gewerkschaftsbundes TUC, die im November 1945 Deutschland bereiste und instruiert war, den deutschen Gewerkschaftern das Industrieverbandsprinzip nahezubringen. [96] Die Delegation, die aus William Lawther, dem Vizepräsidenten der britischen Bergarbeitergewerkschaft, Jack Tanner von der Metallarbeitergewerkschaft, Bullock von der Transportarbeitergewerkschaft und Harris vom Dachverband TUC bestand, traf am 23. 11. 1945 in Düsseldorf ein. In

---

[92] Leiter der Manpower Division war R. M. Luce, der in Berlin saß; für „Industrial Relations", also die Gewerkschaftsarbeit, war für Nordrhein-Westfalen zunächst Foulds zuständig, für Niedersachsen Barber, später übernahm Barber das ganze Gebiet. Damit wurde auch Kenny, der zunächst Untergebener von Foulds war, zuständig für die gesamte Gewerkschaftsarbeit in der britischen Zone unter Barber. Vgl. auch Kolb (151)

[93] Gespräch mit Kenny (5), der sich im gleichen Sinne zu Enderle (136) II, 269 und Kolb (151), 20, äußerte.

[94] Enderle (136) II, 269

[95] Montgomery (16), 464, s. auch Anm. 78

[96] vgl. dazu Enderle (136) II, 265, GBZ (S) (22), 658 und Gespräch mit Kenny (5), der die Absicht, die die Manpower Division mit dieser Delegation verfolgte, nicht verschwieg.

einer Konferenz mit Hans Böckler, August Schmidt und anderen
führenden Gewerkschaftern empfahl sie den deutschen Kollegen,
Industriegewerkschaften anzustreben. Aus Hamburg, wohin die
Delegation weitergereist war und wo das Industrieverbandsprinzip als Folge der Auseinandersetzungen zwischen Sozialdemokraten und Kommunisten bereits durchgesetzt war [97], wiederholte die Delegation ihren Rat in einem Brief an Böckler und
seine Kollegen. Böckler, der seine Bemühungen inzwischen endgültig als gescheitert ansehen mußte und der weiteren Entwicklung der Gewerkschaftsbewegung in der Nordrhein-Provinz
nicht im Wege sein wollte, gab nach. Für den 28. 11. 1945 berief
er eine Besprechung des provisorischen Bezirksausschusses für die
Nordrhein-Provinz ein und verlas den Brief der britischen
Delegation mit der Bemerkung: »Ich glaube, es bleibt uns nichts
anderes übrig, als uns schweren Herzens von unseren bisherigen
Absichten zu trennen und uns nach dem guten Rat unserer aus-
ländischen Freunde zu richten.« [98] Der Ausschuß berief daraufhin eine Delegiertenkonferenz für den 7. 12. 1945 nach Düsseldorf ein, auf der Böckler in Anwesenheit der britischen Gewerkschafter und von Vertretern der Militärregierung nach einem
längeren Referat die Empfehlung gab: »Wir müssen endlich zur
Anerkennung und zur Arbeit kommen. Wie können wir das
aber erreichen? Es wird möglich sein, wenn wir unsere Pläne
ändern. Das heißt, daß wir zunächst autonome Gewerkschaften
aufzubauen haben, ohne unsere weitgehenden und zusammen-
fassenden Pläne aus den Augen zu verlieren. [99] Das ist die Empfehlung des vorläufigen Ausschusses.« Die Abstimmung über die
Frage: »Wollen wir von unserem alten Organisationsplan ab-
weichen und dem Rat unserer englischen Kollegen folgen?«
brachte eine große Mehrheit für diesen Vorschlag. [100] Daraufhin
wurde das Industrieverbandsprinzip einstimmig angenommen.
Schon am 18. Januar 1946 genehmigte die Militärregierung die
Satzung, so daß nun die Gewerkschaftsarbeit in die zweite
Phase eintreten konnte.

---

[97] Bezeichnenderweise war es die Hamburger Gewerkschaft, die als erste
die Mittel für eine Gewerkschaftszeitung von der Militärregierung erhielt.

[98] so in Opel/Schneider (163), 349 und Enderle (136) II, 266

[99] GBZ (S) (22), 658

[100] a.a.O. (22), 659. Kenny notierte sich, wie er mir bei unserem Gespräch
zeigte, in sein Notizbuch unter dem Datum vom 7. 12. 1945: „An historic
day", Gespräch mit Kenny (5)

In Westfalen, wo es im Oktober 1945 bereits ca. 367 örtliche Gewerkschaften gab, wurde mit der Ankündigung, sonst die zweite Phase nicht in Kraft treten zu lassen, eine Vereinheitlichung erzwungen, die, unter Hinweis auf das gerade in der Nordrhein-Provinz exerzierte Beispiel, auch hier eine Mehrheit für das Industrieverbandsprinzip ergab. [101]

Schwieriger gestalteten sich die Verhältnisse für die Militärregierung in Niedersachsen. Hier hatten sich ebenfalls sehr schnell nach dem Kriege örtliche Einheitsgewerkschaften gebildet. In Hannover waren die verschiedenen Auffassungen koordiniert worden und die Satzung einer »Allgemeinen Gewerkschaft« beraten worden. [102] Kenny, der im Dezember 1945 nach Niedersachsen reiste, hatte bei seinem dortigen Kollegen, Major Ashley Bramall, weniger Glück als im Rheinland. Bramall [103] hatte bereits mit dem Gewerkschaftsführer Albin Karl alles geregelt und seine Genehmigung für den Aufbau der Einheitsgewerkschaft gegeben. Er wies Kennys Einmischung in seine Angelegenheiten deshalb zurück. [104] Kenny regte daraufhin eine zentrale Konferenz der Gewerkschaften an, die im März 1946 in Hannover stattfinden und auf der die Organisationsfrage behandelt werden sollte. Die Konferenz, die vom 12. bis 14. März 1946 dauerte, war die erste offizielle Konferenz der Gewerkschaftsvertreter in der britischen Zone, nachdem bereits im August 1945 in der Nähe von Osnabrück unter konspirativen Umständen eine Zusammenkunft zwischen Gewerkschaftsvertretern aus Niedersachsen und dem Rheinland stattgefunden hatte, die sich aber auf den Austausch von Informationen und Auffassungen über die Weiterentwicklung der Gewerkschaften beschränken mußte. [105] Die Konferenz von Hannover debattierte ausgiebig über die Organisationsfrage, kam aber zu keinem Ergebnis. In der Presseerklärung hieß es: »Die strittige Frage der Organisationsform wurde von der Gewerkschaftskonferenz *nicht* entschieden.« [106] Man wählte einen Zonenausschuß,

---

[101] GBZ (S) (22), 659

[102] a.a.O. (22), 685

[103] Major Ashley Bramall wurde später Labour Abgeordneter im englischen Unterhaus, s. Ausführungen vom Hoffs auf dem a. o. Kongreß des DGB 1948 (49), 93

[104] Kenny bestätigte das im Gespräch (5) ausdrücklich, so auch bei Kolb (151), 34 ff

[105] vom Hoff auf dem a. o. Kongreß des DGB 1948 (49), 89

[106] GBZ (32), 44, dort im Wortlaut

der die Frage einer Klärung näherbringen sollte. Außerdem betonte die Konferenz in ihrer Entschließung Nr. 1, sie begrüße »die eindeutige Erklärung des Vertreters der britischen Kontrollkommission, daß es den deutschen Gewerkschaften selbst überlassen wird, für die gesamte britische Zone *die* Organisationsform zu bestimmen, die für den gewerkschaftlichen Neuaufbau am zweckmäßigsten ist.«[107] Das war freilich nur noch deklamatorisch zu verstehen, und Böckler, der in der Diskussion vom Zwang, statt der geplanten Organisationen »Organisatiönchen« zu bilden, gesprochen hatte, wies darauf hin, daß »uns anderes mehr drängt.«[108] Im Laufe des Jahres 1946 bröckelte dann auch der Widerstand in Niedersachsen ab. Die Militärregierung ließ noch einmal eine Gewerkschaftsdelegation aus Großbritannien anreisen, diesmal unter Leitung von Sir Walter Citrine und im Auftrage des Weltgewerkschaftsbundes. In einem Bericht erklärte Citrine danach, »die Delegation (hat) ihre Unterstützung der Organisationsform gegeben, die als ›vertikale Industrieverbände‹ bezeichnet wird.« An einigen Orten, besonders in der russischen und britischen Zone, habe man jedoch andere Formen vorgefunden; »In einigen Fällen war es so weit gekommen, daß eine einzige allgemeine Einheitsgewerkschaft mit Unterabteilungen für die einzelnen Industriezweige aufgebaut worden war. Die Weltföderation ist gegen diese Organisationsform und hat das Einverständnis der Kontrollbehörde, in der die vier Besatzungsmächte vertreten sind, wenn auch mit der Einschränkung, daß die Arbeiter nicht daran gehindert werden dürften, eine demokratische Organisationsform irgendwelcher Art zu haben, die sie wünschen.«[109] Inzwischen hatten sich in Niedersachsen selbst Kräfte geregt, die dem Industrieverbandsprinzip zuneigten. Einzelne Industriegruppen hatten sich bereits zusammengeschlossen und so das ursprüngliche Prinzip aufgelockert.[110] Auf der vorbereitenden Zonenkonferenz, die vom 21. bis 23. 8. 1946 in Bielefeld stattfand, hieß es zwar noch, die versammelten Vertreter von 1 1/4 Million organisierter Arbeitnehmer der britischen Zone sähen »in der umfas-

[107] Prot. Konf. März 1946 (46), 55
[108] a.a.O. (46), 20
[109] In einem Gespräch mit dem Korrespondenten des „Manchester Guardian" am 18. 7. 1946 in Berlin, das in dieser Zeitung vom 19. 7. 1946 erschien; Übersetzung im Archiv der IG Metall (2)
[110] GBZ (S) (22), 688

senden, absolut festgefügten und ideell einheitlich gerichteten Gewerkschaft das Instrument, dessen die Schaffenden bedürfen, um höchst verantwortlich am gemeinsamen Werk der Erneuerung mitzuarbeiten.« [111] Aber schon der folgende Satz machte klar, was jetzt damit gemeint war: »Der autonome Industrieverband, unterteilt in Berufsgruppen und Sparten und gleichzeitig regional den Bedürfnissen entsprechend aufgegliedert, ist, nach der Überzeugung der in Bielefeld Versammelten, die Organisationsform, die den höchsten Wirkungsgrad verspricht.« [112]

Nach dieser für die Militärregierung befriedigend verlaufenden Entwicklung teilte der Leiter der Manpower Division anläßlich einer Sitzung des Zonenvorstands und Zonenausschusses am 3./4. Oktober 1946 mit: »Wir halten den Zeitpunkt für gekommen, an dem wir es ruhig ihnen überlassen dürfen, diese Gruppen zu größeren Industrieverbänden zusammenzuschweißen, die von der neulich abgehaltenen Konferenz beschlossen wurden.« [113] Die Phase 3 der vorgesehenen Entwicklung war damit praktisch erreicht und der Weg frei für den zonalen Zusammenschluß, der im April 1947, also fast zwei Jahre nach Kriegsende, in Bielefeld endgültig von den Delegierten beschlossen wurde. Diese Delegierten vertraten nun rund zwei Millionen Mitglieder; seiner Struktur nach wurde der Zusammenschluß ein Bund aus autonomen Industrieverbänden, die allerdings dem Dachverband eine vergleichsweise starke Position beließen. [114]

Auch in der amerikanischen Besatzungszone war der Widerstand der Militärregierung gegen jede Art von Einheitsgewerkschaft von Anbeginn deutlich spürbar. Die gewerkschaftlichen Berater Clays von der »American Federation of Labor« (AFL) [115] empfahlen nachdrücklich ihr eigenes Modell der Industrieverbände, so daß Ansätze örtlicher Einheitsgewerkschaften in Württemberg, Hessen oder Bayern bald zum Scheitern ver-

[111] Entschließung zur Organisationsfrage im Prot.
1. Zonenkonf. Aug. 1946 (47)
[112] a.a.O. (47)
[113] GBZ (32), 49
[114] vgl. das Protokoll des Gründungskongresses des DGB (brit. Zone) (48), 91; damals wurden dem Bund nach § 6 der Satzung 35 % der Einnahmen der Industrieverbände zugesprochen, heute sind es noch 12 %.
[115] Die Berater Clays von der AF of L entstammten, wie etwa Joe Keenan, meist dem rechten Flügel dieses Gewerkschaftsbundes, s. auch Wheeler (196), 37.

urteil waren. [116] In Bayern kam es örtlich so weit, daß lokale
Gewerkschaften zugunsten betrieblicher aufgelöst werden sollten, eine Entscheidung, die nur durch den hartnäckigen Widerstand der Betroffenen verhindert werden konnte. [117] In Nord-
württemberg versuchte die amerikanische Militärregierung, nach
der Räumung Stuttgarts durch die französischen Besatzungstruppen den schon errichteten Württembergischen Gewerkschaftsbund wieder aufzulösen. Der Widerstand der Funktionäre brachte die Amerikaner aber zunächst zum Einlenken, und
die Mitgliederwerbung wurde gestattet. [118] Im Dezember 1945
wurde dann allerdings der vorgelegte Satzungsentwurf abgelehnt, und die einzelnen örtlichen Gewerkschaftsorganisationen
wurden der Drei-Phasen-Prozedur unterworfen, so daß erst im
September 1946 der erste Kongreß des Gewerkschaftsbundes
Württemberg-Baden stattfinden konnte. Die zonale Vereinigung
kam, entsprechend dem isoliert gehaltenen Aufbau der Länder
der amerikanischen Zone, gar nicht erst zustande. Lediglich ein
Zonenausschuß, »um die Gemeinschaftsaufgaben der Gewerkschaften in der amerikanischen Zone wahrzunehmen« [119], wurde
auf Beschluß einer Versammlung der verschiedenen Landesge-
werkschaften am 14. 4. 1946 in Frankfurt eingesetzt. Dabei
blieb es bis zur Gründung des DGB im Oktober 1949.

Die ersten Kontakte der Gewerkschaften auf
interzonaler Ebene

Eine Darstellung der ersten Phase des Wiederaufbaus der Gewerkschaften wäre allerdings unvollständig, ließe man die interzonalen Beziehungen außer acht, die sich bereits früh zu entwickeln begannen.
Nachdem am 8. Oktober 1945 in Paris von Gewerkschaftsvertretern aus 56 Ländern der Weltgewerkschaftsbund gegründet

---

[116] So wurde zum Beispiel in Nürnberg der alte ADGB in neuer Einheitsform
    wieder gegründet, s. den Aufruf bei Opel/Schneider (163), 346, aber auch
    Kolb (151), 92 und 108, Enderle (136) II, 290
[117] Enderle (136) II, 308
[118] vgl. die Darstellung bei Opel/Schneider (163), 347
[119] Resolution, abgedruckt in „Gedanken zur Neuordnung..." (105), 5

worden war, kam es bald zu einer ersten Fühlungnahme mit den verschiedenen deutschen Gewerkschaftsorganisationen. Nach einem vorbereitenden Treffen deutscher Gewerkschaftsvertreter aus verschiedenen Zonen in Frankfurt am Main am 13. und 14. 7. 1946, das »weitgehende Übereinstimmung« [120] in allen behandelten Fragen zum Resultat hatte, kam es am 7. und 8. November 1946 anläßlich der sogenannten 1. Interzonenkonferenz in Mainz zu einer Besprechung zwischen deutschen Gewerkschaftsvertretern und dem Generalsekretär des WGB, Louis Saillant. An dieser Tagung nahmen Vertreter der Gewerkschaften der britischen Zone noch nicht teil. Ferngeblieben waren aber auch Vertreter der AFL, die dem Weltgewerkschaftsbund nicht angehörte. Saillant, der bei dieser Tagung [121] den Vorsitz führte, berichtete vor allem über seine bisherigen Initiativen beim Interalliierten Kontrollrat zur Verbesserung der Rechtslage der deutschen Gewerkschaften und schlug dann vor, Konferenzen mit Vertretern aller vier Zonen in zweimonatigem Turnus abzuhalten. Es wurden schließlich noch Kommissionen zur Berichterstattung über den Fortgang der Entnazifizierung und die Situation der Gewerkschaften in der Wirtschaft gebildet. Die folgenden beiden Konferenzen fanden am 18./19. 12. 1946 in Hannover und am 10./12. 2. 1947 in Berlin statt. Sie beschäftigten sich mit Fragen des Mitbestimmungsrechts, der Entnazifizierung und setzten einen Organisationsausschuß ein für die Klärung der Probleme »einer großen, einheitlichen deutschen Gewerkschaftsbewegung.« [122]

Auch auf der Ebene der Industriegewerkschaften kamen solche Interzonenkonferenzen zustande. So stellten am 27. und 28. 2. 1947 in Mannheim auf einer Interzonenkonferenz die neun bisher entstandenen Metallgewerkschaften Einigkeit über zwei Hauptpunkte fest. Alle erstrebten »den baldigen Zusammenschluß aller Organisationen zu einem Verband für die Metallindustrie ganz Deutschlands« und »betrachteten als zweckmäßigste Form des gewerkschaftlichen Zusammenschlusses selbständige Industriegewerkschaften« [123], die in einem Bund

---

[120] versprochen – gebrochen (64), 163
[121] vgl. Protokoll über eine Besprechung mit dem Generalsekretär des Weltgewerkschaftsbundes, Saillant, Paris, am 7. und 8. 11. 1946 in Mainz, Berichterstatter: Georg Reuter, München, im Archiv der IG Metall (2)
[122] vgl. GBZ (32), 718
[123] Kolb (151), 158 vgl. auch Geschäftsbericht der IG Metall 1947/48 (29) 26 ff

vereinigt sein sollten. Strittig war dagegen die Zusammensetzung der zu schaffenden interzonalen Gremien und vor allem das Verhältnis zum Internationalen Metallarbeiterbund, der sich in seiner Mehrheit weigerte, voll in dem WGB aufzugehen und die interzonalen Kontakte mit Mißtrauen beobachtete. Die folgenden beiden Konferenzen brachten dann, schon unter dem Einfluß des sich verschärfenden Ost-West-Konflikts, ein weiteres Auseinanderfallen der Ansichten und schließlich das Ende weiterer Gespräche auf dieser Ebene.

Die gesamte interzonale Aktivität und die Kontakte zum WGB wurden ohnedies, vor allem von der amerikanischen Militärregierung und der AFL, nicht gerne gesehen, da eine solche Auflockerung der Fronten dem sich durchsetzenden Blockdenken widersprach. Zum deutschen Sprecher dieser Besorgnisse machte sich auf Gewerkschaftsseite vornehmlich der ehemalige Vorsitzende des Holzarbeiterverbandes, Fritz Tarnow, der inzwischen aus dem schwedischen Exil zurückgekehrt war. In einem Artikel in der südwürttembergischen Gewerkschaftszeitung vom Dezember 1946 machte er aus seinen Bedenken kein Hehl: »Inzwischen ist der Internationale Gewerkschaftsbund in den Weltgewerkschaftsbund umgewandelt worden. Ihm gehören auch die russischen Gewerkschaften an, die ihrem Wesen nach Staatsorgane sind. Ich glaube daher nicht, daß ein so zusammengesetzter Weltgewerkschaftsbund von langer Lebensdauer ist.« [124] Zwar kam es noch auf der Tagung des WGB im Juni 1947 in Prag zum einstimmigen Beschluß, die deutschen Gewerkschaften »nach Beseitigung formeller Hindernisse« [125] aufzunehmen. Aber die »formellen Hindernisse«, nämlich die mangelnde interzonale Einheit, konnten in der Folgezeit nach dem Scheitern der Moskauer Verhandlungen nicht mehr überwunden werden.

---

[124] Gewerkschaftszeitung für das Gebiet Südwürttemberg und Hohenzollern, 1. Jg., Nr. 4 v. 20. 12. 1946
[125] vgl. den Bericht von Böckler in „Der Bund" (66) 1. Jg. Nr. 6 v. 5. 7. 1947

Die personelle Restauration in den gewerkschaftlichen Führungspositionen und das Ausbleiben einer radikalen Betriebsrätebewegung

Überblickt man das erste Stadium des gewerkschaftlichen Wiederaufbaus im Hinblick auf die Besetzung der Führungspositionen, so stellt man fest, daß es sich bei den Gewerkschaftern, die die Führung übernahmen, fast ausnahmslos um Funktionäre handelt, die bereits vor 1933 in leitender Funktion tätig waren oder zumindest als hauptamtliche Funktionäre bereitstanden, in die Führungspositionen aufzurücken. Außerdem gehörten fast alle dem sozialdemokratisch orientierten Flügel der alten Gewerkschaftsbewegung an. Am Beispiel von 21 Gewerkschaftsfunktionären, die nach 1945 die leitenden Positionen der großen Gewerkschaften und der Bundesvorstände besetzten, läßt sich dieser Restaurationsprozeß zeigen. [126]

Nordrhein-Westfalen:

Hans *Böckler* (Jg. 1875) vor 1933: ADGB-Bezirkssekretär für Rheinland-Westfalen, nach 1945: Vorsitzender des DGB (brit. Zone) und ab 1949: Bundesvorsitzender des DGB.

Walter *Freitag* (Jg. 1889) vor 1933: Bezirksleiter des Deutschen Metallarbeiterverbandes (DMV) in Hagen, nach 1945: gleichberechtigter Vorsitzender der IG Metall (brit. Zone), ab 1948: gleichberechtigter Vorsitzender der IG Metall für die Bundesrepublik Deutschland, ab 1952: DGB-Bundesvorsitzender.

Matthias *Föcher* (Jg. 1886) vor 1933: Leiter der Jugendarbeit des Christlichen Metallarbeiter Verbandes, nach 1945: stellvertretender Vorsitzender des DGB (brit. Zone), ab 1949: stellvertretender DGB-Vorsitzender.

Hans *Böhm* (Jg. 1890) vor 1933: Geschäftsführer im Gesamtverband der öffentlichen Betriebe, nach 1945: im geschäftsführenden Bundesvorstand des DGB (brit. Zone), ab 1949: im geschäftsführenden Bundesvorstand des DGB.

Erich *Bührig* (Jg. 1896) vor 1933: im Vorstand des DMV, Leiter der Wirtschaftsschule Dürrenberg, nach 1945: Mitglied

---

[126] Die folgenden Daten sind vor allem dem DGB-Informationsdienst (70), III, 215 ff entnommen, aber auch zum Teil bei Kolb (151), Opel/Schneider (163) zu finden.

des Vorstands der IG Metall (brit. Zone), Sekretär des Gewerkschaftsrates in Frankfurt, ab 1949: geschäftsführendes Bundesvorstandsmitglied des DGB.

Hans *vom Hoff* (Jg. 1899) vor 1933: Bezirksleiter im Zentralverband der Angestellten, nach 1945: hauptamtliches Bundesvorstandsmitglied des DGB (brit. Zone), ab 1949: geschäftsführendes Bundesvorstandsmitglied des DGB.

Ludwig *Rosenberg* (Jg. 1903) vor 1933: Bezirksgeschäftsführer des Gewerkschaftsbundes der Angestellten, nach 1945: Mitglied des gewerkschaftlichen Zonensekretariats des DGB (brit. Zone), Mitglied des Gewerkschaftsrates, ab 1949: geschäftsführendes Bundesvorstandsmitglied des DGB, ab 1962: DGB-Bundesvorsitzender.

Hans *Jahn* (Jg. 1885) vor 1933: Vorstandsmitglied des Deutschen Eisenbahnerverbandes und des Allgemeinen Deutschen Beamtenbundes, nach 1945: 1. Vorsitzender der Gewerkschaft der Eisenbahner Deutschlands.

August *Schmidt* (Jg. 1878) vor 1933: 2. Vorsitzender des Verbandes der Bergarbeiter Deutschlands, nach 1945: 1. Vorsitzender des Industrieverbandes Bergbau (brit. Zone), ab 1948: 1. Vorsitzender der IG Bergbau.

Christian *Fette* (Jg. 1895) vor 1933: stellvertretender Gauvorsteher des Deutschen Buchdruckerverbandes, nach 1945: Mitglied der zonalen Leitung der Gewerkschaft Graphisches Gewerbe und Papierverarbeitung (brit. Zone), ab 1948: 1. Vorsitzender der IG Druck und Papier, ab 1951: Bundesvorsitzender des DGB.

Hamburg:

Adolf *Kummernuß* (Jg. 1895), vor 1933: Abteilungsleiter im Verkehrsbund Hamburg, nach 1945: Mitglied des geschäftsführenden Vorstands der Gewerkschaft ÖTV (brit. Zone), ab 1949: 1. Vorsitzender der ÖTV für die Bundesrepublik Deutschland.

Wilhelm *Petersen* (Jg. 1889) vor 1933: Bevollmächtigter des DMV (Deutscher Metallarbeiter Verband) in Hamburg, nach 1945: gleichberechtigter Vorsitzender der IG Metall (brit. Zone), ab 1948: gleichberechtigter Vorsitzender der IG Metall für die Bundesrepublik Deutschland.

Albin *Karl* (Jg. 1889) vor 1933: Vorsitzender des Verbandes der Fabrikarbeiter Deutschlands, nach 1945: Leiter des Sekretariats Niedersachsen der »Allgemeinen Gewerkschaft«, ab

1947: stellvertretender Vorsitzender des DGB (brit. Zone), ab 1949: geschäftsführendes Mitglied des DGB-Bundesvorstands.

Hessen:

Willi *Richter* (Jg. 1894) vor 1933: Leiter des ADGB-Kartells Darmstadt, nach 1945: Vorsitzender des Freien Gewerkschaftsbundes Hessen, Mitglied des Gewerkschaftsrates, ab 1949: Mitglied des geschäftsführenden Bundesvorstands des DGB, ab 1956: DGB-Bundesvorsitzender.

Max *Bock* (Jg. 1888) vor 1933: Bezirkssekretär des DMV in Frankfurt, nach 1945: Vorsitzender der Metallgewerkschaft Hessen, ab 1950: geschäftsführendes Vorstandsmitglied der IG Metall.

Württemberg-Baden:

Markus *Schleicher* (Jg. 1884) vor 1933: 2. Vorsitzender des Holzarbeiterverbandes, nach 1945: Vorsitzender des Württembergischen Gewerkschaftsbundes.

Fritz *Tarnow* (Jg. 1880) vor 1933: 1. Vorsitzender des Holzarbeiterverbandes, nach 1945: Sekretär des Gewerkschaftsrates.

Hans *Brümmer* (Jg. 1886) vor 1933: Bezirkssekretär des DMV in Stuttgart, nach 1945: Vorsitzender des Württembergischen Gewerkschaftsbundes, Vorsitzender der Metallgewerkschaft Nordwürttemberg-Nordbaden, ab 1948: gleichberechtigter Vorsitzender der IG Metall für die Bundesrepublik Deutschland.

Bayern:

Lorenz *Hagen* (Jg. 1885) vor 1933: Vorsitzender des ADGB Nürnberg, nach 1945: Vorsitzender des Bayrischen Gewerkschaftsbundes.

Gustav *Schiefer* (Jg. 1877) vor 1933: Vorsitzender des ADGB in München, nach 1945: stellvertretender Vorsitzender des Bayrischen Gewerkschaftsbundes.

Georg *Reuter* (Jg. 1902) vor 1933: Vorstandsmitglied des Gesamtverbandes der Arbeitnehmer der öffentlichen Betriebe, nach 1945: Generalsekretär des Bayrischen Gewerkschaftsbundes, Sekretär des Gewerkschaftsrates, ab 1949: stellvertretender Bundesvorsitzender des DGB.

Diese Liste läßt sich noch ergänzen. Auffallend ist, daß nahezu alle Spitzenpositionen, die die Gewerkschaften nach 1945 zu vergeben hatten, von der Generation der 50- bis 70jährigen besetzt wurden. Jüngere Kräfte kamen erst später in diese Positionen, zum Beispiel Otto Brenner (Jg. 1907), der erst 1952 gleichberechtigter Vorsitzender der IG Metall wurde. Fragt man nach den Ursachen, die dieser Restauration zugrunde liegen, so wird man eine Reihe von Faktoren anführen müssen. Eine Ursache war zweifellos der große Erfahrungshorizont auf gewerkschaftlichem Gebiet, den diese Männer mitbrachten und der es ihnen erlaubte, die Schlüsselpositionen beim Neuaufbau rascher zu erkennen, zu besetzen und zu behaupten. Dazu kam ihre ausgewiesen antifaschistische Haltung, die ihnen bei der Militärregierung gegenüber jüngeren und unbekannteren Kräften den nötigen Kredit verschaffte. Die Tatsache, daß fast alle (die Ausnahme bildet in unserer Aufstellung Matthias Föcher, der der CDU angehörte) der Sozialdemokratischen Partei angehört hatten und wieder angehörten, verstärkte bei der schon dargestellten Kommunistenfurcht der Militärregierung noch ihre Glaubwürdigkeit. Schließlich kommt hinzu, daß die Zahl der fähigen Arbeiterführer durch die Verfolgungen während der Nazizeit und der Emigration erheblich vermindert worden war, so daß die Konkurrenz kleiner war als unter normalen Bedingungen.

Eine weitere wichtige Ursache darf jedoch nicht außer acht gelassen werden. Die Tatsache, daß diesen Funktionären die Führungspositionen kaum streitig gemacht wurden, hatte nicht zuletzt seinen Grund in der Tatsache, daß sich nach 1945 nicht wie nach 1918 eine radikale Bewegung von den Betrieben her entwickelte, die eine Ablösung der alten Garde der Funktionäre hätte durchsetzen können. Sofern überhaupt Ansätze dazu da waren nach dem außerordentlichen Substanzverlust, den die Arbeiterbewegung durch die Jahre der Verfolgung während des Faschismus erlitten hatte, kamen sie hauptsächlich aus drei Gründen nicht zur Entfaltung. Der erste lag in der totalen Kontrolle, die die Militärregierung ausübte, um jeder Unruhe vorzubeugen. Der zweite Grund lag in der Tatsache, daß die Kräfte der Betriebsräte fast völlig aufgesogen wurden von den unmittelbaren Aufgaben des Tages, der Versorgung der Belegschaften mit Nahrungsmitteln, der Wiederingangsetzung der Produktion, den zahllosen »Kompensationsgeschäften«, die die Nahrungsmittel und Produktionsmittel herbeischaffen halfen. Später war es dann die Tätigkeit in den Preisüberwachungsausschüssen und in den zahlreichen anderen kommunalen Kontrollausschüssen, die die Zeit und die Energie der Betriebsräte in Anspruch nahm. Bezeichnend ist, daß einer der wenigen Versuche einer überörtlichen Zusammenarbeit zwischen Betriebsräten aus vier Ruhrstädten 1945 sich ausschließlich auf Kompensationsgeschäfte beschränkte und ohne jede separatistische Note war. [127] Als Drittes kam schließlich hinzu, daß die Gewerkschaften und vor allem die führenden Funktionäre eine Tradition der Kontrolle von Betriebsräten [128] aus der Weimarer Zeit zur Verfügung hatten, die ihnen eine erheblich günstigere Position als 1918 verschafft hätte, wenn es nach 1945 zu einer eigenständigen Betriebsrätebewegung gekommen wäre. [129]

Insgesamt ergibt sich daraus, daß einer Fortsetzung der traditionellen Gewerkschaftspolitik, wie sie in der Weimarer Zeit geübt worden war, von der personellen Seite nicht viel entgegenstand. Die Frage war allerdings, ob die veränderte Situation eine veränderte Gewerkschaftspolitik erzwingen würde, oder ob man sich auf die traditionellen Methoden verlassen würde. Bevor die Beantwortung dieser Frage zur Diskussion steht, muß zunächst die Situation, in der sich die deutsche Wirtschaftsverfassung nach dem Zusammenbruch und unter der Herrschaft der Besatzungsmächte befand, untersucht werden. Erst auf dieser Grundlage können die Bemühungen der Gewerkschaften untersucht werden, eine Neuordnung der Wirtschafts- und Betriebsverfassung zu erreichen.

---

[127] Mitteilung von Fritz Strothmann (9)
[128] vgl. hierzu Fisher (138), 10 ff
[129] einzelne Versuche von kommunistischer Seite, mit radikalen Forderungen eine Bewegung von der Basis her zu entfachen, hatten nicht viel Erfolg. Typisch ist der Fall des Betriebsratsvorsitzenden der Hagen Hasper Hüttenwerke, Paul Harig, der mit wilden Streiks auf eigene Verantwortung Zugeständnisse von der Firmenleitung erreichen wollte. Er wurde nach kurzer Frist aus der Gewerkschaft ausgeschlossen und ging seines Postens als Betriebsratsvorsitzender verlustig.

3. Die Maßnahmen der westlichen Alliierten zur Neuordnung der deutschen Wirtschaft und die Forderungen der Gewerkschaften nach Sozialisierung und Wirtschaftsdemokratie

Nachdem im ersten Kapitel die Voraussetzungen entwickelt worden sind, unter denen die Besatzungsmächte an eine Lösung des deutschen Problems herangingen, und im zweiten Kapitel die Bedingungen für das Wiedererstehen und die Ausbildung von Gewerkschaften und Betriebsvertretungen untersucht wurden, muß sich die Darstellung nun in einem dritten Kapitel den konkreten Auseinandersetzungen zuwenden, die über die Neuordnung der Wirtschafts- und Betriebsverfassung entstanden. Dabei ist zu klären, in welcher Form die Besatzungsmächte, vor allem die westlichen, die seit Potsdam festgelegte Kontrolle über die deutsche Industrie ausübten, welche Vorstellungen die Gewerkschaften von einer Neuordnung entwickelten und wie sie sie durchzusetzen suchten. Die Darstellung konzentriert sich dabei vor allem auf die Eisen- und Stahlindustrie, da die Auseinandersetzungen hier, der Bedeutung dieses Industriezweiges wegen, die ausgeprägtesten Formen annahmen. Zum Verständnis der gewerkschaftlichen Vorstellungen von Neuordnung ist außerdem ein Exkurs erforderlich, der die Tradition dieser Vorstellungen aus ihrem Entstehungszusammenhang interpretiert, ohne den das Verständnis der Gewerkschaftspolitik nach 1945 lückenhaft bleiben müßte.

Die Beschlagnahme der deutschen Industrie durch die Besatzungsmächte und ihre Maßnahmen zur Entflechtung und Entmilitarisierung

Die Grundlage für die Beschlagnahme deutscher Industrieunternehmen bildete das vom Oberkommando der alliierten

Streitkräfte (SHAEF) am 18. 9. 1944 (dem ersten Tag der Besetzung in deutscher Hand befindlichen Gebietes) erlassene Gesetz Nr. 52. Dieses Gesetz bestimmte die Sicherstellung von »bestimmten im besetzten Deutschland gelegenen Vermögen oder Vermögensgegenständen« [130], an denen die Alliierten ein besonderes Interesse hatten. Hauptsächlich handelte es sich dabei um öffentliches Vermögen und solches, das der NSDAP gehörte. Aber auch andere Vermögenskomplexe waren nicht ausgenommen, denn Zweck des Gesetzes war es, das Vermögen sicherzustellen, das zur Deckung der Besatzungskosten, für Reparationen und zur Vorbereitung des Wiederaufbaus benötigt oder zur Bestrafung der verantwortlichen Personen eingezogen werden sollte.

Die Proklamation Nr. 2 des Alliierten Kontrollrates vom 20. 9. 1945 [131] legte dann die Sicherstellung der Vermögenswerte fest und steckte die Grenzen des Gesetzes Nr. 52 näher ab. So wurden in der Folgezeit durch Kontrollratsgesetz Nr. 9 vom 30. 11. 1945 [132] die IG Farben alliierter Kontrolle unterworfen, im November folgten durch die Allgemeine Verfügung Nr. 3 Krupp [133] und die Ausgliederung der Kohlenzechen aus dem Gefüge der eisenindustriellen Werke (Allgemeine Verfügung Nr. 5 vom 22. 12. 1945). [134] Erst im August 1946, bedingt durch die bis dahin noch nicht abgeschlossenen Debatten über das Schicksal des Ruhrgebietes, wurden dann auch sämtliche Vermögensgegenstände der Eisen- und Stahlindustrie der Aufsicht der britischen Militärregierung unterworfen (Allgemeine Verfügung Nr. 7 zum Gesetz Nr. 52 vom 20. 8. 1946). [135]

Schon bei den ersten Beschlagnahmen wurde von seiten der Militärregierung das Prinzip angewandt, die amtierenden Verwalter der Unternehmungen zu Treuhändern zu machen und ihnen aufgegeben, die normale Geschäftstätigkeit fortzusetzen. [136] Die Bedeutung dieser Maßnahme für den Fortgang der Entwicklung kann nicht überschätzt werden. Zwar waren auf-

---

[130] Dölle-Zweigert (83), 33 und 38
[131] Amtsbl. Mil.Reg. (76) 1945 Nr. 5, 27 ff
[132] a.a.O. (76) 1945 Nr. 5, 62
[133] a.a.O. (76) 1945 Nr. 5, 62
[134] a.a.O. (76) 1945 Nr. 5, 64 f
[135] a.a.O. (76) 1946 Nr. 13, 309 f
[136] a.a.O. (76) 1945 Nr. 1, 26 f

grund von Listen des Kilgore-Ausschusses, eines amerikanischen Senatsausschusses, und des U. S. Kriegsministeriums zahlreiche Wirtschaftsführer verhaftet worden. Einige von ihnen sahen noch Prozessen entgegen, aber andere waren bald wieder entlassen worden. [137]

Wichtiger noch war die generelle Einstellung der Verantwortlichen der Besatzungsmächte gegenüber den belasteten deutschen Wirtschaftsführern. Der Leiter der Wirtschaftsabteilung der britischen Militärregierung, Sir Percy Mills, der aus der britischen Schwerindustrie kam, äußerte sich in einem Gespräch mit seinem amerikanischen Kollegen, William H. Draper, einem Bankier, über die deutschen Wirtschaftsführer: »Sie waren keine Nazis, sie waren Geschäftsleute.« Draper stimmte ihm zu. [138] Bei dieser Einstellung konnte es geschehen, daß im November 1945 ein Streik der Belegschaft eines Zweig-Betriebes der Firma Thyssen, der sich gegen einen nazistisch belasteten Direktor richtete, erst nach drei Monaten zu einer Entlassung dieses Mannes führte. [139] Die britische Militärregierung hatte in einer Anweisung vom 9. 6. 1945 den Personenwechsel in der Industrie aus politischen Gründen unter Genehmigungspflicht gestellt. [140] Allgemein herrschte dort die Ansicht von der Unentbehrlichkeit der deutschen Wirtschaftsführer vor. Balfour drückt das mit den Worten aus: »In der Tat wäre es ganz unmöglich gewesen, die deutsche Wirtschaft wieder in Gang zu bringen, ohne Hilfe derjenigen Nazis, die sie geleitet hatten.« [141] Abgesehen von der Fragwürdigkeit dieser These, ist die Haltung, die darin zum Ausdruck kommt, für die damaligen Verhältnisse offenbar bezeichnend, zumal der Verfasser fortfährt: »... wenn dies auch nicht gerade den am 7. Juli 1945 von einem amerikanischen Armeehauptquartier ergangenen Erlaß rechtfertigte, demgemäß bei der Entfernung von Nazis aus Schlüsselstellungen mehr nach freiem Ermessen als nach Befehlen gehandelt werden sollte, denn damit setzte man sich über eine Hauptbestimmung der Weisung 1067 der Joint Chiefs of Staff hinweg.« [142] Besonders typisch für die konser-

137 Badstübner/Thomas (120), 53 f
138 Martin (15), 90 f
139 Dok. Mat. Arb. Bew. (85) III, 1, Seite 259 f
140 Badstübner (119), 181
141 Balfour (122), 105
142 a.a.O. (122), 105

vative Spielart amerikanischer Besatzungsgeneräle war der für Bayern zuständige General Patton, der die Entnazifizierung überhaupt ablehnte. [143]

Tatsache war jedenfalls, daß führende amerikanische und britische Beamte und Offiziere der Militärregierung den nationalsozialistisch belasteten deutschen Wirtschaftsführern nicht grundsätzlich ablehnend gegenüberstanden. Im Gegenteil, Schwarz stellt fest: »Ihre größtenteils aus der Vorkriegszeit herrührende Bekanntschaft mit den wirtschaftlichen Führungsschichten Europas erweckte Verständnis und Solidaritätsgefühl für diese ihnen in Mentalität und gesellschaftlicher Interessenlage so nahestehenden Gruppen.« [144] Genauer betrachtet war wohl weniger das Solidaritätsgefühl als konkrete Geschäftsbeziehungen und vorhandene Anlagen für die Haltung dieser Gruppe ausschlaggebend. Die Wiederanknüpfung der Geschäftsbeziehungen ging jedenfalls so weit, daß der Kilgore-Ausschuß am 22. 12. 1945 eine Erklärung veröffentlichte, in der diejenigen Beamten der Militärregierung verurteilt wurden, die den Nazismus unterstützten, indem sie nicht an Bestrafung der Wirtschaftsführer dächten, sondern mit ihnen Geschäftsbeziehungen anknüpfen wollten, womit vor allem Draper und seine Leute gemeint waren. [145] Clay rechtfertigte später die Anschauungen seines Wirtschaftsberaters mit den Worten: »Wenn man ein Urteil aus der Tatsache macht, daß jemand während der dreizehn Jahre unter Hitler Geld verdiente, schließt man jede Fähigkeit und Erfolg aus.« [146]

Auch in Kreisen der amerikanischen Gewerkschaften war man inzwischen auf das Verhalten der Militärregierung aufmerksam geworden und richtete scharfe Anklagen gegen deren Praxis der Kooperation mit den ehemaligen Wirtschaftsführern. In dem Bericht einer nach Deutschland entsandten dreiköpfigen Sonderdelegation der AFL, die vom 24. 10. 1946 bis Weihnachten 1946 Deutschland bereist hatte, und am 29. 1. 1947 dem Exekutivkomitee der AFL Auskunft gab, hieß es unter anderem: »In der amerikanischen Zone ist es allem Anschein nach die politische Tendenz der Besatzungsbehörden, inoffiziell

---

[143] a.a.O. (122), 266
[144] Schwarz (180), 66
[145] Martin (15), 163
[146] s. Davidson (130), 203 dort Zitat Clay aus „New York Herald Tribune" v. 28. 2. 1949

die konservativen Elemente zu unterstützen – offenkundig als
Gegenzug gegen die sozialistischen Neigungen der Sozialdemokraten und fortschrittlicher Parteigruppierungen ... Obwohl
sie militärisch völlig auf der Höhe und ihre Absichten völlig
aufrichtig sind, scheinen die Beamten der amerikanischen Mili-
tärregierung abgeneigt zu sein, den Vertretern der werktätigen
Klassen das Recht auf verantwortliche Mitarbeit zuzuerkennen
und ziehen es stattdessen vor, die deutschen Zivilbehörden mit
Vertretern des höheren Mittelstandes zu besetzen, die meistens
Kaufleute sind und das Unternehmertum im Gegensatz zu den
Lohnempfängern vertreten.« [147]
Als die britische Militärregierung, die nun unter Leitung von
Sir Brian Robertson, einem ehemaligen Manager des Dunlop-
Konzerns, stand, schließlich am 20. August 1946 die Eisen- und
Stahlindustrie in ihrer Zone beschlagnahmte, wurden in einer
»Bekanntmachung der Kontrollübernahme« Direktoren und
Geschäftsführer der Unternehmungen und alle übrigen leiten-
den Personen angewiesen, auf ihrem Platz zu verbleiben und
bis auf weiteres die Geschäfte der Unternehmungen in »übli-
cher« Weise fortzuführen. [148] Zum Leiter der geplanten Entflechtungsmaßnahmen wurde Dr. Heinrich Dinkelbach, ein ehe-
maliges Vorstandsmitglied der Vereinigten Stahlwerke, des
größten Konzerns der Branche, gegen den Protest der Betriebsräte bestellt. [149]
Das war ein deutliches Zeichen dafür, daß die Kontrollkommis-
sionsbehörde sich weigerte, die erklärte Überführung der Stahl-
konzerne in öffentliches Eigentum als politische Frage zu werten.
Es war für sie eine Frage technischer Ratsamkeit gewesen und
Dinkelbach ein Spezialist. Gewerkschaftlicher Protest wurde als
kommunistisch abgetan. [150] Harris-Burland, der von der britischen Militärregierung eingesetzte »Controller« für die Eisen-
und Stahlindustrie, war auf Dinkelbach aufmerksam geworden,
als dieser im Herbst 1945 einen Plan zu der von den Alliierten

[147] s. Artikel in „Internationale Freigewerkschaftliche Nachrichten", hrsg. v.
Free Trade Union Committee of the AFL, deutschsprachige Ausgabe,
New York, 2. Jg. Nr. 3, März 1947, S. 20, im Archiv der IG Metall (2)
[148] NESI (38), 565
[149] s. Entschließung der Betriebsvertreter der Einzelbetriebe der sechs Montan-
Konzerne des Ruhrgebiets, Hagen-Haspe, 6. 12. 46, im Archiv des DGB (1)
[150] vgl. Davidson (130), 202

geforderten Auflösung der Vereinigten Stahlwerke vorgelegt hatte. [151]

Die Entflechtung der deutschen Schwerindustrie war einer der wichtigsten Grundsätze gewesen, auf die man sich in Potsdam und anschließend noch hatte einigen können. In Ziffer 12 des Abkommens von Potsdam hatte es geheißen: »In praktisch kürzester Frist ist das deutsche Wirtschaftsleben zu dezentralisieren mit dem Ziel der Vernichtung der bestehenden übermäßigen Konzentration der Wirtschaftskraft, dargestellt insbesondere durch Kartelle, Syndikate, Trusts und andere Monopolvereinigungen.« [152]

Großbritannien, das gegen den Protest der Sowjetunion, die eine Viermächtekontrolle des Ruhrgebiets forderte, das Problem einer Entflechtung der Ruhrindustrie nun alleine in Angriff nahm, hatte bereits seit Anfang 1946 begonnen, Pläne dafür zu entwickeln. Grundlage für die Neuordnung war ein nicht veröffentlichter Plan der Metallurgy Branch Trade and Industrial Division vom 6. 7. 1946, der die Übergangsmaßnahmen festlegte. Die erste Phase sah die Einsetzung eines Kontrollbeamten für die einzelnen Unternehmen vor und die Errichtung einer zentralen alliierten Kontrollinstanz mit zentralem deutschen Ausführungsorgan. Hier sollte der Aufbau der Eisen- und Stahlindustrie zunächst geprüft werden. In einer zweiten Phase sollten die Konzerne dann aufgeteilt und die neuen Gesellschaften grundsätzlich auf eine Produktionsstufe beschränkt werden. Schließlich plante man eine dritte Phase, die die Fortführung der Finanzkontrolle über die nun weiter produzierenden Unternehmen sichern sollte und in der die Liquidation der für Reparationen vorgesehenen Werke abgewickelt werden sollte. [153]

Am 20. 8. 1946 wurde die »North German Iron and Steel Control« (NGISC) öffentlich gegründet und ihr Leiter, Harris-Burland, mit der Ausarbeitung von Plänen für die zweite Phase beauftragt. In der Presseerklärung hieß es dazu, eine Entscheidung über die Zukunft der Eisen- und Stahlindustrie sei noch nicht gefallen, aber: »in jedem Falle werden die Besitzer ent-

---

[151] vgl. NESI (38), 575, Dinkelbach wurde später von Vertretern der Altkonzerne beschuldigt, eine Sanierung der Vereinigten Stahlwerke auf Kosten der anderen Konzerne beabsichtigt zu haben.
[152] Potsdam 1945 (98), 357
[153] NESI (38), 59 f

eignet und nie wieder in den Besitz der Werke gelangen.«[154]
Am 15. 10. 1946 folgte die Errichtung der deutschen Treuhandverwaltung im Auftrage der NGISC, als Leiter wurde Dr.
Heinrich Dinkelbach bestellt. Am 11. 2. 1947 wurde schließlich
im Amtsblatt der britischen Militärregierung die Verordnung
Nr. 78, das sogenannte Dekartellisierungsgesetz, bekanntgegeben, das in seiner Präambel auf Ziffer 12 des Potsdamer Abkommens verwies.[155] Am 1. 3. 1947 konnte mit den Ausgliede-
rungen der ersten vier Werke aus dem Verband der alten
Konzerne begonnen werden. Bis zum 1. April 1948 wurden
insgesamt 25 Einzelunternehmungen aus den vorher bestehenden
neun Konzernen und Trusts herausgetrennt. Die Dekartellisierung der Eisen- und Stahlindustrie war damit von der technischen Seite her im wesentlichen abgeschlossen.[156] Die Regelung
der Eigentumsfrage allerdings blieb umstritten, die Verordnung
Nr. 78 traf hier keine Bestimmungen.
Nachdem die Gründung der Bizone am 1. 1. 1947 Wirklichkeit
geworden war, wurden auch die Amerikaner für die Dekartellisierung der Ruhrindustrie direkt mitverantwortlich. Von amerikanischer Seite wurde ein Gesetz Nr. 56 erlassen, das fast
gleichlautend war mit der britischen Verordnung Nr. 78. Hatte
schon der britische Wirtschaftsvertreter Mills den Slogan geprägt, Größe sei kein Verbrechen[157], und sich damit nicht gerade positiv zu der Arbeit seiner Entflechtungsabteilung geäußert, so war sein amerikanischer Partner Draper vollends gegen
jeden starken Eingriff in die Struktur der deutschen Grundstoffindustrien. Die »Economic Division« (»Wirtschaftsabteilung«) der amerikanischen Militärregierung war auf »recovery«
(Genesung), nicht auf »reform« eingestellt. James Stewart Martin, Leiter der »Decartelization Branch« (Entflechtungsabteilung), drohte mehrfach mit dem Rücktritt wegen der Behinderung der Arbeit seiner Abteilung durch »Draper«-Leute. Es
gelang Clay aber, ihn noch bis Mitte 1947 zu halten. Clay war
zu dieser Zeit der Meinung, eine wirksame Entflechtung könnte
dazu beitragen, die Sozialisierung zu verhindern.[158] Er beschreibt in seinen Erinnerungen später, wie er Empfehlungen

---

[154] abgedruckt bei Potthoff (168), 34
[155] Amtsbl. Mil. Reg. (76) 1947 Nr. 16, 412
[156] NESI (38), 60 ff
[157] Martin (15), 174
[158] a.a.O. (15), 226

der Entflechtungsgruppe ablehnte und urteilt: »Die Dekartellisierungsgruppe bestand aus Extremisten, die es zwar gut meinten, die aber fest entschlossen waren, die deutsche Industrie ohne Rücksicht auf ihre wirtschaftliche Leistungsfähigkeit in kleine Einzeleinheiten zu zerlegen.«[159] Martin war freilich über die Ursachen des Scheiterns der Dekartellisierungspolitik der Amerikaner anderer Meinung. Er kommt zu dem Resultat: »Wir wurden in Deutschland nicht von deutschen Wirtschaftskreisen gestoppt. Wir wurden in Deutschland von amerikanischen Wirtschaftskreisen gestoppt. Die Kräfte, die uns stoppten, arbeiteten nicht offen.«[160]

Martins Nachfolger wurde Philip Hawkins, ein Schwiegersohn Drapers. Nachdem der Kilgore-Ausschuß die »Geschäftsbeziehungen« Drapers schon 1945 moniert hatte, kam es später zu weiteren Untersuchungen. 1948/49 führte die sogenannte Ferguson-Kommission in Deutschland und Washington Hearings durch und veröffentlichte einen Bericht vom 15. 4. 1949 darüber. Danach wurde Draper bald zurückgezogen.[161] Clay, der sich ebenfalls zu den Vorwürfen äußern mußte, verschanzte sich weitgehend hinter der Behauptung, daß »sich gar nicht genau sagen läßt, was eine übermäßige Zusammenballung wirtschaftlicher Macht ist.«[162] Die Meinung der amerikanischen Entflechtungsgegner bringt am deutlichsten Gustav Stolper, vor 1933 Chefredakteur des »Volkswirt« und nach 1945 als Wirtschaftsberater der U. S. Regierung Mitglied des Hoover-Ausschusses, zum Ausdruck. Er nannte die Dekartellisierung »einen Anfall von politischem Wahnsinn«, der eine der technisch fehlerfreisten industriellen Organisationen der Welt zertrümmert habe.[163]

Trotz dieses amerikanischen Widerstandes war die Entflechtung nicht völlig aufzuhalten, zumal sie schon im Gange war, als die Amerikaner über die Bizonengründung Einfluß bekommen konnten. Außerdem war die Dekartellisierung als bedeutsames Kriegsziel nicht zu verhindern, sondern höchstens in ihren Wirkungen abzuschwächen. Vor allem in der Frage der Eigentumsregelung konnten die Amerikaner ihren Einfluß noch geltend machen, da keine bindenden Vorentscheidungen getroffen wa-

[159] Clay (13), 367 und 368
[160] Martin (15), 264
[161] Martin (15), 275 ff
[162] Clay (13), 363
[163] Stolper (168), 224

ren. Heinrich Deist, der als Stahltreuhänder die Entwicklung von Anfang an aus interner Kenntnis verfolgen konnte, urteilte später: »Die amerikanischen Dienststellen in Deutschland waren überwiegend mit Repräsentanten der amerikanischen Großindustrie besetzt, deren Sympathien auf seiten der Vertreter der deutschen Konzerne lagen. Dieser soziologische Tatbestand hatte große Bedeutung für die weitere Entwicklung. Sie verhinderte nicht die Entflechtung, wohl aber die Eingriffe in die bestehende Eigentumsordnung.« [164]

Bevor die Auseinandersetzung über diese Frage erörtert wird, ist es notwendig darzustellen, in welcher Form und mit welchen Vorstellungen die Gewerkschaften in diese Auseinandersetzung hineingingen. Diese Vorstellungen sind wiederum nicht abgelöst von ihrem historischen Kontext zu verstehen. Deshalb ist es zunächst erforderlich, diesen historischen Zusammenhang aufzuzeigen. Dabei kann es nicht Aufgabe dieses Exkurses sein, ein geschlossenes Bild der gewerkschaftlichen Entwicklung seit 1918 zu geben, die Darstellung muß sich auf die Untersuchung derjenigen Tendenzen beschränken, die nach 1945 wirksam geworden sind und Denken und Handeln der Gewerkschaften mitgeprägt haben.

Sozialisierung und Wirtschaftsdemokratie in der Weimarer Republik
Exkurs zum Verständnis der gewerkschaftlichen Neuordnungsvorstellungen nach 1945

In der Einführung zur Neuauflage der grundlegenden Schrift über »Wirtschaftsdemokratie« von Fritz Naphtali [165], haben zwei der an Diskussion und Ausarbeitung der Neuordnungsvorstellungen nach 1945 beteiligte Gewerkschaftsführer, Ludwig

---

[164] Deist (131), 11 f
[165] Naphtali (106) war Mitglied des vorläufigen Reichswirtschaftsrates und zählte zu den bedeutendsten theoretischen Köpfen der Gewerkschaftsbewegung der Weimarer Republik.

Rosenberg und Otto Brenner, die Kontinuität der Konzeption von einer wirtschaftsdemokratischen Ordnung in der gewerkschaftlichen Vorstellungswelt betont. Ludwig Rosenberg stellt für die Zeit nach 1945 fest: »Manche Überlegungen, zahlreiche Vorschläge und nicht wenige Anregungen der letzten Jahre finden ihre Vorläufer in dieser Schrift. Die Forderung nach Wirtschaftsdemokratie als der öffentlichen Kontrolle monopolistischer Marktorganisationen einerseits und auch der Auflockerung der Unternehmensstruktur andererseits ist – wie Naphtali und seine Freunde sie im Prinzip formulieren – ein ebenso altes wie aktuelles Ziel.« [166] Und Otto Brenner erinnert daran: »Die führenden Gewerkschafter der Aufbauperiode nach 1945, an ihrer Spitze Hans Böckler, erster Vorsitzender des Deutschen Gewerkschaftsbundes, hatten den Verfall der Weimarer Republik miterlebt und an den Diskussionen um das Konzept der Wirtschaftsdemokratie teilgenommen. Sie bildeten mit ihren Kenntnissen und Erfahrungen die lebendige Brücke zwischen den gewerkschaftlichen Vorstellungen der zwanziger Jahre und den gesellschaftlichen Aufgaben, die sich für die einheitliche Gewerkschaftsbewegung nach dem Zusammenbruch stellten.« [167]

Zum Verständnis des Fortwirkens der gewerkschaftlichen Vorstellung von Sozialisierung und Wirtschaftsdemokratie, aber auch des Wandels, dem diese Vorstellungen nach 1945 unterlagen, ist es notwendig, kurz auf das Entstehen und die Entwicklung dieser Konzeptionen nach dem 1. Weltkrieg einzugehen.

Der Durchbruch zu konkreten Neuordnungsplänen für Wirtschaft und Gesellschaft kam mit der Revolution von 1918. Während die Gewerkschaftsführung noch kurz vor Beendigung des Krieges eine »Zentralarbeitsgemeinschaft« mit den Unternehmern abgeschlossen hatte, waren die Träger der Neuordnungsbewegung die Arbeiterräte, deren Kern Gruppen von radikalen Vertrauensleuten in den Betrieben bildeten, wie die »Revolutionären Obleute« in Berlin. Zwar gelang es der Mehrheitssozialdemokratie, die sich in ihrer Auseinandersetzung mit den radikalen Kräften auf monarchistisch orientierte Führungsstäbe der ehemals kaiserlichen Truppen stützen konnte, die Macht der Räte bald wieder zu brechen, aber der revolutionäre Anstoß reichte doch aus, um Zugeständnisse in der Frage der

[166] a.a.O, (106), 7; Vorwort Ludwig Rosenberg
[167] a.a.O. (106), 10; Einführung Otto Brenner

Mitbestimmung der Betriebsräte und der Sozialisierung zu erreichen. Insbesondere die Streiks und Aufstände im Frühjahr 1919, die schließlich blutig niedergeschlagen wurden, führten dazu, daß Reste des Rätegedankens erhalten blieben. Artikel 165 der Weimarer Verfassung vom Juli 1919 sah noch die gleichberechtigte Mitwirkung der Arbeiter und Angestellten »an der Regelung der Lohn- und Arbeitsbedingungen sowie an der gesamten wirtschaftlichen Entwicklung der produktiven Kräfte« vor.[168] Das schließlich verabschiedete Betriebsrätegesetz vom Februar 1920 beschränkte sich allerdings, was das wirtschaftliche Mitbestimmungsrecht anbetraf, nur noch auf die Entsendung von ein bis zwei Mitgliedern in den Aufsichtsrat. Paragraph 1 des Gesetzes sah, unter Verkehrung der Intentionen der Urheber der Rätebewegung, vor, daß es Aufgabe des Betriebsrates sei, den Arbeitgeber »in der Erfüllung der Betriebszwecke zu unterstützen«.[169] Noch ungünstiger gestalteten sich die Dinge bei den Bemühungen um die Sozialisierung der Schlüsselindustrien. Hier wurde aus ursprünglich gemeinwirtschaftlich orientierten Plänen, unter dem Einfluß der folgenden bürgerlichen Koalitionsregierungen, die Errichtung von Syndikaten, die die Machtpositionen der privaten Unternehmer eher stärkten als schwächten.

Die Debatte über die Ausweitung der gewerkschaftlichen Rechte im betrieblichen und überbetrieblichen Raum erhielt nach den Niederlagen in den Auseinandersetzungen um das Betriebsrätegesetz und die Sozialisierung neuen Auftrieb auf dem 12. Kongreß der Deutschen Gewerkschaften 1925 in Breslau unter dem Stichwort »Wirtschaftsdemokratie«.[170] Rudolf Hilferding hatte es auf dem vorangegangenen Parteitag der SPD in Heidelberg in die Diskussion gebracht, als er in seinem Programmentwurf die »Ausgestaltung des wirtschaftlichen Rätesystems zur Durchführung eines Mitbestimmungsrechtes der Arbeiterklasse an der Organisation der Wirtschaft unter Aufrechterhaltung des Zusammenwirkens mit den Gewerkschaften«[171] forderte und in diesem Zusammenhang vom »sozialistischen Ziel der Wirtschaftsdemokratie« sprach. Der Breslauer Gewerkschaftskongreß

[168] v. Oertzen (160), 176
[169] Text und Kommentar des BRG bei Flatow (77), 24
[170] zum folgenden Vergleich Schneider/Kuda (155), 149 ff
[171] Prot. SPD-Parteitag 1925 (58), 4 – Parteiprogramm

griff diese Formel auf, die Hauptreferenten entwickelten zunächst aber lediglich Konzepte, die deutlich systemerhaltende Funktion hatten und dementsprechend scharf von der Opposition als Arbeitsgemeinschaftspolitik angegriffen wurden. Dennoch kam eine umfassende Resolution zustande, in der der Kongreß die Arbeiterschaft aufrief: »zum Kampf um die Demokratisierung der Wirtschaft, die zur Gemeinwirtschaft geführt werden muß ... zum Kampf um die Erringung maßgebenden Einflusses auf Gesetzgebung und Verwaltung im Zusammenwirken mit der politischen Vertretung der deutschen Arbeiterklasse.« [172] Die nach Artikel 165 der Verfassung vorgesehenen gesetzgebenden Körperschaften, die die gleichberechtigte Mitwirkung der Arbeiterschaft vorsähen, seien immer noch nicht verwirklicht worden. Der vorläufige Reichswirtschaftsrat sei kein Ersatz. Schneider/Kuda weisen in ihrer Beurteilung dieser Konzeption auf den »Trend zur Demokratisierung von oben« hin [173], der aber auch für den Hilferdingschen Entwurf charakteristisch sei: Tatsächlich war mit diesem Konzept eine deutliche Absage an den Komplex der Demokratisierung des Betriebes verbunden. Auch Naphtali betonte später, daß der Weg zu einer wirklichen Mitbestimmung der Wirtschaft durch die Arbeitnehmer nicht über das Instrument der Betriebsräte zu realisieren sei: Die Betriebsräte seien nach ihrer Konstruktion durch die betriebliche Abhängigkeit gegen Erpressungsversuche von der Kapitalseite her anfällig. Außerdem ständen sie nicht im Bereich der eigentlichen Entscheidungsprozesse in der Wirtschaftsverfassung des organisierten Kapitalismus, der außerhalb der einzelnen Unternehmungen liege. Diese undialektische Isolierung der beiden Sphären Betrieb und überbetrieblicher Wirtschaftsprozeß kennzeichnet auch die folgenden Entwürfe von seiten der Gewerkschaftsführung der Weimarer Zeit und bezeichnet einen ihrer Mängel.

Unmittelbares Ergebnis der Breslauer Diskussionen und des Drucks der Opposition war die Einrichtung einer Kommission [174], die der ADGB-Vorstand beauftragte, um das Konzept der Wirtschaftsdemokratie zu präzisieren. Das Resultat war

---

[172] Prot. 12. ADGB-Kongreß (44), 36 bis 42
[173] Schneider/Kuda (155), 160
[174] Zu dieser Kommission zählten außer Naphtali u. a. Fritz Baade; Rudolf Hilferding, Erik Nölting, Hugo Sinzheimer und Bruno Broecker, s. a. Naphtali (106), 5

Naphtalis Schrift »Wirtschaftsdemokratie – Ihr Wesen, Weg und Ziel«, die 1928 erschien. Ausgehend von einer Analyse der Wirtschaftsverfassung des Kapitalismus, entwickelte der Verfasser das Programm einer Wirtschaftsdemokratie, die »keinen Verzicht auf das sozialistische Ziel und keinen Ersatz für den Sozialismus, sondern ... eine Ergänzung der sozialistischen Idee in der Richtung der Klärung des Weges zur Verwirklichung« [175] sein sollte. Naphtali setzte bei den »Keimen der wirtschaftsdemokratischen Entwicklung in der Gegenwart« [176] an, die er in den wirtschaftlichen Selbstverwaltungskörpern, den öffentlichen Betrieben, Konsumgenossenschaften und gewerkschaftlichen Eigenbetrieben ebenso sah wie in den Organen staatlicher Wirtschaftspolitik oder den Ansätzen zu einer Demokratisierung des Arbeitsverhältnisses durch das moderne Arbeitsrecht und die Betriebsdemokratie. Als »Gegenwartsforderungen zur Demokratisierung der Wirtschaft auf dem Wege zum Sozialismus« leitete er daraus »Richtlinien für die Aktionen der Gewerkschaften in der Gegenwart« [177] ab, die in einem Zwölf-Punkte-Programm den Ausbau der bestehenden Ansätze vorsahen und die eine schrittweise Überwindung des organisierten Kapitalismus einleiten sollten.

Auf dem Hamburger Gewerkschaftskongreß 1928 hielt Naphtali das Hauptreferat zum Thema: »Die Verwirklichung der Wirtschaftsdemokratie.« Es entsprach in den Hauptpunkten den von der Kommission entwickelten Vorschlägen: Demokratisierung der Wirtschaftsführung durch Unterordnung monopolistischer Unternehmensorganisationen unter das Gemeinschaftsinteresse, gewährleistet durch staatliche Kontrolle und Repräsentation gewerkschaftlicher Macht in den wirtschaftlichen Selbstverwaltungskörpern; Pionierrolle der gemeinwirtschaftlichen öffentlichen Betriebe und Ausbau von Selbsthilfeorganisationen der Arbeitnehmer. Die Demokratisierung der Arbeitsverhältnisse sollte durch Ausbau der kollektiven Interessenvertretung der Arbeitnehmer geleistet werden, – überbetrieblich mit Hilfe der Tarifverträge, betrieblich durch das Wirken der Betriebsräte – und durch die staatliche Sozialgesetzgebung. Unerläßlich sei auch die Demokratisierung des Bildungswesens. [178] Jede

---

[175] Naphtali (106), 16
[176] a.a.O. (106), 182
[177] a.a.O. (106), 184
[178] Prot. 13. ADGB-Kongreß (45), 170 ff

einzelne Etappe auf diesem Weg sah Naphtali eingeordnet in »das große Bild, das wir uns von der Entwicklung zum Sozialismus machen«. Dieser revolutionäre Weg zum Sozialismus sei aber nicht als »Harmonieduselei« zu verstehen: »Wir glauben nicht, daß uns irgend eine Frucht kampflos in den Schoß fallen wird« [179], betonte er. In einer mit großer Mehrheit angenommenen Entschließung wurde Naphtalis Konzeption auf dem Hamburger ADGB-Kongreß als Forderung der Gewerkschaften übernommen. Die oppositionelle Minderheit hielt allerdings weiter daran fest, daß der Weg zum Sozialismus »nicht über die demokratische Leitung der Wirtschaft, sondern über den gewaltigen revolutionären Kampf zum Sturz der Bourgeoisie und zur Enteignung der Produktionsmittel ...« führe. [180]

Zu einer tatsächlichen Erprobung der wirtschaftsdemokratischen Strategie kam es in der Weimarer Republik freilich nicht mehr, da die bereits einsetzende Weltwirtschaftskrise und die vom »organisierten Kapitalismus« begünstigte faschistische Lösung der Probleme mit der Auflösung der Gewerkschaften solche Bemühungen zunichte machte. Die Konzeption der Wirtschaftsdemokratie allerdings überdauerte das Dritte Reich, soweit sie in der Vorstellung derer lebendig blieb, die es überlebten und nach dem Zusammenbruch unter den neuen Bedingungen des Wiederaufbaus die alte Konzeption wieder fruchtbar zu machen suchten.

Vorstellungen von einer wirtschaftsdemokratischen Neuordnung bei Gewerkschaften und Parteien nach 1945

In den Denkschriften, die die Landesgruppen deutscher Gewerkschafter in der Emigration für den Wiederaufbau einer neuen deutschen Gewerkschaftsbewegung erarbeitet hatten, finden sich die ersten Vorstellungen von einer Beteiligung der Gewerkschaften bei der Neuordnung der Wirtschaft. Während die schwedische Landesgruppe nur feststellt, sozialistische Prinzipien seien beim Neuaufbau durchzusetzen, entwickelten die

---

[179] a.a.O. (45), 170
[180] a.a.O. (45), 207 f, so der Delegierte Krauß (DMV-Stuttgart)

deutschen Gewerkschafter in Großbritannien bereits ein detailliertes Programm für eine neue Wirtschaftsordnung unter gewerkschaftlicher Beteiligung. [181] Diese Vorstellungen, die später unter anderem durch die maßgebliche Mitarbeit Ludwig Rosenbergs im wirtschaftspolitischen Ausschuß des DGB (brit. Zone) bei der Formulierung der wirtschaftsdemokratischen Entwürfe Ende 1946 berücksichtigt wurden, schlossen sich eng an Gedanken an, wie sie von Naphtali und anderen in der Weimarer Republik entwickelt worden waren. Neben einer staatlichen Planung der Wirtschaft, in deren umzubildenden Organen die Gewerkschaften ebenso vertreten sein sollten wie in den wirtschaftlichen Selbstverwaltungskörpern, kam als neuer Gesichtspunkt gegenüber den Vorstellungen Naphtalis und seiner Freunde hinzu »Gewerkschaften u n d Betriebsvertreter sind an der Leitung größerer Betriebe zu beteiligen.« (gesperrt, E. S.) [182] Die Erfahrung des Nationalsozialismus mit seiner autoritären Betriebsstruktur, die den engen Zusammenhang zwischen kapitalistischer Wirtschaftsstruktur und Nationalsozialismus demonstriert hatte, war ein warnendes Beispiel dafür, daß die Bedeutung der Demokratisierung des Betriebes für die Demokratisierung der Wirtschaft insgesamt nicht unterschätzt werden durfte. Hinzu kam, daß der Wiederaufbau der zerstörten Betriebe und die Ingangsetzung der Produktion einen Einsatz der Belegschaft voraussetzen würde, der die Beteiligung ihrer Vertreter an der Betriebsleitung zu einer verständlichen Forderung werden ließ. Für die Schlüsselindustrien, zu denen Bergbau, Schwereisenindustrie und Großchemie zählten, aber auch für die Großbanken war die Überführung in öffentliches Eigentum vorgesehen, um sie »der Willkürherrschaft der Privatmonopole zu entziehen«. [183]
Aber auch die illegalen Gruppen der alten Arbeiterbewegung, soweit sie untergetaucht waren oder in Lagern überlebt hatten, hatten nur auf den Zusammenbruch des Dritten Reiches gewartet und waren nun, ob SPD, KPD oder Mitglieder der Splittergruppen der Arbeiterparteien, entschlossen »gemeinsam das Ringen um die Verwirklichung einer sozialistischen Gesellschaftsordnung in Deutschland als der allein tragfähigen

---

[181] vgl. NDG (107), auch Enderle (136) I, 181 ff und Scholz (178), 205 f
[182] NDG (107), 19
[183] a.a.O. (107), 20

Grundlage eines neuen demokratischen Staates aufzunehmen.«[184]

Angesichts der weitgehenden Zerstörung der Produktionsstätten und Kapazitäten der deutschen Wirtschaft und der Verhaftung oder Flucht vieler belasteter Unternehmer, herrschte nicht nur in Gewerkschaftskreisen nach dem Zusammenbruch vielfach die Auffassung vor, als sei das Ende des Kapitalismus bereits eine vollzogene Tatsache. So erklärte Böckler auf dem ersten Zonentreffen von Gewerkschaften der britischen Besatzungszone im März 1946 in Hannover: »Der Kapitalismus liegt in seinen letzten Zügen.«[185] Er schloß daran die Frage: »Wir haben nicht mehr den alten Klassengegner uns gegenüber ... Welches Wirtschaftssystem erhalten wir? Verstaatlichung auf der ganzen Linie oder ausschlaggebend genossenschaftliche Betriebsformen.« Eines allerdings stünde fest: »Allergrößter Einfluß der Gewerkschaften auf die Wirtschaft muß sein. Politische Demokratie, die wir anstreben, für die wir durch Jahrzehnte geblutet haben, hat zur Voraussetzung wirtschaftlicher Demokratie geführt.« Denn: »Ein zweites Mal soll es dem deutschen Arbeitnehmer nicht passieren, was in den Jahren 1920/21 passiert ist«, nämlich letzten Endes wieder der Betrogene zu sein.[186] Böckler gestand aber auch zu, was die Frage der konkreten Ausformung der neuen Wirtschaftsverfassung betreffe: »Wir kamen bis jetzt zu keinen Lösungen.«[187]

Der Mangel an realistischer Einschätzung der Lage im Augenblick, wo sich die kapitalistischen Kräfte wieder zu erholen begannen und das Fehlen brauchbarer Konzeptionen angesichts sich relativ rasch konsolidierender Verhältnisse und der Tendenz der Besatzungsmächte, diese Verhältnisse erst einmal ohne tiefergehende Eingriffe erstarren zu lassen, deuten darauf hin, daß die Gewerkschaften den momentanen Vorteil, den sie vor ihrem keineswegs verschwundenen Klassengegner hatten, nicht auszunutzen verstanden. Andererseits ist zu bedenken, daß der organisatorische Aufbau die Hauptkräfte in Anspruch nahm und wenig Zeit für die Ausarbeitung brauchbarer Konzeptionen ließ, die der Militärregierung mit Aussicht auf Gehör nahe-

---

[184] Abendroth (114), 431 f
[185] Prot. 1. Zonentreffen 1946 (46), 18
[186] a.a.O. (46), 19
[187] a.a.O. (46), 19

gebracht werden konnten. Die Gewerkschaften bemühten sich vor allem im Laufe des Jahres 1946, besonders nach der Zonenkonferenz im August, um die Klärung dieser Fragen und beauftragten einen wirtschaftspolitischen Ausschuß mit der Ausarbeitung von Vorschlägen. [188] Dieser Ausschuß erarbeitete bis zum April 1947 die endgültigen Vorschläge, die dann auf dem Gründungskongreß des DGB (brit. Zone) vorgetragen wurden.

Im überbetrieblichen Raum stellte sich die Frage der Sozialisierung der Schlüsselindustrien, der Mitwirkung in der staatlichen Wirtschaftsplanung und in den wirtschaftlichen Selbstverwaltungskörperschaften. Was die Frage der Sozialisierung anbetraf, so wurde von den führenden Gewerkschaftsfunktionären in den Westzonen von Anfang an nicht eine Vollsozialisierung angestrebt, sondern lediglich eine Sozialisierung der Grundstoffindustrien, im wesentlichen: Bergbau, Eisen- und Stahlindustrie, Großchemie und Großbanken. Auseinandersetzungen gab es über die Art der Sozialisierung. Auf der gewerkschaftlichen Zonenkonferenz im August 1946 hatte sich zunächst im Anschluß an ein Referat von Erich Potthoff die Auffassung durchgesetzt, daß die Sozialisierung der Grundstoffindustrien im Sinne einer Verstaatlichung und nicht in dezentralisierter Form erfolgen solle. Dezentralisiert sollte nicht das Eigentum, sondern lediglich die Verwaltung und Wahrung der Belange der Länder und Gemeinden werden. Voraussetzung der Sozialisierung sei einerseits eine umfassende staatliche Wirtschaftsplanung, andererseits eine Demokratisierung auch der verstaatlichten Unternehmen durch die Mitbestimmung der Betriebsräte und der Gewerkschaften. [189] Mit der Einsicht in die Tatsache, daß eine wirtschaftliche Zentralverwaltung noch auf sich warten lassen werde, wandelte sich dann die Auffassung dahingehend, daß das Eigentum auch auf das Land übergehen könne. In den Forderungen der Gewerkschaften zur Neuregelung der Grundstoffindustrien im Hinblick auf die Verfassungsentwürfe der Länder der britischen Zone heißt es schließlich, das »Ge-

---

[188] vgl. Protokolle der Sitzungen des Wirtschaftspolitischen Ausschusses der Gewerkschaften in der britischen Zone (November 1945 – April 1946) im Archiv der IG Metall (2). Vorsitzender des Ausschusses war Dr. Erich Potthoff, die fachmäßige Bearbeitung aller Fragen hatte Ludwig Rosenberg vom Gewerkschaftlichen Zonensekretariat, der dort Leiter der wirtschaftspolitischen Abteilung war.

[189] Prot. Zonenkonferenz (47), 12 ff

meineigentum der übergeführten Betriebe (der Grundstoffindustrien, E. S.) geht auf das Land über ...«[190]
Für die Mitwirkung in den wirtschaftlichen Selbstverwaltungskörperschaften forderten die Gewerkschaften der britischen Zone von Anbeginn mit Nachdruck die unmittelbare gleichberechtigte Beteiligung »mit den Unternehmern an allen Maßnahmen und Arbeiten der Handels- und Industriekammern und ähnlichen Wirtschafts-Spitzenkörperschaften.«[191] Diese Beteiligung sollte über neuzugründende oder in ihrer Funktion zu verändernde bestehende Wirtschaftskammern mit paritätischer Besetzung geregelt werden. Diese Kammern sollten alle bisherigen Exekutivaufgaben der Industrie- und Handelskammern übernehmen. Der wirtschaftspolitische Ausschuß des DGB (brit. Zone) präzisierte diese Vorstellungen in dem »Entwurf eines Gesetzes über die Errichtung und Aufgaben von Wirtschaftskammern«[192] und leitete ihn den neuernannten Landtagen zu.

Eine Mitwirkung der Gewerkschaften an der Wirtschaftsplanung wurde durch die Entsendung von Vertretern in die Wirtschaftsausschüsse der von der Militärregierung eingerichteten Wirtschaftsverwaltung, das bedeutete in die einzelnen Zentralämter, angestrebt. In einer bizonalen Entschließung der Gewerkschaften vom 10. 1. 1947 wurde darüber hinaus die Errichtung eines paritätischen Verwaltungsausschusses beim Zentralamt für Wirtschaft in Minden gefordert, der nicht legislativ, sondern beratend tätig sein sollte.[193]

Für die Gestaltung des betrieblichen Mitbestimmungsrechtes sahen die Pläne der Gewerkschaften die paritätische Besetzung der Aufsichtsräte in allen Großbetrieben vor. In einer Entschließung der zonalen Konferenz vom August 1946, die einstimmig angenommen wurde, hieß es dazu: »Soll die Demokratisierung der Wirtschaft Erfolg haben, muß sie bereits bei der Unternehmung beginnen. Es ist deshalb erforderlich, daß in allen Unternehmungen, deren Größe ein besonderes Aufsichtsorgan erforderlich macht, – bei Aktiengesellschaften z. B. die Aufsichtsräte – die Arbeitnehmer als Träger des Produktionsfak-

---

[190] im Wortlaut s. GBZ (32), 104 ff
[191] Prot. Zonentreffen (46), 56 s. Entschließung Nr. 6
[192] Wirtschaftskammergesetz (101)
[193] Entschließung der Gewerkschaften der amerikanischen und der britischen Zone v. 10. 1. 1947 in Frankfurt, im Archiv der IG Metall (2)

tors Arbeit hieran ebenfalls beteiligt sind.«[194] Die Auswahl der Arbeitnehmervertreter für die paritätisch zu besetzenden Aufsichtsorgane sollte bei den Gewerkschaften liegen, »mit der Maßgabe, daß mindestens zwei Vertreter aus dem Betriebsrat genommen werden.«[195] Daß diese Forderung nicht isoliert nur in der britischen Zone erhoben wurde, beweist eine auf der zweiten Interzonenkonferenz im Dezember 1946 angenommene Entschließung »Das Mitbestimmungsrecht der Gewerkschaften und Betriebsräte in der Wirtschaft«, in der die Forderung nach paritätischem Mitbestimmungsrecht für die Arbeitnehmer in allen Zweigen der Wirtschaft mit dem Machtmißbrauch der Unternehmer begründet wird. Die Mitwirkung des Betriebsrates soll sich danach auf die Produktion, die Kalkulation, die Kontrolle und die Warenverteilung erstrecken.[196]

Nicht nur bei den Gewerkschaften wurden derartige Neuordnungspläne diskutiert, auch im Bereich der politischen Parteien wurden ähnliche Konzepte erarbeitet, besonders natürlich bei den Arbeiterparteien, SPD und KPD, aber auch bei der neugegründeten CDU/CSU.

Bereits auf ersten Konferenzen der SPD im Jahre 1945 bekannte man sich zum Sozialismus als einer Gegenwartsaufgabe.[197] Kurt Schuhmacher und Viktor Agartz traten bei ihren Referaten auf dem ersten Parteitag der SPD der Westzonen im Mai 1946 für die Sozialisierung der Schlüsselindustrien und für demokratische Wirtschaftskontrolle ein und erhielten dafür die volle Unterstützung der Partei: In einer »Kundgebung« hieß es, daß eine »sozialistische Wirtschaft durch planmäßige Lenkung und gemeinwirtschaftliche Gestaltung« angestrebt werde, wobei die Vergesellschaftung der Produktionsmittel nicht auf schematische Weise als »Kasernenhofsozialismus« erfolgen sollte, sondern unter stärkster Beteiligung der Arbeiter und Verbraucher.[198] Agartz unterstützte ausdrücklich die Mitwirkung von Gewerkschaftsvertretern in den Aufsichtsräten der privaten Kapitalgesellschaften und das Modell der paritätischen

---

[194] Prot. Zonenkonferenz (47), s. Entschließung „Zur Mitwirkung der Arbeitnehmer in den Unternehmensleitungen"

[195] a.a.O. (47)

[196] im Wortlaut s. GBZ (32), 715

[197] so Kurt Schumacher auf der Konferenz von Wennigsen, s. auch Abendroth (114), 432 f

[198] Agartz (102), 38 ff

Wirtschaftskammern. [199] In denjenigen Ländern, wo nach den ersten Landtagswahlen dazu die parlamentarischen Möglichkeiten bestanden, ging man auch bereits an die Durchsetzung von sozialistischen Grundsätzen für den Wirtschaftsaufbau. [200] Die Kommunistische Partei war in der ersten Phase der Nachkriegsentwicklung dagegen noch weit zurückhaltender und beschränkte sich auf wirtschaftsdemokratische Forderungen, ohne die Sozialisierung in den Mittelpunkt zu stellen. Der erste Aufruf des Zentralkomittees vom 11. Juni 1945, wohl im Sinne der abwartenden Haltung Stalins, forderte sogar die ungehinderte Privatinitiative für Unternehmer und betonte, daß nicht an ein Aufzwingen des Sowjetsystems gedacht sei, sondern an eine parlamentarisch-demokratische Republik. [201] Ähnlich zurückhaltend äußerten sich noch die Richtlinien der KPD zur Wirtschaftspolitik vom 7. Januar 1946. [202] Der erste Aufruf einer neugegründeten Christlich-Demokratischen Union vom 26. Juni 1945 hielt bei einer grundsätzlichen Bejahung des Privateigentums dennoch eine Vergesellschaftung der Monopole und Schlüsselindustrien für notwendig. Eine Brechung der Vorherrschaft des Großkapitals [203] entsprach der mittelständisch orientierten Anhängerschaft dieser Partei ebenso wie den Ideologen der christlich-sozialen Bewegung und ihrem Programm eines »Christlichen Sozialismus«. Das Programm der CDU vom 1. März 1946, in Neheim-Hüsten beschlossen, sah zwar die Vergesellschaftung der Bergwerke vor, wollte aber weitere Maßnahmen dieser Art aufschieben, bis die Wirtschaft wieder frei von alliierter Kontrolle sei. [204] Adenauer nennt in seinen Erinnerungen dies eine der entscheidendsten Tagungen der CDU. Hier seien die Kräfte überwunden worden, die eine zu starke Sozialisierung befürwortet hätten, und dadurch sei ein mögliches Auseinanderbrechen der Partei verhindert worden. [205] Allerdings konnte sich die Adenauergruppe in der nächsten Zukunft in der Partei noch nicht voll durchsetzen. Sie mußte in Kauf nehmen, daß im Ahlener Programm,

[199] a.a.O. (102), 19
[200] so in Bremen, Hessen, Berlin, Schleswig-Holstein und Nordrhein-Westfalen, wo Sozialisierungsgesetze eingebracht wurden
[201] Dok. part. pol. Entw. (86) III, 313 ff
[202] Dok. Mat. Arb. Bew. (85) III, 1 S. 385 ff
[203] Dok. part. pol. Entw. (86), II, 27 ff
[204] Schwering (181), 223
[205] Adenauer (11), 61

das im Februar 1947 beschlossen wurde, noch Sozialisierungsforderungen enthalten sind. So ist dort die Rede vom Ende der
»Zeit der unumschränkten Herrschaft des Kapitalismus« und
von der Notwendigkeit der Vergesellschaftung der Grundstoffindustrien, Eisen und Kohle. Auch die Beteiligung von
Arbeitnehmervertretern im Aufsichtsrat sowie im Vorstand von
Kapitalgesellschaften wird befürwortet. [206] Gleiche Gedanken
zeigt die Präambel der CDU-Anträge für die Mitbestimmungsdebatte im nordrhein-westfälischen Landtag im März 1947. [207]
Erst als die Gruppe der Christlich-Sozialen um Jakob Kaiser,
Johannes Albers und Karl Arnold unter dem Druck des sich
verschärfenden Ost-West-Konfliktes an Einfluß zu verlieren
begann, konnten sich in der CDU diejenigen Kräfte durchsetzen, die an einer Restauration der alten Eigentums- und
Wirtschaftsverhältnisse interessiert waren. Insgesamt läßt sich
feststellen, daß die Vorstellungen von einer Neuordnung der
Wirtschafts- und Betriebsverfassung nach dem Zusammenbruch
eine breite Schicht der Bevölkerung und ihrer politisch bewußten Teile in den Parteien und Gewerkschaften erfaßt hatten.
Dabei waren die Vergesellschaftung der Grundstoffindustrien
und die Beteiligung der Arbeitnehmer und ihrer Vertreter in
Betriebsräten und Gewerkschaften an der Leitung der Betriebe
weitgehend akzeptierte Forderungen, die man sich, wenigstens
in der ersten Phase der Nachkriegsentwicklung, gemeinsam
zu verwirklichen bemühte. Vor allem die Gewerkschaften
drängten hier auf dauerhafte und rasche Lösungen. Andererseits
erwiesen sich die Prophezeihungen vom Ende des Kapitalismus
sehr bald als Illusion, und die Auseinandersetzungen um die
Realisierung der Forderungen nach Demokratisierung der
Wirtschaft und Sozialisierung der Schlüsselindustrien nahmen
bald wieder die traditionellen Formen an, wie man sie aus
der Weimarer Zeit gewohnt war. Diesmal allerdings durch die
Einwirkung der Besatzungsmächte unter veränderten Bedingungen.

---

[206] abgedruckt bei Abendroth (110), 126 ff
[207] Potthoff (168), 50 ff dort die Anträge im Wortlaut

Ansätze zur Verankerung betrieblicher und überbetrieblicher
Mitbestimmungsrechte
Die offene Frage der Eigentumsregelung

Die nach 1945 von verschiedener Seite erhobenen Forderungen
nach Mitbestimmung und die Diskreditierung weiter Teile der
Unternehmerschaft durch ihren Pakt mit dem Nationalsozialismus ließen es weiterblickenden Unternehmern als klug erscheinen, schon bald nach dem Zusammenbruch das Gespräch
mit den Betriebsräten und Gewerkschaften zu suchen. Dabei
standen vor allem Fragen der Mitbestimmung der Arbeitnehmervertreter bei der Unternehmensleitung zur Diskussion. Be-
kanntgeworden ist das Angebot des Aufsichtsratsvorsitzenden
der Klöckner-Werke AG, Dr. Jarres, der bereits am 31. 12.
1945 den Betriebsräten seines Konzerns einen Vorschlag machte,
der die Beteiligung in Aufsichtsrat und Vorstand vorsah. [208]
Die drei Punkte des Vorschlages beinhalteten: 1. die Herein-
nahme eines Arbeitnehmervertreters mit allen Rechten und
Pflichten in den geschäftsführenden Vorstand, 2. die Entsendung eines Arbeitnehmervertreters in den Aufsichtsrat als
stellvertretender Vorsitzender und 3. die Erweiterung der Aufgaben und Befugnisse des Betriebsrats. Den Betriebsräten waren
diese Zugeständnisse aber noch nicht ausreichend. Sie verlang-
ten die paritätische Besetzung des Aufsichtsrats und des Vorstandes und betonten den Willen »der Arbeiterschaft, sich jetzt
in aktiver Form in die Führung der Betriebe einzuschalten,
nachdem die alte Wirtschaftsführung versagt habe und heute
nicht mehr das Vertrauen der Arbeiterschaft genieße.« [209]
Am 22. Januar 1946 beschloß dann der Aufsichtsrat der Klöckner-Werke AG das grundsätzliche Einverständnis mit einer
verantwortlichen Mitwirkung der Arbeitnehmerschaft. Eine
solche Regelung, hieß es, solle aber nicht individuell, sondern
durch Gesetz geregelt werden. Eine vorherige freiwillige Verständigung sei allerdings nicht ausgeschlossen. [210]
Wie anläßlich der Debatte des Montanmitbestimmungsgesetzes
im Bundestag ein Vertreter der Eisenindustrie, der spätere

---

[208] Aktennotiz, im Auszug bei Hirsch-Weber (146), 86
[209] a.a.O. (146), 81
[210] Potthoff (168), 32

Direktor der Hagen-Hasper Hüttenwerke, Henle, mitgeteilt hat, haben bereits seit Anfang 1946 vertrauliche Gespräche zwischen den Gewerkschaften und den Unternehmern der Montanindustrie unter Vorsitz des damaligen Oberpräsidenten der Nordrhein-Provinz, Dr. Lehr, stattgefunden. [211] Diese Gespräche hätten sich ausführlich mit der Frage der Mitbestimmung befaßt. Zu einer Einigung sei es allerdings nicht gekommen, obwohl die Arbeitgeber, wie Henle sich ausdrückte, »weitgehende Angebote« gemacht hätten. Das Motiv war, wie Henle ebenfalls zugestand, der Versuch, die seit dem Potsdamer Abkommen drohende Entflechtung zu verhindern.

Für die Gewerkschaftsführung gab es Gründe, auf solche Verhandlungen einzugehen. Da die von ihnen vertretene Forderung der Überführung der Schwerindustrie in Gemeineigentum wegen der totalen Kontrolle, die die Militärregierung ausübte, noch keine unmittelbare Möglichkeit der Realisierung bot, sollte zunächst ein Schritt auf dem Weg zur Demokratisierung getan werden. Außerdem drängten die Vertrauensleute der Belegschaften auf eine stärkere Einschaltung in die Betriebsführung und auf Entsendung ihrer Vertreter in die Aufsichtsräte. Auf ein Schreiben vom 6. 7. 1946 an die Klöckner-Werke, in dem von Gewerkschaftsseite eine individuelle Lösung gefordert wurde, da noch keine einheitliche gesetzliche Lösung zu erwarten sei, erging wieder eine ablehnende Antwort von Dr. Jarres, die »Übergangslösungen« ablehnte. [212] Kurz darauf änderte sich die Situation allerdings, und wie sich zeigen sollte, vorerst zugunsten der Gewerkschaften. Am 20. 8. 1946 wurde die »NGISC« gebildet und von seiten der Militärregierung mit der Kontrolle und Neuordnung der Eisen- und Stahlindustrie beauftragt. [213] Nun war ein Weg frei für eine Regelung auf breiter Grundlage, zumindestens für die gesamte Eisen- und Stahlindustrie. Die Gewerkschaftsführung bemühte sich auch umgehend, den zuständigen Stellen, dem Controller und der von ihm eingesetzten deutschen Treuhandverwaltung, ihre Vorstellungen von der Neuordnung vorzutragen. Die Metallarbeitergewerkschaft meldete sich mit einer »Entschließung zur

[211] s. Verhandlungen des Deutschen Bundestages (63), I. Wahlperiode, 117; Sitzung v. 14. 2. 1951, S. 4446 f
[212] Potthoff (168), 32
[213] s. oben Kap. 3, 1. Abschnitt

Übernahme der Eisen- und Stahlindustrie in britischer Kontrolle« zu Wort. Sie nannte die Maßnahmen vom 20. 8. 1946 »den ersten Schritt, die Schwerindustrie in gemeinschaftlichen Besitz zu übernehmen« und fügte hinzu: »Um mit einer Sozialisierung eine wirkliche Demokratisierung der Wirtschaft zu verbinden, muß außer der Verstaatlichung des Besitzes der entscheidende Einfluß der Arbeiterschaft durch ihre Gewerkschaften und Betriebsräte gewährleistet sein.« Die Entschließung endete mit der Forderung, »entscheidend miteingeschaltet zu werden in die deutsche Verwaltung.« [214]

In einer ersten Besprechung [215] mit dem britischen Leiter der NGISC, Harris-Burland, und Dr. Heinrich Dinkelbach am 15. 10. 1946, an der von seiten der »Einheitsgewerkschaft« neun Vertreter unter Leitung von Hans Böckler teilnahmen, wurde der Forderung der Gewerkschaften nach Mitsprache bei der Neuordnung entsprochen. Harris-Burland bekundete dabei einleitend: [216] »Die Unternehmungen werden den früheren Besitzern nicht zurückgegeben werden.« Und erläuterte dann: »Meine Absicht ist es, einen umfassenden Plan zu entwerfen, für die Reorganisation auf andersartiger Grundlage ... Bei der Durchführung dieser Aufgabe werden die Interessen der Gesamtheit der Arbeiter so weit wie eben möglich Berücksichtigung finden.« Böckler begrüßte in seiner Erwiderung besonders das Nicht-Rückgabe-Versprechen. Er betonte, daß die Gewerkschaften auf der Mitwirkung der Arbeitnehmer in der Form der gleichrangigen Beteiligung an den Wirtschaftsorganisationen bestünden. Harris-Burland forderte die Gewerkschaften daraufhin auf, geeignete Fachkräfte für die Ausarbeitung der Pläne zu benennen, die aber nicht unmittelbar als Gewerkschaftsbeauftragte fungieren dürften. Auch Dinkelbach erklärte sich nach einer Aufforderung durch die Gewerkschaften zur Zusammenarbeit bereit. In der Folge kam es zu weiteren

---

214 im Wortlaut bei Potthoff (168), 35
215 Die Protokolle der folgenden Verhandlungen zwischen NGISC, Treuhand, Gewerkschaften und Konzernvertretern sind im Nachlaß von Dr. Heinrich Deist, Friedrich-Ebert-Stiftung – Archiv (3), Akte 55, zu finden. Die Protokolle wurden von Dinkelbach selbst und seinen Mitarbeitern abgefaßt.
216 a.a.O. (3), Notiz über eine Besprechung der NGISC mit den Vertretern der Gewerkschaften Nordrhein-Westfalens am 15. 10. 1946 im Verwaltungsamt Eisen und Stahl, Düsseldorf, gez. Dinkelbach, dort auch die folgenden Zitate aus dieser Besprechung.

Konsultationen zwischen Gewerkschaftsvertretern und Dinkelbach, bis dann am 14. 12. 1946 der Gewerkschaftsführung die Einzelheiten des Entflechtungsplanes in einer vertraulichen Besprechung mitgeteilt wurden. [217] Dinkelbach betonte dabei unter anderem: »Bei dem Plan müssen zwei Dinge herausgestellt werden:

a) daß die bisherigen Eigentümer nicht mehr über ihr Eigentum verfügen können, mit anderen Worten

b) daß die Arbeiter in ehrlicher und klarer Weise mit in die Leitung der Werke eingeschaltet werden.«

Zur Struktur der Leitung der einzelnen Werke, die als Aktiengesellschaften, losgelöst von den früheren Eigentümern, unter Treuhandverwaltung existieren sollten, bemerkte er: »Jedes Unternehmen bekommt einen Aufsichtsrat. Über die Besetzung des Aufsichtsrats muß noch eine Verständigung herbeigeführt werden. Fest steht, daß die Arbeiter und Gewerkschaften die gleiche Anzahl Vertreter entsenden sollen wie aus Industriekreisen benannt werden.« Außerdem werde er einen aus Gewerkschaftskreisen stammenden Stellvertreter in der Treuhandverwaltung akzeptieren, der für Personal- und Aufsichtsratsfragen zuständig sein solle. [218] Böckler billigte in seiner Erwiderung die Pläne Dinkelbachs, »wenn es sich um einen wirklichen Neuaufbau handle«, und forderte noch, daß ein Vorstandsteil für Personal- und Sozialaufgaben obligatorisch zu machen sei. Dinkelbach führte schließlich aus, daß es sich noch um keinen fertigen Plan handle, sondern um Grundideen für Übergangslösungen. Die »praktische Durchführung dieser Pläne werde selbstverständlich mit den Gewerkschaften besprochen und abgestimmt werden.« Daraufhin gaben, dem Protokoll zufolge, die anwesenden Gewerkschaftsvertreter den Ausführungen Dinkelbachs ihre Zustimmung. In weiteren Besprechungen wurden die einzelnen Probleme näher konkretisiert und mit den Vorstellungen der Gewerkschaften abgestimmt. Dabei tauchte besonders die Frage nach einzelnen belasteten Mitgliedern der Aufsichts-

---

[217] a.a.O. (3) Niederschrift über die Zusammenkunft mit den Vertretern der Gewerkschaften am 14. 12. 1946 in Düsseldorf, dort auch die folgenden Zitate

[218] vgl. a.a.O. (3) Vermerk über die Besprechung mit Vertretern der Gewerkschaften am 29. 1. 1947. Dinkelbach akzeptierte in dieser Besprechung den Vorschlag der Gewerkschaft, Heinrich Meier als Personalabteilungsleiter der Treuhandverwaltung einzustellen.

räte und Vorstände auf. Hier war Dinkelbach allerdings nicht zu Konzessionen bereit. Er gab zu erwägen, ob es zweckmäßig sei, die Vorstandsmitglieder im derzeitigen Augenblick aus ihrer Verantwortung für die Vergangenheit zu entlassen. [219] Übereinstimmung erzielte man dagegen über die Entsendung von gewerkschaftlichen »Sozialdirektoren« als gleichberechtigte Mitglieder in die Vorstände der entflochtenen Unternehmungen.

Die Arbeitgebervertreter der Eisen- und Stahlindustrie waren von den Plänen für die Neuordnung erst nach den Gewerkschaften unterrichtet worden. Nun, als sie das Ausmaß der geplanten Entflechtungsmaßnahmen übersehen konnten, versuchten sie, im letzten Augenblick eine gemeinsame Front mit den Gewerkschaften gegen die Entflechtung aufzubauen, indem sie die Zugeständnisse machten, zu denen sie Mitte 1946 nicht bereit gewesen waren. In zwei Briefen an die »Einheitsgewerkschaft« vom 18. 1. 1947, unterzeichnet von Reusch und Hilbert (Gute Hoffnungshütte Oberhausen AG) und Jarres (Klöckner-Werke AG) sowie in einem gemeinsamen Brief vom 21. 1. 1947, an den Leiter des Verwaltungsamtes für Wirtschaft in Minden, Agartz, dem sich noch Hehemann (Otto-Wolff-Konzern) anschloß [220], wurden konkrete Vorschläge gemacht. Eine Verständigung mit den Gewerkschaften »über weitere gemeinsam zu unternehmende Schritte« sollte zur »Regelung einer dauernden Mitwirkung der Belegschaft bzw. Gewerkschaft bei der Verwaltung des Unternehmens« [221] folgen. Während Reusch und Hilbert daran dachten, »daß der Aufsichtsrat durch die Zuwahl von Vertretern der Arbeitnehmer bzw. der Gewerkschaften erweitert wird« [222], bot Jarres an: »Der Aufsichtsrat der Klöckner-Werke wird nach dem Grundsatz der Gleichstellung von ›Kapital und Arbeit‹ umgebildet. Die Vertreter der Arbeitnehmer sollen hierbei, zusammen mit der öffentlichen Hand, die Mehrheit der Sitze erhalten.« [223] Jarres erinnerte dann an seine Vorschläge zu diesem Problem seit 1945,

---

[219] vgl. a.a.O. (3) Vermerk über eine Besprechung vom 8. 1. 1947 in Düsseldorf, wo es im Fall des aus der „Ruhraristokratie" stammenden Direktors Springorum heißt: „Herr Böckler hielt diese Ansicht allerdings nicht für entscheidend. Es komme vor allem auf die sachliche Qualifikation an."
[220] Die Briefe sind im Wortlaut abgedruckt bei NESI (38), 609 ff und Potthoff (168), 42 ff
[221] NESI (138), 610
[222] a.a.O. (38), 610
[223] a.a.O. (38), 609

die sich in der gleichen Richtung bewegt hätten. Agartz gegenüber machten die Arbeitgebervertreter vor allem auf die wirtschaftlichen Nachteile für die Eisen- und Stahlindustrie durch eine solche »lebensgefährliche Amputation«, wie sie die Entflechtung nannten, aufmerksam und schlugen sogar die Übernahme der Konzerne in »gemischtwirtschaftlichen Besitz – gegebenenfalls unter kapitalmäßiger Beteiligung der Gewerkschaften – vor.« [224] Sie erklärten ihre »aufrichtige Bereitwilligkeit, den Belegschaften und den Gewerkschaften volle Mitwirkungsrechte einzuräumen«.

Die Reaktion auf diese Briefe war eine scharfe Antwort durch die Treuhandverwaltung, die die Vorwürfe, eine »lebensgefährliche Amputation« zu betreiben, zurückwies [225], eine zurückhaltende Antwort von Agartz, der Verständnis zeigte für die Notwendigkeit, die wirtschaftliche Ertragsfähigkeit als Hauptkriterium der Entflechtung anzusehen [226] und vor allem ein gemeinsames Gespräch, das unter Leitung von Harris-Burland am 6. 2. 1947 stattfand. An dieser Besprechung nahmen Dinkelbach, Vertreter der Gewerkschaften und Vertreter der Konzerne teil. [227]

Harris-Burland stellte sich dabei vor Dinkelbach und verteidigte ihn gegen die Angriffe von seiten der Konzerne. Dabei wiederholte er einmal mehr, daß die Werke ihren früheren Besitzern nicht zurückgegeben würden. Reusch sprach von der Enttäuschung der Gesellschaften über die geplanten Maßnahmen, von denen sie nicht rechtzeitig unterrichtet worden seien, und schlug eine Verschiebung der Entflechtung vor, bis Gesamtpläne vorlägen. Die NGISC solle die alten Gesellschaften als beste Kenner der Eisen- und Stahlwirtschaft beauftragen, Entflechtungspläne vorzulegen, die dann im engsten Einvernehmen mit den Gewerkschaften durchgeführt werden sollten: »Die Frage der künftigen Gesellschaftsform kann dabei vielleicht noch – wenigstens vorläufig – offenbleiben. Die Lösung fällt unter den Begriff ›Sozialisierung‹ oder gemischtwirtschaftliche Formen.« Außerdem versicherte Reusch die Bereitschaft der

---

[224] a.a.O. (38), 610 f
[225] a.a.O. (38), 611 Schreiben von Dinkelbach v. 29. 1. 1947 an die Konzerne
[226] a.a.O. (38), 525 Brief v. 14. 2. 1947 von Agartz an die Konzerne
[227] Nachlaß Deist, Friedrich-Ebert-Stiftung – Archiv (3), Aufzeichnung über die Besprechung zur Konzernentflechtung am 6. 2. 1947 in Düsseldorf (Protokoll gez. Gerhard Schröder)

Unternehmer der Eisen- und Stahlindustrie, einer paritätischen Besetzung der Aufsichtsräte zuzustimmen. So wie die Pläne sich jetzt darstellten, seien sie eine schwere Schädigung der kleinen und mittleren Sparer als Aktionäre. Das letzte Argument betonte auch Jarres, der erklärte: »Das Geld der Aktionäre, seinen rechtmäßigen Besitz, gilt es zu verteidigen, und für dieses Recht der Aktionäre haben wir auch einzustehen.« Zur Mitbestimmung der Arbeitnehmer äußerte er sich: »Wenn Herr Dr. Reusch erklärt hat, wir sind bereit – Kapital und Arbeit – zusammenzuarbeiten, so ist das ein Entschluß, von dem die eisenschaffende Industrie nicht abzubringen ist und nicht abgebracht werden will.« Während Harris-Burland darauf kurz antwortete, daß ein Aufschub nicht möglich sei, und man lange genug vergeblich auf Vorschläge gewartet habe, stellte Dinkelbach fest, daß Sozialisierung nicht die Aufgabe der Treuhandverwaltung sei, und das Eigentum der Aktionäre von den Plänen nicht berührt werde. Für die Gewerkschaft antwortete Hans Böckler unter Bezug auf ein Gespräch bei Dr. Lehr Ende 1945: »Ich sagte damals, ich müßte für die Gewerkschaften darauf bestehen, absolute Gleichberechtigung im ganzen Umfange der Wirtschaft zu fordern und noch weitergehende Forderungen zu stellen in Bezug auf den Neubau der Wirtschaft.« Man sähe auf Gewerkschaftsseite in dem Entflechtungssystem »beileibe nicht den Anfang einer Sozialisierung. Wir sahen in ihm eine Gelegenheit und sehen sie heute noch, den Einfluß der Arbeitnehmer und der Gewerkschaften in der Wirtschaft zu vergrößern.« Zu dem Angebot der Unternehmer äußerte Böckler: »Wir werden auch solche Vorschläge mit aller Sachlichkeit prüfen, wobei allerdings unsere Meinung die ist, daß das Begonnene nicht unterbrochen oder aufgeschoben zu werden braucht.« Damit hatten die Gewerkschaften die Arbeit der NGISC und der Treuhandverwaltung im allgemeinen akzeptiert, ohne sich voll zu identifizieren, und waren auch gegenüber neuen Angeboten von Unternehmerseite her offen. Den Gang der Ereignisse beeinflußte diese Besprechung nicht mehr. Zum 1. März 1947 wurden die ersten vier Hüttenwerke wie vorgesehen ausgegliedert, und bis zum 1. April 1948 folgten weitere 21.

Untersucht man die Motive, die die britische Militärregierung bewogen haben, das Experiment der Mitbestimmung von Arbeitnehmervertretern in den Aufsichtsräten und Vorständen der neuen Gesellschaften zu fördern, so wird man sich nicht mit dem Argument begnügen können, die sozialistische britische Labour-Regierung habe aus Solidarität mit den deutschen Gewerkschaften gehandelt. In der Frage der Eigentumsregelung zeigte sie sich zum Beispiel keineswegs so aufgeschlossen und ging über verbale Versprechungen nicht hinaus. Den tatsächlichen Motiven kommt man am ehesten auf die Spur, wenn man den ersten Bericht des britischen Controllers Harris-Burland über die Erfahrungen mit der Mitbestimmung zu Rate zieht. In diesem Dokument vom 11. 7. 1947, das den Titel trägt:

»Die Verantwortung der Arbeitnehmer im Management der wiedererrichteten Eisen- und Stahlwerke«, heißt es zunächst: »Es wurde durch die Abmachungen der Alliierten in Potsdam notwendig, die Kartelle zu entflechten und der Kontrolle der mächtigen Industriellen zu entziehen. Irgendjemand mußte ihren Platz einnehmen.« [228]

Das war aber nicht das Hauptmotiv. An anderer Stelle in dem Bericht heißt es deutlicher:

»In den einzelnen Stahlwerken drängten die Betriebsräte, die im allgemeinen linker orientiert und weniger verantwortungsbewußt als die Gewerkschaften waren, das Management der Konzerneigentümer zu weitreichenden Zugeständnissen, von denen viele anarchischer und unpraktikabler Natur waren.« [229]

Daß diese Beobachtung der britischen Kontrollbehörde nicht ganz aus der Luft gegriffen war, beweist unter anderem die Entschließung einer Betriebsrätekonferenz des Ruhrgebiets in Bochum vom 14. 11. 1945, die die Überführung der Schachtanlagen in die Hände der Provinzialregierung Münster forderte. [230] Die britische Kontrollbehörde sah durch solche Forderungen den Produktionsprozeß gefährdet und entschloß sich deshalb, die Mitbestimmung zu fördern, denn:

»Den Arbeitern und den Gewerkschaften Anteil an der Verantwortung des Managements zu geben, mußte auf lange Sicht bedeuten, Arbeitsunruhen in der Industrie zu verhindern.« [231]

Gleichzeitig bemühte man sich aber sofort, die gewerkschaftli-

---

[228] Der Bericht ist abgedruckt in Auszügen bei Spiro (183), 32 ff; Zitat S. 33
[229] a.a.O. (183), 33
[230] Dok. Mat. Arb. Bew. (86) III, 1, S. 267
[231] Spiro (183), 33

chen Ansprüche, die sich aus einer Beteiligung an der Unternehmensführung ergeben konnten, in Grenzen zu halten: »Wir waren sorgfältig darauf bedacht, den Arbeitervertretern, bevor die Gesellschaften gebildet wurden, klar zu machen, daß die Veränderung nicht eine unmittelbare Verbesserung ihres Loses bedeuten würden oder gar einen Anstieg der Löhne.« [232]

Die Einführung der paritätischen Mitbestimmung in den entflochtenen Werken der Eisen- und Stahlindustrie im Februar 1947 ist also das Resultat des gewerkschaftlichen Drängens auf Demokratisierung der Wirtschaft, ebenso wie des Interesses der britischen Besatzungsmacht, den ungestörten Produktionsprozeß in der Schwerindustrie zu sichern, im Einklang mit der von ihr verfolgten Politik, die Produktion in ihrer Zone so weit zu heben, daß eine Selbstversorgung der Bevölkerung möglich würde, und die Lasten für den britischen Staatshaushalt sich verminderten.

Die Einführung der Mitbestimmung wurde dann auch zunächst von Gewerkschaftsseite nicht als übermäßiger Erfolg gefeiert, sondern als bescheidener Anfang, der die eigentlichen Forderungen nach einer Sozialisierung der Grundstoffindustrien und einer paritätischen Mitbestimmung für alle Industriezweige nicht verdecken oder gar ersetzen konnte. Auf dem Gründungskongreß des DGB (brit. Zone) in Bielefeld im April 1947 erklärte Böckler dazu: »Und so ist das, was in Eisen und Stahl bislang geschehen ist, nichts anderes als allerhöchstens der erste kleine Schritt zur Demokratisierung eines Teils unserer Wirtschaft.« [233] Die kommunistische Opposition stellte dagegen fest, »daß diese Konzernentflechtung einen Schritt der Monopolisten zur Verhinderung der Sozialisierung darstellt« [234], war aber ebenfalls bereit, wie der zweite Vorsitzende der Bergbaugewerkschaft, Agatz, mitteilte, auf der Grundlage des Dinkelbach-Planes mitzuarbeiten.

Die Regelung der Eigentumsfrage der Schwerindustrie war mit der Entflechtung und Einführung der Mitbestimmung allerdings einer Lösung noch keinen Schritt näher gebracht. Harris-Burland wies solche Zusammenhänge ebenfalls zurück. In seinem Bericht heißt es dazu:

[232] a.a.O. (183), 34
[233] Prot. Gründungskongr. DGB (brit. Zone) (48), 28
[234] a.a.O. (48), 44

»Das Experiment, den Arbeitern Anteil an der Verantwortung im Management zu geben, sollte nicht als die Einführung der Sozialisierung betrachtet werden, sondern eher als eine Maßnahme der Demokratisierung.« [235]

Zwar hatten die Gewerkschaften ihre Sozialisierungsforderungen schon in Gesprächen mit dem Oberpräsidenten Dr. Lehr am 9. 4. 1946 und am 14. 5. 1946 nachdrücklich unterstrichen [236] und in Entschließungen immer wieder vorgetragen, aber die Militärregierung, die die Grundstoffindustrie unter ihre Kontrolle gestellt hatte, war zu einer umgehenden Regelung in dem von den Gewerkschaften gewünschten Sinne nicht bereit. Andererseits lagen Verlautbarungen der britischen Labour-Regierung vor, die die Sozialisierungsforderungen der Gewerkschaften unterstützten. Am 12. 7. 1946 hatte die regierende Labour-Party zudem die Nationalisierung des britischen Kohlebergbaus verfügt, dem bald die Elektrizitätswirtschaft, Gas, öffentlicher Verkehr und Luftfahrt folgen sollten. Zur Zukunft der deutschen Eisen- und Stahlindustrie, soweit sie sich in der britischen Zone befand, hatte der britische Außenminister Bevin am 23. Oktober 1946 vor dem Unterhaus in einer Deutschlanddebatte erklärt: »Wir wünschen, daß alle diese Industrien in Zukunft in das Eigentum des deutschen Volkes übergehen und vom deutschen Volke selbst kontrolliert werden. Die rechtliche Form dieser Sozialisierung und öffentlichen Kontrolle wird jetzt ausgearbeitet. Diese Industrien müssen Eigentum des Volkes sein und vom Volk betrieben werden, unbeschadet der internationalen Kontrolle, durch die die Gewähr dafür gegeben wird, daß sie niemals mehr zu einer Gefahr für die Nachbarn Deutschlands werden ... Wir wollen die deutschen Bestrebungen zur Sozialisierung der Schlüsselindustrien tatkräftig fördern.« [237] Diese eindeutige Erklärung vor dem Unterhaus, die am 13. 12. 1946 von Deutschlandminister Hynd vor der britischen Presse bekräftigt wurde [238], gab den deutschen Gewerkschaften die Hoffnung, daß bald etwas geschehen würde. Vor dem Zonenbeirat hatte General Robertson am 23. 10. 1946 eine Erklärung abgegeben, die sich auf die Pläne für die Ver-

---

[235] Spiro (183), 32 f
[236] vgl. GBZ (32), 104 und Potthoff (168), 32 f
[237] im Wortlaut bei Warburg (193 a), 392 f
[238] Potthoff (168), 36 nach „Die Welt" v. 14. 12. 1946

fassungen der Länder der britischen Zone bezog. Darin hieß es unter Punkt 17, daß die unbefriedigende Situation in der Eigentumsfrage der Grundstoffindustrien nach einer Lösung verlange. Diese Lösung sei »öffentliches Eigentum«, sie solle aber von den Deutschen selbst gefunden werden. [239] Wie weit Bevin in dieser Frage unter dem Druck des linken Flügels der Labour Party auf eine rasche Durchführung der Sozialisierung drängte, oder wie weit er selber daran interessiert war, ist eine schwer zu beantwortende Frage. Die weitere Entwicklung, die die Angelegenheit nahm, deutet eher auf die erste Alternative. [240]

Die Amerikaner gaben durch ihren Außenminister, Byrnes, am 17. 12. 1946 eine Erklärung ab, nach der die Regierung der Vereinigten Staaten keinerlei Einwendungen gegen die von britischer Seite verfolgten Pläne erhebe. Sie würde sich auch nicht entsprechenden Maßnahmen widersetzen, wenn sie den Wünschen des deutschen Volkes entsprächen und auf normalem demokratischem Wege zustande kämen. [241]

Diese Erklärung schien die volle Billigung der britischen Pläne zu bedeuten, und Bevin versuchte auf der Moskauer Außenministerkonferenz offenbar, die endgültige Zustimmung des neuen amerikanischen Außenministers Marshall einzuholen, wie es scheint jedoch ohne Erfolg. Clay jedenfalls berichtet, daß Marshall bei ihm über die Frage des künftigen deutschen Wirtschaftssystems Rücksprache hielt und daraufhin mit Bevin zu dem Beschluß kam, »die Angelegenheit zur Entscheidung an die beiden Militärgouverneure in Deutschland zurückzuverweisen«. [242] Clay, der Bevins Vorstoß als »ziemlich unfair« empfunden hatte, einigte sich mit Robertson: »Robertson und ich beschlossen, keine Maßnahme zu ergreifen, die ein bestimmtes Wirtschaftssystem für das deutsche Volk im voraus festgelegt hätte, damit es seine Wahl zwischen freier und sozialistischer Wirtschaft selbst treffen konnte.« [243] Damit war offenbar auch die Frage der Sozialisierung der Grundstoffindustrien auf die

---

[239] im Wortlaut bei **Pollock** (97), 179 ff
[240] Dieser Meinung ist auch Schwarz (180), 159 und 164, der Bevin als einen Pragmatiker für britische Interessen bezeichnet, der den Sozialismus nicht als Exportartikel verstand.
[241] vgl. NESI (38), 698
[242] Clay (13), 229
[243] a.a.O. (13), 229

lange Bank geschoben, denn hinter der angeblichen Freizügigkeit, das deutsche Volk selbst entscheiden zu lassen, verbarg sich die Verhinderung der Sozialisierung zum gegenwärtigen Zeitpunkt, und die Hoffnung, mit einer Verschiebung der Entscheidung auf spätere Zeiten günstigere Bedingungen für eine Entscheidung zugunsten der »freien« Wirtschaft zu schaffen. Die Möglichkeit des direkten Mitspracherechts in allen wirtschaftlichen Angelegenheiten, die die Eisen- und Stahlindustrie des Ruhrgebiets betrafen, hatte die amerikanische Militärregierung seit der Zonenverschmelzung vom 1. 1. 1947. Außerdem drängten die Briten die Amerikaner, größere finanzielle Verpflichtungen zu übernehmen, um ihre eigene Schuldenlast zu verringern. Schwarz stellt zu recht fest: »Seitdem Bevin im Sommer 1946 der Zonenverschmelzung im Prinzip zugestimmt hatte, war die britische Besatzungspolitik durch eine ratenweise Übergabe der finanziellen Verantwortung für die britische Zone an die Vereinigten Staaten gekennzeichnet.«[244] Die amerikanische Militärregierung duldete zwar gerade noch die Entflechtungsmaßnahmen, obwohl sich auch hier Widerstand regte, zu einem Eingriff in die Eigentumsordnung war sie aber nicht bereit. Daß sie solche Eingriffe im Prinzip nicht einmal zu dulden gewillt war, hatte sich schon im Dezember 1946 bei den Auseinandersetzungen um die Hessische Verfassung gezeigt. Der dort vorgesehene Paragraph 41, der die Überführung der Grundstoffindustrien, der Energiewirtschaft, von Teilen des öffentlichen Verkehrs sowie die staatliche Aufsicht über Großbanken zum Inhalt hatte, war von ihr einem Sonderplebiszit unterworfen worden. Während der Volksentscheid über die Verfassung 76,6 % Ja-Stimmen ergab, erreichte der Artikel 41 in der Sonderabstimmung immerhin noch knapp 72 %.[245] Daraufhin verfügte die amerikanische Militärregierung durch eine Mitteilung vom 6. 12. 1946 die sofortige Herausnahme einer Reihe von Banken und anderer Betriebe, so daß im Endeffekt nur noch wenig zu sozialisieren übrig blieb.[246] Tatsächlich fanden sich in den meisten Länderverfassungen Artikel, die die Überführung von Industriebesitz in Gemeineigentum vorsahen, ohne allerdings Bestimmungen für ein sofortiges Inkrafttreten zu beinhalten, so daß

[244] Schwarz (180), 169
[245] Keesing's Archiv (93), 1. 12. 1946
[246] a.a.O. (93); vgl. auch Gimbel (201), 117

die Auseinandersetzungen darüber erst später mit der Beratung von Ausführungsgesetzen begannen. [247]

So war es insgesamt, trotz hoffnungsvoller Ansätze, in den ersten beiden Jahren nach Kriegsende den Gewerkschaften nicht gelungen, eine Regelung der Eigentumsfrage in dem von ihnen gewünschten Sinne zu erreichen. Mit dem Anwachsen des Einflusses der amerikanischen Besatzungsmacht auf die Wirtschaftspolitik der westlichen Zonen war absehbar eine weitere Verschlechterung der Situation verbunden. Als Teilerfolg war bisher nur die Verankerung der paritätischen Mitbestimmung in den entflochtenen Werken der Eisen- und Stahlindustrie zu verzeichnen.

Wenig erfolgreich waren auch die Bemühungen, auf dem Gebiet der überbetrieblichen Mitbestimmung die gewerkschaftlichen Forderungen durchzusetzen. Für die Selbstverwaltungsorgane der Wirtschaft hatten die Gewerkschaften Pläne vorgelegt, die auf eine Umwandlung der alten Industrie- und Handelskammern hinausliefen. An ihre Stelle sollten paritätisch von Gewerkschaften und Arbeitgeberverbänden besetzte Wirtschaftskammern treten, und zwar von der lokalen Ebene bis zu Spitzenkörperschaften. Gegen diese Forderung sträubten sich die wiedererstehenden Wirtschafts- und Arbeitgeberverbände besonders heftig, da sie hier einen Einbruch in ihre ureigenste Domäne sahen. Das Äußerste, was sie nach langen Verhandlungen [248] zugestanden, waren paritätisch besetzte Wirtschaftsausschüsse, die den Industrie- und Handelskammern beratend zur Seite stehen sollten, eine Einrichtung, die den gewerkschaftlichen Vorstellungen keineswegs entsprach. Böckler äußerte auf dem Gründungskongreß des DGB (brit. Zone) im April 1947 seine Enttäuschung über die zögernde Haltung der britischen Militärregierung gegenüber den gewerkschaftlichen Vorstellungen auf diesem Gebiet: »Vieles dieser Arbeit, wenn nicht sogar das

---

[247] Solche Verfassungsartikel fanden sich in der amerikanischen und französischen Zone noch in Bayern (160,2), Württemberg-Baden (28,1), Bremen 42–44), Rheinland-Pfalz (61, 1–3), Baden (45,1), Württemberg-Hohenzollern (98); vgl. Ule (189), 15 f; in Berlin wurde ein entsprechendes Gesetz am 13. 2. 1947 angenommen; s. Auszüge in Gesch. Arb. Bew. (140) Bd. 6, 432. Auf die Entwicklung in Nordrhein-Westfalen wird weiter unten eingegangen.

[248] vgl. etwa den „Bericht über die Tagung der Vertreter der Industrie- und Handelskammern und Gewerkschaften in der britischen Zone in Wuppertal am 7. 1. 1947" im Archiv der IG Metall (2)

meiste, hätte uns allerdings erspart bleiben können, wenn die verantwortlichen Stellen, die Besatzungsmacht wie auch unsere deutschen Stellen, den Gewerkschaften gegenüber immer die Haltung eingenommen hätten, die einzunehmen sie eigentlich nach unserem bescheidenen Dafürhalten in jedem Falle gezwungen waren.« [249] Daß es den Arbeitgebern vorerst gelang, eine gesetzliche Regelung dieser Fragen, die vermutlich zu ihren Ungunsten ausgefallen wäre, zu verhindern [250], ist ein deutliches Zeichen dafür, wie rasch sie sich wieder eine wirtschaftliche Machtposition zurückerobert hatten, und daß sie es verstanden, das offene Ohr der Besatzungsmächte zu finden. So war bereits im Januar 1946 nach Verhandlungen mit der britischen Militärregierung der »Arbeitgeberverband für die Eisen- und Metallindustrie des rheinisch-westfälischen Industriebezirks« wieder entstanden, der auch in Personalunion den Arbeitgeberausschuß Nordrhein-Westfalen« übernahm. [251] Auch die einzelnen Wirtschaftsverbände formierten sich wieder, so daß die Arbeitgeberseite auf drei verschiedenen Ebenen tätig werden konnte.

Die Mitwirkung der Gewerkschaften auf der obersten Ebene der Wirtschaftsverwaltung war zwar durch die Entsendung von Gewerkschaftsvertretern in die einzelnen Ausschüsse des Zentralamtes für Wirtschaft in Minden gewährleistet. Aber die Wirkung dieser Mitarbeit litt stark unter der Tatsache, daß die Kompetenz des Zentralamtes und des späteren Verwaltungsamtes nur beschränkt war. [252]

Die Auseinandersetzungen um das wirtschaftliche Mitbestimmungsrecht der Betriebsräte

Die Gewerkschaftsbewegung hatte nach dem Zusammenbruch in den Betrieben neu begonnen. Bis auf den Erlaß vom August

[249] Prot. Gründungskongreß DGB (brit. Zone) (47), 24
[250] vgl. dazu das später in Nordrhein-Westfalen am 12. 7. 1949 angenommene Wirtschaftskammergesetz, das keineswegs mehr den gewerkschaftlichen Forderungen entsprach und die Struktur der Industrie- und Handelskammern unangetastet ließ; s. Wortlaut in: GBZ (32), 87 ff
[251] Deutsche Soz.pol. (23), 8 f, Vorwerk (193), 34 spricht von einer „duldsamen Haltung der örtlich entscheidenden militärischen Instanzen". Über die Aktivität der Arbeitgeberverbände zu dieser Zeit auch Reger (171), 39
[252] zu dieser Kompetenzbeschneidung s. weiter unten

1945, mit dem ein demokratisches Wahlverfahren für die Betriebssprecher angeordnet worden war, hatten sich die westlichen Besatzungsmächte nicht weitergehend in die Tätigkeit der Betriebsräte eingemischt. Diese Tätigkeit konzentrierte sich in der überwiegenden Zahl der Fälle derart stark auf unmittelbar drängende Versorgungsprobleme, daß weitergehende politische Ziele nur selten artikuliert wurden. In einer Reihe von Betrieben hatten sich die Betriebsräte aber, was die Mitbestimmung anbetraf, kraft ihrer Autorität beim Wiederaufbauprozeß relativ weitgehende Rechte gesichert. Diese Rechte hatten ihre Ursache in der Ausnahmesituation der chaotischen Verhältnisse in den ersten Monaten nach dem Zusammenbruch. Gegen Ende des Jahres 1945 kam es bereits zu vereinzelten Versuchen, auf regionaler Basis die gesetzliche Neuregelung der Betriebsverfassung voranzutreiben.

In den Ländern der sowjetisch besetzten Zone wurden Betriebsrätegesetze, die den Betriebsräten weitgehende wirtschaftliche Mitbestimmungsrechte sicherten, schon im Laufe des Jahres 1945 erlassen. In der britischen Zone wurden vereinzelte Versuche unternommen, die Betriebsräte in Anlehnung an das alte Betriebsrätegesetz von 1920 auf eine gesetzliche Grundlage zu stellen.

So legte der Arbeitsrechtsausschuß beim Oberpräsidenten der Nordrhein-Provinz schon bald einen Gesetzesentwurf über die Arbeitnehmervertretungen in den Betrieben vor, der am 23. 1. 1946 in dritter Lesung behandelt wurde. [253] Parallel zum Betriebsrätegesetz von 1920 sah dieser Entwurf den obligatorischen Zwang zur Errichtung von Betriebsräten in Betrieben mit mehr als zwanzig Arbeitnehmern vor. Zweck der Betriebsratstätigkeit war wieder die Förderung des Betriebsfriedens und der Ausgleich von Streitigkeiten. Ein wirtschaftliches Mitbestimmungsrecht war nicht vorgesehen, lediglich die Mitarbeit bei der Einführung neuer Arbeitsmethoden und das Recht zur Vertretung im Aufsichtsrat für den Betriebsratsvorsitzenden und seinen Stellvertreter. In Braunschweig legte das Staatsministerium für Wirtschaft und Arbeit den betroffenen Verbänden im Laufe des Jahres 1945 den Entwurf für ein »Vorläufiges Betriebsrätegesetz« [254] vor, der auf heftige Kritik der Vertreter

---

253 vgl. Gässler (139), 47 ff, auch GBZ (32), 290
254 Entwurf und Stellungnahme der Arbeitgeber im Archiv des DGB (1)

der Industrie- und Handelskammer stieß. Die Arbeitgebervertreter vermißten insbesondere den Absatz aus Paragraph 1 des BRG, der die »Unterstützung des Arbeitgebers in der Erfüllung der Betriebszwecke« enthielt und monierten, daß der Entwurf »die unparteiische Stelle des Betriebsrätegesetzes aufgegeben und stattdessen eine einseitige Interessenvertretung vorgezogen« habe. Vor allem wiesen die Arbeitgeber den vorgesehenen Absatz 8 (Paragraph 14) zurück, in dem es eindeutig hieß: »Der Betriebsrat hat die Aufgabe ... beim Wiederaufbau der deutschen Volkswirtschaft und bei der Wiedergutmachung innerhalb des Betriebes, bei der Säuberung des Betriebes und der Betriebsleitung von Nazis sowie bei der Ausrottung des nationalsozialistischen und imperialistischen Gedankenguts der Betriebsangehörigen mitzuwirken. Die Umstellung des Betriebes auf eine Produktion, die nur friedlichen Zwecken dient, zu unterstützen und die Produktion zu überwachen, um jede getarnte und versteckte Absicht, die auf einen Krieg und geheime Rüstung hinzielt, von vornherein zu verhindern.« [255] Tatsächlich war dieser Paragraph eine Antwort sowohl auf die Forderungen, die von alliierter Seite erhoben wurden, als auch auf die Situation der unmittelbaren Nachkriegszeit, in der die Betriebsräte bei der Entnazifizierung mitgewirkt hatten.

Auch von Gewerkschaftsseite wurden vielerorts Vorstöße unternommen, ein »fortschrittliches« Betriebsrätegesetz zu schaffen. Die Gewerkschaftskonferenz der britischen Zone im März 1946 »hält es für dringend erforderlich, diese (gesetzliche, E. S.) Grundlage durch die Schaffung eines neuen Betriebsrätegesetzes herzustellen. Dieses neue Betriebsrätegesetz muß nicht nur die Rechte der Betriebsvertretungen wiederherstellen, die im alten Betriebsrätegesetz vom 4. Februar 1920 enthalten sind, sondern muß darüber hinaus den Betriebsräten Rechte gewähren, die den Anforderungen des demokratischen Aufbaus des Staates und dem Wiederaufbau der Wirtschaft entsprechen. Diese Rechte bestehen in der Mitbestimmung der Betriebsräte in allen sozialen und arbeitsrechtlichen Angelegenheiten des Betriebes, in der verantwortlichen Mitarbeit und Mitbestimmung bei der Produktion und der Verteilung des Ertrages.« Und unter Betonung der Bedeutung der Betriebsräte für den friedlichen Wiederaufbau heißt es: »Die Mitbestimmung über die Produk-

[255] a.a.O. (1)

tion durch die Betriebsräte ist die Garantie dafür, daß die Betriebe für die Bedarfsdeckung der Allgemeinheit und nicht für die Vorbereitung eines neuen Krieges arbeiten.« [256]

Aber, wie Markus Schleicher für die Gewerkschaften der amerikanischen Zone auf dem ersten Kongreß des Gewerkschaftsbundes Württemberg-Baden Mitte 1946 mitteilte, erging es allen diesen Entwürfen gleich: »Im Februar 1946 erhielten die Länderregierungen den Auftrag, eine Vorlage für ein neues Betriebsrätegesetz auszuarbeiten. Die Gewerkschaftsvertreter aus Bayern, Hessen und Württemberg-Baden hatten Gelegenheit im sozialpolitischen Ausschuß des Länderrats als Sachverständige an diesem Gesetzentwurf mitzuberaten. Bevor der deutsche Entwurf fertig war, gab der Kontrollrat ein Betriebsrätegesetz heraus, das in wesentlichen Punkten hinter unseren Vorschlägen zurückbleibt.« [257]

Das Betriebsrätegesetz des Kontrollrats, das Gesetz Nr. 22 vom 10. April 1946, bestand nur aus 13 Artikeln und entsprach ganz dem angelsächsischen Rechtsverständnis. [258] Es galt für alle Besatzungszonen und regelte in Form von Rahmenbestimmungen Bildung und Aufgaben der Betriebsräte. Die Bildung von Betriebsräten war allerdings nach Artikel 1 nicht zwingend vorgeschrieben, sondern nur »gestattet«, was die Gewerkschaften als erhebliches Manko dieses Gesetzes betrachteten. Die Wahlperiode sollte einjährig sein, das Wahlverfahren demokratisch. Ausgeschlossen von der Wählbarkeit sollten alle ehemaligen DAF-Funktionäre und NSDAP-Mitglieder sein (Art. II–IV). Anschließend wurden die Aufgaben des Betriebsrates in Form eines Katalogs festgestellt, und dann hieß es lapidar im 2. Absatz von Artikel V: »Die Betriebsräte bestimmen im Rahmen dieses Gesetzes selbst ihre Aufgaben im einzelnen und die dabei zu befolgenden Verfahren.« Schließlich folgten noch Bestimmungen über die Zusammenarbeit mit den Arbeitgebern und der für die Gewerkschaften bedeutsame Artikel VII: »Die Betriebsräte führen ihre Aufgaben in Zusammenarbeit mit den anerkannten Gewerkschaften aus.«

Von Gewerkschaftsseite sah man dieses Gesetz als einen Rück-

---

[256] Prot. Zonentreffen März 1946 (46), 56, Entschließung Nr. 8
[257] Prot. 1. Konf. Württ.-Baden (55), 24
[258] Text des Gesetzes s. GBZ (32), 290 ff, zu den Elementen des shop-steward Verständnisses der Betriebsvertretungen vgl. auch die Kontroverse Radke/Bührig in Gew. Monatshefte (69) Jg. 1950, S. 211 ff und 435 ff

schritt gegenüber dem alten Betriebsrätegesetz an, da es eine ausdrückliche »Sicherung von Rechten vermissen (läßt), die in jahrzehntelangen Gewerkschaftskämpfen errungen waren.« [259] Die Aufforderung nach Artikel V, 2, die Mitbestimmung der Betriebsräte durch Betriebsvereinbarungen in den einzelnen Betrieben zu sichern, wurde zunächst nur schwer verstanden. Vereinzelt kam es nach Erlaß des KRG 22 zu Protesten von seiten der Betriebsräte. So bemängelten in einer Resolution am 15. 4. 1946 die Betriebsräte der Ford-Werke in Köln, im neuen Gesetz sei ein Mitbestimmungsrecht »in der Wirtschaft und in der Produktion nicht enthalten. Eine Neuordnung der deutschen Wirtschaft auf demokratischer Basis kann nur von Erfolg gekrönt sein, wenn man den Werktätigen ein gesetzlich gesichertes Mitbestimmungsrecht in den Betrieben nicht versagt.« [260] In der Folgezeit gingen Arbeitgeberverbände und Gewerkschaften dann an die Erstellung von Musterbetriebsvereinbarungen, die ihren Mitgliedern als Verhandlungsgrundlage dienen sollten. In der britischen Zone erstellte der wirtschaftspolitische Ausschuß der Gewerkschaften bis Anfang 1947 eine solche Musterbetriebsvereinbarung, die Mindestforderungen enthielt. [261] Für das wirtschaftliche Mitbestimmungsrecht der Betriebsräte war darin die paritätische Besetzung der Aufsichtsräte, falls vorhanden, vorgesehen. Ansonsten beschränkte sich die Mitbestimmung auf Einstellung und Entlassung.
Zur ersten bedeutsamen Auseinandersetzung über das wirtschaftliche Mitbestimmungsrecht war es bereits im November 1946 gekommen, als die Belegschaft der Firma Bode-Panzer AG in Hannover 23 Tage lang streikte, bevor sie den Abschluß einer Betriebsvereinbarung erreichte, der ihren Forderungen entsprach. [262] Die 320köpfige Belegschaft verlangte das Mitbestimmungsrecht in wirtschaftlichen Fragen, was Erweiterung oder Einschränkung des Betriebes betraf, und die Mitbestimmung bei Einstellung und Entlassung. In einem Rundschreiben des »Sozialausschusses der Wirtschaftsverbände und der Ar-

[259] GBZ (32), 293
[260] Gässler (139), 114
[261] Text der Vereinbarung s. GBZ (32), 81 f, für die Eisen- und Stahlindustrie war der Fall so geregelt, daß die Betriebsratsvorsitzenden und ihre Stellvertreter an zweiwöchigen Vorstandssitzungen und an Produktionsbesprechungen teilnahmen.
[262] s. Grote (143), 128 ff, auch GBZ (32), 273 ff

beitsgemeinschaft für Industrie, Handel und Handwerk im Lande Braunschweig« vom 21. 10. 1946 waren gerade diese Forderungen als solche bezeichnet worden, denen die Arbeitgeber auf keinen Fall stattgeben sollten.[263] Der erfolgreiche Abschluß des Streiks war neben der Belegschaft vor allem der Ortsverwaltung und Bezirksleitung der IG Metall zu verdanken[263a], während der Vorstand der Gewerkschaft sich zurückhaltend verhielt und lieber den Weg über die Arbeitsgerichte statt über den Arbeitskampf einschlagen wollte. Ebenso wie in dem 1947 durchgeführten »Schmidding-Streik«[264] in Niedersachsen, wo die Weigerung der Firmenleitung, eine Betriebsvereinbarung abzuschließen, die fristlose Entlassung des Betriebsvorsitzenden nach sich zog. Der Streik wurde nach fünf Monaten erfolgreich beendet. Beide Streikbewegungen übten einen beträchtlichen Einfluß auf die örtlichen Verhältnisse aus, so daß auf ähnlicher Grundlage eine Reihe von weiteren Betriebsvereinbarungen abgeschlossen werden konnten.

Die prinzipielle Streikunwilligkeit der Gewerkschaftsführung zeigte sich auch auf den Debatten der Verbandstage. Auf dem 1. Verbandstag der IG Metall der britischen Zone im Februar 1947 in Peine kam es bezeichnenderweise zu einer heftigen Debatte, ob Streikgenehmigung vom Vorstand erteilt werden müsse. Während die Opposition argumentierte, »besondere Situationen erfordern besondere Maßnahmen«[265], und das Recht zur Ausrufung eines Streiks der Ortsverwaltung zugestehen wollte, bestritt der Vorstand diese Auffassung und verwies darauf, daß »einer örtlichen Verwaltung nicht die Möglichkeit gegeben werden (kann), über die Mittel der gesamten Organisation verfügen zu können.«[266] Der zum Vorsitzenden gewählte Walter Freitag stellte das Problem als eine Entscheidung zwischen »zentraler und syndikalistischer Organisation«[267] dar und beantragte namentliche Abstimmung. Diese Abstimmung ergab 128 Stimmen für die Vorstandsauffassung und 52 Gegenstimmen[268], wobei die regionale Verteilung offenbar keine Rolle

---

[263] GBZ (32), 274

[263a] Bezirksleiter der IG Metall in Hannover war zu dieser Zeit Otto Brenner, der derzeitige 1. Vorsitzende der IG Metall

[264] vgl. Kolb (151), 73 und Geschäftsbericht IG Metall 1947/48 (29), 105

[265] so der Delegierte Riegel (Essen), Prot. Verbandstag IG Metall 1947 (54), 27

[266] so der Berichterstatter Schnoor, a.a.O. (54), 39

[267] a.a.O. (54), 45 und 48

[268] a.a.O. (54), 59 f

spielte. Die Zahl der oppositionellen Stimmen lag übrigens weit höher als die Zahl der vorhandenen kommunistischen Stimmen. Die Debatte setzte sich noch auf dem zweiten Verbandstag der IG Metall der britischen Zone im September 1948 in Lippstadt fort. Hier entzündete sie sich an einem Antrag der Verwaltungsstelle Gevelsberg, die aus gegebenem Anlaß forderte, bei spontan erfolgenden Arbeitsniederlegungen solle die Bezirksleitung die Genehmigung erteilen können. [269] Dieser Antrag und ein gemäßigterer der Verwaltungsstelle Hannover, der eine Entscheidung des Vorstandes im Falle einer Arbeitsniederlegung binnen eines Tages forderte, wurden gegen nur noch wenige Stimmen abgelehnt. [270] Auch der entsprechende Paragraph im Statut wurde auf dem Vereinigungsverbandstag im Oktober 1948 in Lüdenscheid in der vom Vorstand vertretenen Auffassung »mit überwiegender Mehrheit« angenommen. [271]

Ein Briefwechsel zwischen der Manpower Division der britischen Militärregierung und dem DGB (brit. Zone) [272] macht deutlich, daß die Gewerkschaftsführung das Risiko von Streiks im Angesicht möglicher Eingriffe der Besatzungsmächte nur höchst ungern übernehmen wollte und alles daran setzte, dieses Risiko zu verringern. In ihrer Musterbetriebsvereinbarung hatten die Gewerkschaften den Artikel VI, 3 des Kontrollratsgesetzes Nr. 22 zunächst so ausgelegt, als ob automatisch ein gesetzlicher Anspruch daraus abgeleitet werden könne, nach dem Betriebsratsmitglieder in die Aufsichtsorgane der Unternehmen aufgenommen werden müßten. Ein alliierter Einspruch zwang die Gewerkschaften zur Korrektur. Sie machten aber daraufhin die Militärregierung aufmerksam, daß die Gewerkschaften beim Abschluß von betrieblichen Vereinbarungen »eventuell gezwungen seien ... die taktischen gewerkschaftlichen Mittel anzuwenden, die sie für notwendig halten«, nämlich Streiks. Sie wollten von der Militärregierung damit die Zusage erreichen, daß sie in solchen Fällen nicht von ihrem Eingriffsrecht Gebrauch machen werde. Die Militärregierung blieb jedoch zurückhaltend und erklärte, daß sie »ihre Haltung gegenüber Arbeitsunruhen definieren wird, falls und wenn sich die

---

[269] Niederschrift d. 2. Verbandstag. IG Metall 1948 (39), 233 und 246
[270] a.a.O. (39), 181
[271] Niederschrift Vereinigungsverbandstag IG Metall (40), 113
[272] Briefwechsel v. 27. 3. 1947 und 17. 4. 1947 im Archiv der IG Metall (2)

Notwendigkeit dafür ergibt.«[273] Ausdrücklich betonte die Militärregierung ihre Neutralität gegenüber beiden Seiten auch in einem späteren Rechenschaftsbericht.[274] Den Gewerkschaften war mit dieser Haltung allerdings wenig gedient, da sie von Anfang an auf aktive Unterstützung von dieser Seite gerechnet hatten bei ihren Bemühungen zur Demokratisierung der Wirtschaft und sich zu einer Durchsetzung dieser Forderungen mit Hilfe von Streiks nur schwer entschließen konnten.

Die Statistik der Arbeitgeber führt für die Zeit vom 1. April bis 31. Dezember 1947 nur insgesamt 31 Streikfälle auf, denen Streitigkeiten um Betriebsvereinbarungen zugrunde gelegen hätten. Dabei seien 2 431 Beschäftigte beteiligt gewesen.[275] Neben dem Bode-Panzer-Streik von 1946 ist in der Öffentlichkeit vor allem noch der Miele-Streik von April/Mai 1947 registriert worden. Hier erreichten 450 Angestellte und Arbeiter nach fünfwöchiger Arbeitsniederlegung, deren Ursache eine vom Bielefelder Arbeitgeberverband vorgelegte und von der Belegschaft nicht akzeptierte Betriebsvereinbarung war, einen erfolgreichen Abschluß ihrer Bemühungen.[276] In den übrigen Fällen handelte es sich um kleinere Betriebe. Eine große Streikbewegung zur Durchsetzung der Mitbestimmungsforderungen auf dem Weg der Betriebsvereinbarungen kam nicht zustande. Das entsprach auch der erklärten Arbeitgebertaktik, »die Verhandlungen um die Grundsätze der Betriebsvereinbarungen *nicht in den Betrieben* (im Text gesperrt, E. S.) zu führen, sondern den Verbänden zu überlassen.«[277] Die Gewerkschaftsführung ihrerseits war nicht daran interessiert, das Schwergewicht des Kampfes um die Mitbestimmung in die Betriebe zu verlagern und so den Betriebsräten größere Machtbefugnisse zuzugestehen. Nach einer Übersicht von Zigan wurden bis Herbst 1947 in der britischen Zone 21 solcher kollektiven Musterbetriebsvereinbarungen zwischen Gewerkschaften und Arbeitgeberverbänden abgeschlossen.[278]

Eine Übersicht über den Inhalt dieser Vereinbarungen ergibt nur in wenigen Fällen ein positives Resultat für die Gewerk-

[273] a.a.O. (2), Brief v. 17. 4. 1947, gez. Kenny (5)
[274] Ind. Rel. (33), 16
[275] Deutsche Soz.pol. (23), 76
[276] vgl. GBZ (32), 276 und Grote (143), 130
[277] Deutsche Soz.pol. (23), 60
[278] Zigan (198), 71 ff

schaften, gemessen an den weitergehenden Forderungen, die zum Mitbestimmungsrecht der Betriebsräte erhoben wurden. Insbesondere sind nirgends mehr als zwei Vertreter der Arbeitnehmer für die Aufsichtsräte vorgesehen. Von offizieller Gewerkschaftsseite wurde dann auch konstatiert: »Nur ein verschwindend kleiner Prozentsatz der Betriebsvereinbarungen wird in ihren Formulierungen den wirtschaftspolitischen Grundsätzen entsprechen und damit den gegebenen Notwendigkeiten gerecht.« [279] Ähnliches galt auch für Bayern, obwohl sich in der amerikanischen Zone sogar der Länderrat mit Musterbetriebsvereinbarungen befaßte. Lobend wird hier im Geschäftsbericht des Bayrischen Gewerkschaftsbundes auf das Vorgehen der IG Metall verwiesen, die auf dem Wege kollektiver Tarifverträge den Betriebsräten Mitbestimmungsrechte zu sichern versuchte. [280] Böckler erklärte auf dem Bielefelder Kongreß 1947 zum Thema Betriebsvereinbarungen: »Ich sage nur eins: Schmerzenskind.« [281]

Da die Gewerkschaftsführungen also nicht gewillt waren, durch eine Arbeitskampfwelle Betriebsvereinbarungen in ihrem Sinne durchzusetzen, schon, um nicht eine radikale Betriebsrätebewegung zu entfachen, mußten sie nach Wegen suchen, das für sie unbequeme Kontrollratsgesetz in diesem Punkt zu umgehen. Die kollektiven Musterbetriebsvereinbarungen versprachen ebenfalls nur wenig Erfolg, so daß nur der Weg blieb, durch Einwirkung auf die geplanten Länderbetriebsrätegesetze die Gewerkschaftsvorstellungen durchzusetzen. Dieser traditionelle Weg, der das enge Zusammengehen mit der Sozialdemokratischen Partei erforderte, entsprach ohnehin dem politischen Bewußtsein der überwiegenden Mehrheit der führenden Funktionäre am ehesten.

Ein ausführlicher Entwurf des DGB (brit. Zone), der die gewerkschaftlichen Forderungen präzisierte, bestimmte Verfassungsartikel in den Grundrechtsteil über Arbeit und Wirtschaft aufzunehmen, dokumentiert diese Bemühungen. [282] Während allerdings in der britischen Zone die Verabschiedung von Länderverfassungen durch die zögernde Haltung der Militärre-

[279] GBZ (32), 82
[280] Gesch. Bayr. Gew.Bund 1948 (30), 121 f
[281] Prot. Gründungskongreß DGB 1947 (47), 30
[282] Entwurf im Archiv IG Metall (2)

gierung noch auf sich warten ließ [283], waren in der französischen und in der amerikanischen Zone seit Ende 1946 bereits Verfassungsartikel in Kraft getreten, die zum Teil recht weitgehend den gewerkschaftlichen Vorstellungen entsprachen. In Bayern (Art. 175/176) am 2. 12. 1946, in Hessen (Art. 37/38) am 8. 12. 1946, in Rheinland-Pfalz (Art. 68–70) am 24. 5. 1947, in Baden (Art. 39) am 28. 5. 1947, in Württemberg-Hohenzollern (Art. 96) am 31. 5. 1947, in Bremen (Art. 47) am 12. 10. 1947 und in Baden-Württemberg (Art. 23) am 30. 11. 1947. [284] Entscheidend kam es aber nicht nur auf die Verfassungsartikel an, sondern auf die in diesen Artikeln angekündigten Betriebsrätegesetze, die freilich zum Teil erst in beträchtlichem Abstand erlassen wurden und dann unter Bedingungen, die denen der anfänglichen Periode nach dem Zusammenbruch nicht mehr entsprachen. Hier mußte sich zeigen, ob die gewerkschaftlichen Vorstellungen von einem tatsächlichen Mitbestimmungsrecht der Betriebsräte auch im wirtschaftlichen Bereich und nicht nur in sozialen und personellen Fragen gesetzlich verankert werden konnten. Auch hinsichtlich der Mitbestimmung der Betriebsräte waren also bis zum Ende der ersten Phase der Nachkriegsentwicklung noch keine dauerhaften Leistungen erzielt worden, die den gewerkschaftlichen Ansprüchen genügt hätten.

---

[283] Die vorgelegten Anträge und die Mitbestimmungsdebatte im Landtag von Nordrhein-Westfalen zeigen, daß in der britischen Zone ähnliche Vorstellungen vorhanden waren, s. Potthoff (168), 51 f
[284] vgl. Broecker (127), 76

4. Eine Bilanz der gewerkschaftlichen Situation am Ende der ersten Phase der Nachkriegsentwicklung

Zwar kann für den Beginn des Jahres 1947 von einer wirtschaftlichen Konsolidierung der Verhältnisse in den westlichen Zonen im vollen Sinne noch nicht gesprochen werden. Der Winter 1946/47 hatte eine bedeutende Verschlechterung der Ernährungslage gebracht, und auch die Produktion war wieder rückläufig, die Arbeitslosenzahlen wieder gestiegen. Dennoch läßt sich feststellen, daß die Situation sich gegenüber den Zuständen nach dem Zusammenbruch beträchtlich verändert hatte und weiter auf eine »Normalisierung« zustrebte. Die Produktionsentwicklung in der Industrie war der Tendenz nach, trotz der Rückschläge, die mehr saisonaler Art waren, deutlich aufstrebend. Vom dritten Vierteljahr 1945 bis zum ersten Vierteljahr 1947 war die Industrieproduktion im Vierzonengebiet von 12 % auf 34 % gegenüber dem Stand von 1936 gestiegen. Die Kohleförderung in der britischen Zone hatte von 46,7 % im Januar 1946 auf 60,8 % im März 1947 zugenommen (ebenfalls in Prozenten von 1936). [285] Eine Revision des Industrieplans mit beträchtlich erhöhten Produktionskapazitäten stand in Aussicht, nachdem sich im März 1947 die Außenminister in Moskau auf eine Erhöhung geeinigt hatten. Auch die Stabilisierung der politischen und gesellschaftlichen Verhältnisse war relativ weit fortgeschritten. In allen Ländern waren die Parlamente wieder in Funktion, und ein Teil der Ordnungs- und Verwaltungsaufgaben war bereits wieder von alliierter Seite auf deutsche Stellen übertragen worden. Summiert man die Stimmen, die in den ersten Landtagswahlen in den Westzonen rund 70 % der Wahlberechtigten abgegeben hatten, so lagen die CDU mit 37,6 % und die SPD mit 35 % deutlich an der Spitze. [286] In den Landesregierungen gab es eine weitgehende Zusammenar-

---

[285] vgl. Deutschland-Jahrbuch 1949 (24), 165 und 175; etwas höhere Zahlen für die drei westlichen Zonen finden sich bei Piettre (165), 600
[286] vgl. Rexin (172), 28 f

beit der großen Parteien, oft unter Einschluß der KPD. Die neu installierte Bizone, eine Antwort der Westmächte auf die Verschärfung des Ost-West-Konfliktes, war auf dem Weg von einer taktischen Augenblickslösung zu einem Dauerprovisorium, das die Separatentwicklung und die Integration der Westzonen in den Westblocks dokumentierte.

Angesichts dieser Situation mußten sich die Gewerkschaften die Frage stellen, was sie in den vergangenen zwei Jahren nach dem Zusammenbruch von ihren Neuordnungsvorstellungen hatten realisieren können. Ob es ihnen, anders ausgedrückt, gelungen war, die Wirtschafts- und Betriebsverfassung gegenüber den Zuständen vor 1945 bzw. vor 1933 wesentlich zu verändern.

Eine Selbstkritik dieser Art fand auf dem Gründungskongreß des DGB der britischen Zone im April 1947 nur am Rande statt und erschöpfte sich in der Aufzählung von noch nicht Erreichtem bzw. in der Mahnung, nicht nachzulassen. Auf organisatorischem Gebiet bestand angesichts der nun fast zwei Millionen Mitglieder und der guten Finanzlage wenig Grund zur Beunruhigung. Die nach den alliierten Eingriffen erreichte Einheitsgewerkschaft auf Industrieverbandsgrundlage war vor weiteren Eingriffen der Alliierten so gut wie sicher, und dem Aufbau einer noch größeren Gewerkschaftsbewegung nach eigenen Vorstellungen stand kaum etwas im Wege. Ungleich schlechter sah die Situation allerdings aus, wenn man das wirtschaftspolitische Gebiet betrachtete, auf dem die neue Gewerkschaftsbewegung ihre tatsächliche Macht erweisen mußte.

Insgesamt war bisher wenig erreicht worden, gemessen an den Ansprüchen, die unmittelbar nach dem Zusammenbruch erhoben worden waren. Ein Teilerfolg war die Einführung der paritätischen Mitbestimmung in den Aufsichtsorganen der entflochtenen Werke der Eisen- und Stahlindustrie. Vertreten waren die Gewerkschaften auch in den beratenden Ausschüssen der Wirtschaftsverwaltung. Einige fortschrittliche Bestimmungen in den Verfassungen der Länder in Bezug auf die Überführung von Industriebesitz in Gemeineigentum und das wirtschaftliche Mitbestimmungsrecht der Betriebsräte hatten verankert werden können. Diesen Teilerfolgen standen aber die weitaus bedeutenderen Posten der Bilanz gegenüber, die noch negativ lauteten. Vor allem die Regelung der Eigentumsfrage bei den Grundstoffindustrien, die überbetriebliche Mitbestimmung in den

Selbstverwaltungsorganen der Wirtschaft und das Mitbestimmungsrecht der Betriebsräte waren in den Ansätzen steckengeblieben. Diese negative Bilanz wurde verstärkt durch ein Anwachsen der Macht der Arbeitgeberseite, das bereits deutlich spürbar geworden war. Aber auch durch den wachsenden Einfluß, den die amerikanische Militärregierung nach Gründung der Bizone auszuüben begann, und der den gewerkschaftlichen Bestrebungen, wie sich bereits herausgestellt hatte, durchaus zuwiderlief.

Geht man den Gründen hierfür nach, so stößt man auf ein Bündel von Ursachen, die miteinander aufs engste verbunden waren. Löst man die einzelnen bestimmenden Faktoren heraus, so ergibt sich – zunächst von der Seite der Besatzungsmächte her –: 1. Die Verzögerungen und Behinderungen bei der Zulassung von Gewerkschaftsorganisationen und ihren überörtlichen Zusammenschlüssen hatten zweifellos vielfach einen entmutigenden Einfluß auf die Gewerkschaftsarbeit. Wichtiger aber war noch, daß diese hemmenden Eingriffe zu einer Zeit geschahen, wo durch die erzwungene politische Untätigkeit der Kräfte, die den Nationalsozialismus getragen oder zumindestens gefördert hatten, ein gewisser machtpolitischer Leerraum entstanden war. Eine Verankerung wirtschaftsdemokratischer Kräfte und Institutionen zu einem frühen Zeitpunkt auf den verschiedenen Ebenen von Wirtschaft und Gesellschaft hätte hier die Funktion einer Weichenstellung haben können.

2. Die Besetzung der entscheidenden wirtschaftlichen und politischen Kommandostellen bei der amerikanischen, aber auch zum Teil bei der britischen Militärregierung, mit Kräften, die von ihren Wirtschaftsgrundsätzen her der Unternehmerseite zuneigten, bedeutete ein schweres Hindernis für die Durchsetzung der wirtschaftspolitischen Vorstellungen der Gewerkschaften. Hinzu kam, daß diese Kräfte sich naturgemäß für ihre Verwaltungsaufgaben, die sie deutschen Stellen übertrugen, eher auf konservativ orientierte Personen stützten. Wo diese Schranken für die Durchsetzung der Forderungen der Gewerkschaften niedriger waren, wie zum Beispiel bei der britischen Militärregierung, zeigte sich bald, spätestens nach dem Abschluß des Bizonenabkommens, der wachsende Druck der Amerikaner, die allen Sozialisierungs- und Mitbestimmungsbestrebungen ablehnend gegenüberstanden und in diesem Sinne ihren Einfluß auch auszuüben gedachten.

3. Vor allem aber begünstigte die zunehmende Spannung im Verhältnis zwischen den Westalliierten und der Sowjetunion, die auf Stabilisierung des statuts quo bedachten Kräfte der Militärregierung und damit auch ihre deutschen Beauftragten. Das zunehmende Blockdenken ermöglichte es den reformfeindlichen, beharrenden Kräften, gesellschaftliche Reformvorstellungen im gegebenen Augenblick aus Gründen der militärischen und politischen Sicherheit als nicht durchführbar hinzustellen.

Von gewerkschaftlicher Seite läßt sich anführen:

1. Trotz der Tatsache, daß es die Betriebe waren, die als Basis für die Wiederentstehung der Gewerkschaftsbewegung nach dem Zusammenbruch gedient hatten, war nicht, wie am Ende des Ersten Weltkrieges, eine radikale Bewegung unter den arbeitenden Massen entstanden, die zur bewegenden Kraft für durchgreifende wirtschaftliche Veränderungen geworden wäre. Ursache dieses Ausbleibens einer radikalen Bewegung, an deren Spitze die Betriebsräte sich hätten setzen können, oder die sogar von ihnen ausgegangen wäre, war einmal der Bruch in der Entwicklung der Arbeiterbewegung durch die zwölfjährige Herrschaft des Nationalsozialismus, das heißt: die große Zahl der Opfer, die diese Herrschaft unter den qualifizierten Arbeiterführern gefordert hatte. Zum anderen war die totale militärische Kontrolle, die die Besatzungsmächte erkennbar ausübten, und die Drohung, jeder aufkommenden Unruhe, sobald sie größere Ausmaße annähme, aus Sicherheitsgründen entgegenzutreten, nicht dazu angetan, solche Unruhe zu fördern. Das Interesse der Gewerkschaftsführung, die Macht der Betriebsräte nicht zu sehr zu stärken, trug weiterhin dazu bei, die Situation zu verfestigen. Schließlich, und das war vielleicht die entscheidende Ursache für diesen Tatbestand, band die allgemeine Notlage die Betriebsräte eng an ihre Belegschaften, für die sie die notwendigen Nahrungs- und Produktionsmittel herbeischaffen mußten, und nötigte ihnen ein betriebsegoistisches Verhalten auf, dem sich die überwiegende Mehrheit nicht entziehen konnte.

2. Mit der Besetzung der Führungspositionen in den neugebildeten Gewerkschaften durch führende Vertreter der Gewerkschaftsbewegung aus der Zeit vor 1933 ging auch eine Wiederbelebung der traditionellen gewerkschaftlichen Vorstellungs- und Handlungsweisen vor sich. Diese Restauration der gewerkschaftlichen Vorstellungswelt der zwanziger Jahre trug zwar

bei zur Überlieferung von Zielen, die bei ihrer konsequenten Umsetzung eine Veränderung der Wirtschaftsverfassung bedeutet oder zumindestens die Grundlagen dafür gelegt hätten, übertrug aber auch gleichzeitig das gewerkschaftliche Instrumentarium der eher wirtschaftsfriedlichen Kräfte des alten ADGB auf die neue Bewegung, die damit rasch wieder Züge der alten annahm. Dazu waren die wieder in Führungspositionen gelangten Funktionäre der alten Gewerkschaftsbewegung in zum Teil äußerst autoritärer Weise bemüht, ihre Positionen gegenüber Eingriffen von der Ebene der unteren und mittleren Funktionäre oder der Mitgliedschaft abzusichern. Ein wichtiges Mittel dieser Politik waren die Verhandlungen auf der Spitzenebene, ohne sich vorher Rückhalt zu verschaffen durch eine breit angelegte Willensbildung in der Mitgliedschaft oder im Funktionärskörper. Eine solche Willensbildung auf allen Ebenen der Organisation hätte eine Intensivierung der Aufklärung der Mitgliedschaft über die anstehenden Probleme zur Folge gehabt und damit zu einem größeren Interesse der Mitgliedschaft und der Funktionäre an der Durchsetzung wirtschaftsdemokratischer Forderungen führen können. Der Besitz des Spezialwissens aus Verhandlungen auf der Spitzenebene befestigte dagegen die Position der führenden Funktionäre, und der Verzicht auf breite Aufklärung diente dann andererseits als Alibi für die angebliche Passivität der Mitgliedschaft, auf die die Führung verweisen konnte, wenn es galt, Kritiker dieser Politik abzuwehren. Die Folge dieser Politik war auch tatsächlich ein wachsendes Desinteresse der organisierten und vor allem der nichtorganisierten Arbeiterschaft an den Problemen der Neuordnung der Wirtschaft.

3. Damit hing eng zusammen die Zurückhaltung der Gewerkschaftsführung gegenüber dem Mittel der Mobilisierung der Mitgliedschaft für die Durchsetzung der verkündeten Ziele. Hier fürchtete man, durch Auslösung einer radikalen Massenbewegung den Kommunisten in die Hände zu spielen und Eingriffe der Militärregierung in die Organisationsstruktur zu provozieren. Vor allem aber bestand bei der Mehrheit der Spitzenfunktionäre von Anfang an die Vorstellung, daß man mit Hilfe der sozialistischen Labour-Regierung in Großbritannien die wichtigsten Ziele werde durchsetzen können und eine Politik des Wohlverhaltens gegenüber der Besatzungsmacht am erfolgversprechendsten sei. Dieses Sich-verlassen auf die Politik

der Labour-Regierung erwies sich als schwerwiegende Fehlspekulation, denn die Labour-Regierung war zwar verbal jederzeit, nicht zuletzt unter dem Druck ihres linken Flügels, bereit, die Forderungen der deutschen Gewerkschaften zu unterstützen, fand sich aber nicht dazu bereit oder war aus Gründen des wachsenden amerikanischen Einflusses nicht mehr in der Lage, tatsächliche Eingriffe in die bestehende Eigentums- und Wirtschaftsstruktur zu vollziehen.

4. Unter dem Druck der sich verschärfenden Ost-West-Spannungen war es sehr bald auch wieder zu Spannungen zwischen den beiden Richtungen der alten Arbeiterbewegung gekommen, den Sozialdemokraten und den Kommunisten, obwohl während der Widerstandszeit, unmittelbar nach dem Zusammenbruch und auf unterer Ebene auch noch lange darüber hinaus eine Zusammenarbeit möglich gewesen war. Die wieder aufbrechenden Auseinandersetzungen über Strategie und Taktik der Gewerkschaftsbewegung trugen dazu bei, mögliche Aktionsbereitschaft zu hemmen, da die sozialdemokratisch orientierten Gewerkschaftsführer das Entgleiten von Streiks in die Hände der Kommunisten fürchteten, die damit ihre Führungsposition hätten gefährden können. So reagierten die angegriffenen Funktionäre bald wieder mit dem Hinweis auf die parteipolitische Neutralität und warfen ihrer kommunistischen Opposition vor, von Parteizentralen von außen gesteuert zu sein und das Prinzip der Einheitsgewerkschaft zu verletzen. Sie selbst etablierten andererseits wieder die traditionelle Arbeitsteilung zwischen Gewerkschaften und Sozialdemokratischer Partei, die anfangs nur dadurch verdeckt wurde, daß auch breite Kreise in der CDU Aufgeschlossenheit für die Gewerkschaftsforderungen zeigten. Die Arbeitsteilung bedeutete aber auch, daß sich die Gewerkschaften die Durchsetzung ihrer Forderungen bald nur noch auf dem traditionellen Weg über die Länderparlamente vorstellen konnten. Zwar schienen die Sozialdemokraten in der Anfangsphase zusammen mit den Kommunisten und dem arbeitnehmerfreundlichen Teil der CDU/CSU durchaus in der Lage zu sein, den Vorstellungen der Gewerkschaften bis zu einem gewissen Grad zur gesetzlichen Verankerung zu verhelfen, aber mit den Eingriffen der Militärregierung und dem Wandel, der sich innerhalb der CDU/CSU zugunsten der restaurativen Kräfte vollzog, wurde auch diese Möglichkeit verschüttet.

Die Ausbildung einer alternativen Strategie war aber von den Gewerkschaften und vor allem ihren Führungsgremien aus den genannten Gründen gar nicht in Betracht gezogen worden, so daß in dem Augenblick, wo die Politik des Wohlverhaltens sich als wenig erfolgbringend herausgestellt hatte, eine grundsätzliche Änderung kaum zu erwarten war. Eine weitere Verstärkung der Kräfte, die den Gewerkschaften nicht wohlgesonnen waren, mußte daher die Gefahr einer weiteren Verschlechterung ihrer Position im Kräftespiel der Nachkriegsentwicklung nach sich ziehen. Alle Anzeichen deuteten aber im ersten Vierteljahr 1947 auf eine derartige Veränderung der Kräfteverhältnisse in den Westzonen hin.

Zweiter Teil

1947–1949: Die Zurückdrängung der gewerkschaftlichen Forderungen nach einer Neuordnung der Wirtschaft unter dem Druck des sich verschärfenden Ost-West-Konflikts

Auch in der zweiten Phase der Nachkriegsentwicklung, die mit dem Scheitern der Moskauer Konferenz im Mai 1947 begann, war es der bestimmende Einfluß der Besatzungsmächte, und nun in immer stärkerem Maße der Vereinigten Staaten, der die Richtlinien für die weitere Entwicklung in den Westzonen vorzeichnete. Als Resultat des beginnenden »Kalten Krieges« war aber auch ein größerer Spielraum für politische Kräfte auf deutscher Seite zu verzeichnen, sofern sie die Grundlinien der Politik der westlichen Alliierten zu akzeptieren bereit waren und sich in das sich ausbildende Blockbewußtsein einfügten. Für diejenigen Kräfte allerdings, die der bedingungslosen Einordnung in den Westblock widerstrebten, wurden die Verhältnisse zusehends ungünstiger. Ihre politischen und ökonomischen Vorstellungen sahen sich dem Verdacht ausgesetzt, objektiv dem östlichen »Gegner« in die Hände zu spielen. Die Gewerkschaften, die ihren Forderungen nach zur letzten Gruppe zu zählen waren, konnten sich zwar auf eine beachtliche und ständig wachsende Mitgliedschaft stützen, die aber als Potential nicht ohne weiteres in den Konflikten einzusetzen war, da die Voraussetzungen hierfür von den Gewerkschaften selbst, aus den oben angeführten Gründen, nur in ungenügendem Maße geschaffen worden waren. Inwieweit dieser Mangel durch andere politische Verhaltensweisen auszugleichen war, mußte die folgende Entwicklung erweisen.

1. Die Verschärfung des »Kalten Krieges« zwischen den Großmächten vom Scheitern der Moskauer Konferenz bis zur Gründung deutscher Separatstaaten

Das Scheitern der Moskauer Konferenz über die wichtigsten Fragen des Deutschlandproblems trug nicht nur in diesem negativen Aspekt den Charakter eines Wendepunktes der Ost-West-Beziehungen; am Rande der Konferenz entwickelte sich auch bereits die »positive« Lösung. Das wird besonders deutlich an zwei Ereignissen, die sich während der Moskauer Konferenz zutrugen und die für die weitere Entwicklung von Bedeutung wurden. Am 12. 3. 1947, zwei Tage nach Konferenzbeginn, verkündete der amerikanische Präsident Truman in einer Kongreßbotschaft, der sogenannten Truman-Doktrin [1], die Unterstützung seines Landes für Griechenland und die Türkei, die von kommunistischer Gefahr bedroht seien. Truman verkündete den Willen der USA zur Eindämmung des sowjetischen Einflusses in Südosteuropa und wo immer das in Zukunft nötig sei. Dieser offenen Kampfansage gegenüber der sowjetischen Politik entsprach die stärkere Einbeziehung Frankreichs in den Westblock durch ein separates Abkommen der drei Westmächte über Kohlelieferungen an Frankreich [2], das noch während der Moskauer Konferenz am 26. 4. 1947 gegen den heftigen Protest der Sowjetunion verabschiedet wurde. Es sicherte Frankreich einen wesentlich höheren Anteil an Kohleneinfuhr aus dem Ruhrgebiet zu als im vergangenen Zeitraum. Andererseits gab Frankreich seinen Widerstand gegen die Einrichtung zentraler Verwaltungsorgane auf [3] und machte damit den Weg frei für die Bemühungen zur Ausweitung der Bizone.

Für Clay war das wichtigste Ergebnis von Moskau die Tatsache, daß der neue Außenminister der Vereinigten Staaten,

---

[1] abgedruckt in E. A. (91), 819
[2] abgedruckt a.a.O. (91), 738
[3] vgl. den Vorschlag Bidaults a.a.O. (91), 715

George Marshall, die politische Auffassung der Militärregierung in Deutschland nun teilte:

»Meiner Überzeugung nach war es in Moskau, wo Marshall die Notwendigkeit erkannte, das kommunistische Vordringen in Europa zum Stehen zu bringen, bevor daran zu denken war, das deutsche Problem zu lösen.« [4] Insbesondere die Abwehr der sowjetischen Vorschläge für eine starke Zentralisierung in Deutschland, aus Besorgnis, sie könnte unter sowjetische Kontrolle geraten, fand Clays Beifall. So war es wenig verwunderlich, daß die anschließende Interzonenkonferenz der Ministerpräsidenten der deutschen Länder Anfang Juni 1947 mit einem Auszug der sowjetischen Vertreter begann, nachdem sie sich in der Vorbesprechung mit ihrer Forderung auf vorrangige Erörterung der Wege zu einer politischen und wirtschaftlichen Einheit Deutschlands gegen die westzonalen Vertreter, die ihrerseits die umstrittenen politischen Themen ausklammern wollten, nicht hatten durchsetzen können. [5]

Die Bedeutung des Marshallplans als Wendepunkt der amerikanischen Deutschlandpolitik

Der entscheidende Versuch von amerikanischer Seite, die Politik der Eindämmung des sowjetischen Einflusses durch eine Stärkung Westeuropas voranzutreiben, war schließlich das im Juni 1947 verkündete Europäische Hilfsprogramm, der sogenannte Marshallplan. Marshall erläuterte dieses Programm erstmalig am 6. Juni 1947 [6] in einer Rede in Havard, nachdem Acheson bereits im Mai 1947 erste Andeutungen [7] gemacht hatte. Danach sollten sich die europäischen Staaten untereinander auf ein wirtschaftliches Wiederaufbauprogramm einigen, das mit amerikanischen Hilfeleistungen durchgeführt werden sollte. Zwar erklärte Marshall: »... unsere Politik richtet sich nicht gegen irgendein Land oder irgendeine Doktrin ...«, aber er fuhr

---

[4] Clay (13), 177, s. auch Marshalls Rede v. 28. 4. 1947 in: „Germany 1947 bis 1949" (92), 59

[5] vgl. den Bericht in E. A. (91), 1145 ff

[6] abgedruckt in E. A. (91), 821

[7] a.a.O. (91), 821

gleich fort: »Eine Regierung, die durch Machenschaften versucht, die Gesundung der anderen Länder zu hemmen, kann von uns keine Hilfe erwarten.« [8] Damit war die Stoßlinie gegen die Sowjetunion deutlich angezeigt, und es war klar, daß die Marshallplanhilfe nicht bedingungslos gegeben würde. Bei den Beratungen über den Marshallplan, die bereits kurz nach der Verkündigung am 27. Juni 1947 in Paris begannen, warnte die Sowjetunion dann auch vor den Folgen der Annahme der Marshallhilfeleistungen für die wirtschaftliche und politische Autonomie der betroffenen Staaten und lehnte das Angebot kategorisch ab. [9] In der Folgezeit wurden die näheren Einzelheiten des »Wiederaufbauprogramms Europa« in Konferenzen, die sich von Juli bis Dezember 1947 hinzogen, festgelegt. Wirtschaftsvertreter aus sechzehn europäischen Ländern beteiligten sich daran, Ostblockvertreter waren nicht anwesend. Westdeutschland wurde durch die Mitwirkung der Militärgouverneure in die Beratungen und Planungen miteinbezogen. [10] Inzwischen war auch als Ergebnis der Londoner Konferenz der drei Westmächte im August 1947 der erste Industrieplan vom März 1946 revidiert worden, und man hatte sich auf eine erhebliche Heraufsetzung der Produktionsraten einigen können, trotz französischer Besorgnis über ein zu rasches Anwachsen des westdeutschen Wirtschaftspotentials.

Angesichts der veränderten amerikanischen Deutschlandpolitik hatte Clay im Juli 1947 eine neue Direktive erhalten, die ICS 1067 ablöste. ICS 1779 [11] bedeutete, daß das »Schwergewicht nun auf der konstruktiven Arbeit« lag. [12] Im wesentlichen bestimmte die neue Direktive schon in Gang gesetzte Ziele: »Bis ein Abkommen, das die Behandlung Deutschlands als eine wirtschaftliche und politische Einheit in die Wirklichkeit umsetzt, erreicht ist, müssen Sie alles tun, um eine wirtschaftliche Einheit mit den anderen Zonen zu erzielen.« [13] Entwaffnung, Entmilitarisierung und Dekartellisierung sollten zwar weiter als politische Ziele verfolgt werden, aber sie bildeten nicht mehr

[8] a.a.O. (91), 821
[9] vgl. Molotows Schlußansprache in Paris am 2. 7. 1947, E. A. (91), 822
[10] vgl. a.a.O. (91), 913 ff
[11] abgedruckt in: „Germany 1947–1949" (92), 33 ff, Deutsch bei Warburg (139 a), 398 ff
[12] Clay (13), 268
[13] Warburg (193 a), 399

das Schwergewicht. Hinsichtlich der Wirtschaftsverfassung hieß es dagegen nun eindeutig: »Während es zwar Ihre Pflicht ist, dem deutschen Volke die Möglichkeit zu geben, die Grundsätze und Vorteile einer freien Wirtschaft kennenzulernen, werden Sie in der Frage des öffentlichen Besitzes von Unternehmungen in Deutschland nur einschreiten, wenn es sich darum handelt, sicherzustellen, daß jegliche Entscheidung für oder gegen das öffentliche Besitzverhältnis frei und durch normales Vorgehen innerhalb einer demokratischen Regierungsform getroffen wird ... Bis zu einer endgültigen Entscheidung über die Form und die Rechte der deutschen Zentralregierung dürfen Sie keine Maßnahmen in Bezug auf ein öffentliches Besitzrecht billigen, die dieses Besitzrecht für eine solche Zentralregierung zurückhalten würden.« [14] Im übrigen sollte die deutsche Wirtschaft die notwendige Stabilität erreichen, um sich selbst erhalten zu können und einen Beitrag zum Wiederaufbau Europas leisten zu können. Mit dieser Direktive im Rücken konnte Clay in Zukunft seine Politik der Förderung der Restauration einer »freien Unternehmerwirtschaft« ungehindert fortsetzen; tatsächlich berief er sich auch bei seinen Eingriffen in deutsche Ländergesetze weitgehend auf diese Teile seiner Direktive. [15]

Die endgültige Unterordnung Großbritanniens unter die Politik der USA und die Entwicklung der Bizone zu einem separaten Weststaat

Die finanzielle Notlage zwang Großbritannien Ende 1947, an die USA heranzutreten, um eine Neuverteilung der Kosten aus der Bizone zu vereinbaren. Im Bevin – Byrnes Abkommen vom Dezember 1946 war bekanntlich eine einfache Halbierung der Kosten beschlossen worden, nun sollten die Amerikaner nach britischem Wunsch die vollen Lasten übernehmen. Die ersten Verhandlungen begannen am 8. 10. 1947 [16] in Washington. Die amerikanische Haltung war zunächst eher ablehnend,

---

[14] Germany 1947—49 (92), 40; die Übersetzung bei Warburg ist hier ungenau (193 a), 408 f
[15] s. u. a. Clay (13 a), 327
[16] a.a.O. (13), 204

vermutlich, um möglichst viele Zugeständnisse zu erreichen. Clay schreibt offen: »Zudem meinte die Abordnung der Vereinigten Staaten, ein größeres Mitbestimmungsrecht in finanziellen und wirtschaftlichen Angelegenheiten beanspruchen zu können, wenn sie sich mit der Übernahme einer schweren finanziellen Belastung einverstanden erklärte.« [17] Das schließlich am 17. 12. 1947 in Washington unterzeichnete Abkommen sah die Übernahme fast der gesamten finanziellen Lasten Großbritanniens aus der Bizone durch die Vereinigten Staaten vor. Großbritannien mußte vor allem Zugeständnisse in Fragen der Konvertierbarkeit und des Außenhandels machen. Der entscheidende Passus lautete: »Die Regierung des Vereinigten Königreichs erkennt an, daß, solange die Vereinigten Staaten den Hauptteil der Kosten für die lebensnotwendige Einfuhr in die Bizone tragen müssen, der Regierung der Vereinigten Staaten ein größeres Maß an Einfluß auf die Tätigkeit der IEIA und IFEA (der wichtigen Außenhandelsagenturen der Bizone, E. S.) zusteht.« [18] Praktisch bedeutete dieses Abkommen das alleinige wirtschaftliche Bestimmungsrecht der Amerikaner für die Angelegenheiten der Bizone. Clay war mit diesem Ergebnis der Konferenz auch sehr zufrieden. Er schreibt: »Das berechtigte uns, was finanzielle und wirtschaftliche Fragen betraf, zu endgültigen Entschlüssen.« [19] Nachdem damit der Widerstand gegen die Wirtschaftspolitik der amerikanischen Militärregierung von der britischen Seite her ausgeschaltet war, hätten nur noch die Deutschen selbst, wenn sie mit Mehrheit gegen die für sie für gut geheißene Politik Widerstand geleiset hätten, das Konzept Clays und seiner Mitarbeiter verderben können. Daß es dazu kommen würde, war aber angesichts der Verheißung auf eine baldige Verbesserung der Wirtschaftslage durch den Marshallplan und angesichts der totalen militärischen Kontrolle, die die Besatzungsmächte ausübten, kaum zu erwarten. Nachdem die Londoner Außenministerkonferenz [20] im Dezember 1947, wie zu erwarten war, in allen wichtigen Fragen, bereits unter dem Eindruck des anlaufenden Marshallplans, gescheitert war und zum Abbruch der Verhandlungen zwischen den Westmächten und der Sowjetunion für die nächsten andert-

[17] a.a.O. (13), 205
[18] abgedruckt in E. A. (91), 1172; s. vor allem Punkt 5
[19] Clay (13), 206
[20] s. E. A. (91), 1067 ff

halb Jahre geführt hatte, gingen die Amerikaner energisch an den weiteren Ausbau der Bizone. Der Wirtschaftsrat wurde in Richtung auf ein funktionierendes Regierungsorgan mit parlamentarischer Kontrolle umgebaut. Die französische Zone wurde, wenn auch nicht eingegliedert, so doch durch wirtschaftliche Abmachungen näher an die Bizone herangeführt. Nachdem Bevin bereits im Januar 1948 zur Gründung eines Westbündnisses [21] aufgerufen hatte, kam es im März 1948 zur Unterzeichnung des Brüsseler Paktes, der auch Beistandsklauseln für Angriffe von außen enthielt. Fast gleichzeitig hatten die Westmächte und die Beneluxstaaten in London die Grundsätze ihrer Deutschlandpolitik erörtert. Die Empfehlungen der sechs Mächte vom 6. 3. 1948 sahen die wirtschaftliche Verflechtung Deutschlands mit Westeuropa vor sowie eine internationale Kontrolle des Ruhrgebiets unter deutscher Mitwirkung und schließlich Vollmachten für die Ministerpräsidenten der Westzonen, eine verfassunggebende Versammlung einzuberufen. [22] Die wirtschaftliche Eingliederung der Westzonen in das westeuropäische Wirtschaftssystem wurde am 16. 4. 1948 manifestiert, als die drei westlichen Militärgouverneure das Abkommen über die Gründung der OEEC, der Organisation für europäische wirtschaftliche Zusammenarbeit, unterzeichnet hatten, demzufolge Deutschland nun Mitglied dieser Wirtschaftsorganisation wurde.[23]

Die Antwort auf die Integration der Westzonen in das westeuropäische System war das Zerbrechen des alliierten Kontrollrats am 20. März 1948 und die Berliner Blockade vom Juni 1948 bis zum Mai 1949. Die Abschließung der beiden Teile Deutschlands begann sich zu vervollständigen. Am 1. Juli 1948 wurden den Ministerpräsidenten der Westzonen, entsprechend den Londoner Beschlüssen vom 7. Juni 1948, die sogenannten »Frankfurter Dokumente« [24] übergeben, die die Empfehlungen der Militärgouverneure enthielten, bis zum 1. September 1948 einen parlamentarischen Rat einzuberufen, der eine Verfassung beraten sollte. Die Ministerpräsidenten der westlichen Zonen beriefen daraufhin eine Konferenz nach Koblenz ein, wo sie zunächst am 7. Juli 1948 den Beschluß faßten, die Empfehlung

[21] vgl. zur folgenden Darstellung Rexin (172), 41 ff
[22] vgl. E. A. (91), 1349
[23] Text des Abkommens a.a.O. (91), 1345 ff
[24] vgl. a.a.O. (91), 1437 f

zur Bildung einer deutschen Nationalversammlung zurückzustellen bis zur Möglichkeit einer gesamtdeutschen Regelung und der Wiederherstellung der deutschen Souveränität. Dieser Beschluß lief allerdings den Vorstellungen der amerikanischen und britischen Militärregierung derart zuwider, daß er revidiert werden mußte. Die Besatzungsmächte waren zur Errichtung eines Weststaates als stabilisierendem Faktor und Bollwerk gegenüber dem Ostblock längst entschlossen. Nach harten Verhandlungen mit der Militärregierung vom 19. bis 22. Juli 1948 mußten diejenigen unter den Ministerpräsidenten, die auf die Möglichkeit einer gesamtdeutschen Regelung warten wollten, dem Druck der Militärgouverneure weichen, die unter anderem mit Konsequenzen für ihre Haltung in Berlin gedroht hatten.[25] Der daraufhin eingesetzte »Parlamentarische Rat« verabschiedete schließlich am 8. Mai 1949, vier Jahre nach der Kapitulation des Deutschen Reiches, das »Grundgesetz für die Bundesrepublik Deutschland«, das von den Militärregierungen gebilligt wurde, und damit war der Weg frei für die Wahlen zu einem ersten Deutschen Bundestag, der am 7. September 1949 eröffnet werden konnte. Die Wahlen hatten den bürgerlichen Parteien eine genügende Mehrheit für eine Regierungsbildung gebracht. Wenig später, am 7. 10. 1949, konstituierte sich auch die »Provisorische Volkskammer der Deutschen Demokratischen Republik« in Ost-Berlin. Der Weg zur Bildung zweier separater deutscher Staaten war abgeschlossen. Im Rahmen dieser Tendenzen, die seit Mitte 1947 immer stärker auf eine Integration der drei westlichen Zonen in das westliche »System« deuteten, müssen nun die Bemühungen der Gewerkschaften gesehen werden, ihre Vorstellungen von einer Demokratisierung der Wirtschaft doch noch zu realisieren. Dazu muß vor allem die Entwicklung der Wirtschaftspolitik der Bizone, die seit Anfang 1947 einen immer deutlicher werdenden restaurativen Kurs zeigte, in die Untersuchung miteinbezogen werden. Hier machten sich nun auch auf deutscher Seite verstärkt politische Kräfte bemerkbar, die eine Zurückdrängung der gewerkschaftlichen Forderungen anstrebten.

---

[25] vgl. dazu die Darstellung dieser Verhandlungen bei Schwarz (180), 608 ff

2. Die Zustimmung der Gewerkschaften zum Marshallplan und die Folgen für die gesamtdeutsche Gewerkschaftseinheit

Für die Rolle, die die Gewerkschaften bei den künftigen Auseinandersetzungen über die Art der Wirtschaftsverfassung spielen wollten, war es von entscheidender Bedeutung, wie sie sich zu dem Angebot des Marshallplans stellen würden. Die Gewerkschaften standen hier vor einem echten Dilemma. Akzeptierten sie den Plan als Ganzes, so mußte ihnen klar sein, daß es mit ihren Vorstellungen für eine fundamentale Neuordnung der Wirtschafts- und Besitzverhältnisse ein für allemal vorbei war. Leisteten sie Widerstand, so war eine Aussicht auf Erfolg nur dann gegeben, wenn dieser Kampf konsequent geführt würde, d. h. über eine Mobilisierung der organisierten Arbeitnehmerschaft, unter Hinweis auf die Folgen des Plans für die wirtschaftliche und damit die politische Einheit Deutschlands. Einer solchen Alternative stand entgegen, daß die Gewerkschaftsführung aller Erfahrung nach vor einer Mobilisierung der Mitgliedschaft zurückscheute und nicht bereit schien, den traditionellen Weg der Einwirkung auf politische Entscheidungen über die befreundeten parlamentarischen Kräfte aufzugeben. Hinzu kam, daß die noch immer nicht beseitigte wirtschaftliche Notsituation das Angebot des europäischen Hilfsprogramms als großzügige Geste der Amerikaner erscheinen ließ, den wirtschaftlichen Notstand in Kürze zu beheben. Hier hätte es einer intensiven und umfassenden Aufklärungsarbeit der Gewerkschaften bedurft, um die politischen Hintergründe des Hilfsangebots deutlich herauszustellen und die Konsequenzen für das politische und wirtschaftliche System aufzuzeigen. Dazu war die Gewerkschaftsführung aber weder bereit noch in der Lage. Sie versuchte deshalb, das Dilemma über einen dritten Weg aufzulösen, der die Vorteile des Marshallplans erhalten sollte, die negativen Folgen für die gewerkschaftlichen Neuordnungsvorstellungen aber vermeiden würde.

Die Zustimmung der Gewerkschaftsführung zum Marshallplan und die Diskussionen innerhalb der Organisation

Auf einer Sitzung des Bundesvorstandes und Beirats des DGB (brit. Zone) am 28. und 29. 8. 1947 sprach der Referent zum Thema Marshallplan [26] deutlich aus, es sei zu befürchten, daß die Amerikaner ihre Kreditgewährung von einer Preisgabe oder zum mindesten von einem Aufschub der Sozialisierung der Grundstoffindustrien abhängig machen würden, obwohl dies zu der offiziellen Direktive vom Juli 1947 (Ziffer 21 c) in Widerspruch stünde. Aus der Diskussion zu diesem Punkt der Tagesordnung zitiert das Protokoll als wesentliche Aussage vor allem die des Gewerkschaftsführers Fritz Tarnow, der der Ansicht Ausdruck gegeben habe, man müsse sich jetzt ohne Zögern zwischen Marshallplan und Molotowplan entscheiden. Zu einer solchen Entscheidung, die in dieser zugespitzten Form eher demagogischen Charakter trug, kam es allerdings nicht. Die Entschließung zum Marshallplan [27], die verabschiedet wurde, begrüßte zwar einerseits die Hilfe, gleichzeitig wollte sie aber keine Einschränkung der gewerkschaftlichen Ziele zugestehen. Die so nach außen hin vertretene Position der Zustimmung bei gleichzeitiger Ablehnung der erkennbaren Konsequenzen stellte zwar eine Art dritten Weg dar, der die Entscheidung zwischen Zustimmung und Ablehnung zu umgehen suchte. Er mußte aber zu einer Selbsttäuschung werden, wenn man sich nicht zugleich dazu entschloß, den negativen Folgen auch mit konsequentem Widerstand zu begegnen und eine Strategie zu erarbeiten, die Zustimmung und Widerstand erfolgversprechend miteinander verband. Davon war freilich weder in der Entschließung die Rede, noch war in der praktischen Politik der Gewerkschaftsführung in den folgenden entscheidenden Monaten etwas davon zu spüren. Die Feststellung der Entschließung, daß »die europäischen Völker einschließlich Deutschlands in demokratischer Freiheit über ihre Sozial- und Wirtschaftsordnung jederzeit selbst bestimmen können« sollten, blieb so eine leere Formel, der die reale von den Amerikanern praktizierte

---

[26] vgl. Protokoll der Sitzung des Bundesvorstands und Beirates des DGB (brit. Zone) am 28./29. 9. 1947, S. 47. Referent zum Thema Marshallplan war Ludwig Wolkersdorf, im Archiv der IG Metall (2)

[27] a.a.O. (2) als Anlage 9 zum Protokoll

Wirtschaftspolitik mit ihrem sehr deutlichen Eingriff in die Wirtschaftsordnung der Westzonen gegenüberstand. Die Illusion, daß sich eine solche Haltung, wie die Gewerkschaftsführung sie in der Marshallplanfrage damit von Beginn an einnahm, irgendwie auf den tatsächlichen Fortgang der Entwicklung auswirken könnte, nährte die Gewerkschaftsführung aber noch im Laufe der folgenden Monate. In der Richtigstellung einer Meldung über eine Rede, die er in England gehalten hatte, betonte Böckler am 27. 9. 1947, daß »die Gewerkschaften nur im alleräußersten Fall, d. h. nur dann, wenn das deutsche Volk vor die Alternative gestellt würde, die Sozialisierung des Bergbaus zu vertagen oder auf den Aufbau seiner Wirtschaft zu verzichten, die Vertagung dem Verhungern vorziehen würde. Aber auch in diesem Fall würden die Gewerkschaften den Kampf um die Sozialisierung mit gesteigerter Energie fortsetzen.« [28] Bemerkenswert ist an dieser Äußerung Böcklers, daß sich die Alternative Vertagen der Sozialisierung oder Verhungern in dieser Schärfe überhaupt nicht stellte, und darüber hinaus von einem Kampf der Gewerkschaften für die Sozialisierung höchstens in der Form gesprochen werden konnte, die schon im Einwirken auf die parlamentarischen Auseinandersetzungen mittels Stellungnahmen und Entschließungen eine Kampfform sah. Die Erklärung Böcklers bedeutete mithin nur, daß man weiter gegen die Konsequenzen des Marshallplans sei, ohne die Anstrengungen des Widerstands zu verstärken.

Eine internationale Gewerkschaftskonferenz in London zum Thema »Europäischer Hilfsplan«, die im März 1948 stattfand, und an der eine deutsche Delegation unter Böcklers Leitung teilnahm, kam bei der Beurteilung des Marshallplans ebenfalls zu positiven Ergebnissen und stützte damit die Haltung der deutschen Gewerkschaftsführer. In Punkt 4 einer gemeinsam verabschiedeten Entschließung hieß es: »Die auf unserer Konferenz vertretenen Gewerkschaften erklären sich entschieden für die Unterstützung des Hilfsplans.« [29] Punkt 6 beschäftigte sich mit den eventuellen Nachteilen für die von den Gewerkschaften vertretene Politik. Dazu hieß es: »Die Konferenz hat die Grundlagen der gegenwärtigen amerikanischen Vorschläge ge-

[28] Erklärung Böcklers in: Der Bund (66) 1. Jg. Nr. 12 v. 27. 9. 1947
[29] s. Internationale Gewerkschaftskonferenz „Europäischer Hilfsplan", Erklärung „Der europäische Hilfsplan und die Gewerkschaften" v. 10. 3. 1948, im Archiv IG Metall (2), als Anlage zu Prot. Anm. 31

prüft und sich davon überzeugt, daß das amerikanische Hilfs-
angebot keine unannehmbaren Bedingungen enthält, und daß
es insbesondere keine Eingriffe in die internen Angelegenheiten
irgendeines der teilhabenden Staaten geben wird.« [30] Diese
Resolution, die schon unter dem Aspekt der Spaltung des Weltgewerkschaftsbundes in eine westlich und eine östlich beeinflußte
internationale Organisation gesehen werden muß, verschloß
die Augen vor der tatsächlich praktizierten Politik etwa in den
westlichen Zonen Deutschlands. Böckler kehrte mit diesem Resultat zu Vorstand und Beirat des DGB (brit. Zone) zurück
und führte am 20. März 1948 einen Beschluß herbei, der seine
Zustimmung zum Marshallplan in London nachträglich billigte. [31] Die einzige Gegenstimme kam von dem kommunistischen Bergarbeiterführer Agatz, der zwar Böcklers Teilnahme
an der Londoner Konferenz, nicht aber seine Zustimmung billigte. Die Frage war also von der Gewerkschaftsführung, nur
gestützt auf ein Beiratsvotum, entschieden worden. Dennoch
konnte die wachsende Opposition gegen diese Entscheidung
innerhalb der Organisation nicht ignoriert werden. Nur auf
ihren Druck hin wurde, wie Böckler später ausdrücklich zugestand [32], ein außerordentlicher Bundeskongreß einberufen. Etwa
ein Jahr nach Verkündung des Marshallplans hatten die Delegierten nun im Juni 1948 in Recklinghausen Gelegenheit zur
Stellungnahme. Böckler hielt selbst das Hauptreferat und verteidigte seine Zustimmung zum Marshallplan mit dem Argument: »Wir können den Plan nicht ablehnen. An wen wollen
wir uns sonst wenden in unserer verzweifelten Notlage, daß er
uns helfend beisteht.« [33] Zur Frage der Verhinderung der Sozialisierung sagte er nur: »Hat Amerika nicht die Möglichkeit,
auch ohne Beteiligung der Westzonen auf die Erhaltung der
großkapitalistischen Bestrebungen hinzuarbeiten? Das Durchsetzen steht aber auf einem anderen Blatt.« [34] Der weitgehend
kommunistischen Opposition gegen die Zustimmung zum Marshallplan hatte man kein eigenes Korreferat auf dem Kongreß
zugestanden; ein Versuch, die Redezeit für den oppositionellen

[30] a.a.O. (2)
[31] vgl. Protokoll der Sitzung des Bundesvorstands und Beirates des DGB
(brit. Zone) am 20. 3. 1948, S. 3 f
[32] vgl. 2. ord. Bundeskongreß DGB (brit. Zone) 1949 (50), 39
[33] Prot. a. o. Kongreß 1948 (49), 39
[34] a.a.O. (49), 42

Wortführer Agatz zu verlängern, wurde mit Mehrheitsbeschluß abgelehnt. Nach acht Diskussionsrednern, von denen fünf, nicht nur Kommunisten, gegen und drei für die Zustimmung gesprochen hatten, wurde mit Mehrheit Schluß der Debatte durchgesetzt und eine Entschließung zur Abstimmung gebracht, die Böcklers Haltung in London sowie die Auffassung des Vorstands und des Beirats in der Marshallplanfrage stützte. Das Protokoll verzeichnete »übergroße Mehrheit« für die Annahme des Antrages. [35]

Da der Unterstützung des Marshallplans, trotz der genannten Vorbehalte, kein sichtbarer Widerstand gegen die schon erfolgten und weiter erfolgenden Eingriffe der amerikanischen Militärregierung in die Sozialisierungs- und Mitbestimmungsvorhaben der Länder folgten, war diese bedingte Zustimmung von einer bedingungslosen Zustimmung in der Wirklichkeit nicht mehr zu unterscheiden.

Das Scheitern der Interzonenkonferenzen und der Bemühungen um eine gesamtdeutsche Gewerkschaftseinheit

Die Londoner Gewerkschaftskonferenz im März 1948 über den Europäischen Hilfsplan war, wie Pirker schreibt, im Grunde genommen die erste Demonstration einer neuen Gewerkschaftsinternationale [36], die sich erst im Dezember 1949 durch Abspaltung vom Weltgewerkschaftsbund als »Internationaler Bund Freier Gewerkschaften« (IBFG) endgültig konstituieren sollte. Zum Zeitpunkt der Londoner Konferenz hatten in Deutschland bereits sieben Interzonenkonferenzen stattgefunden. Auf der sechsten Interzonenkonferenz im Oktober 1947 in Bad Pyrmont war mit knapper Mehrheit ein Beschluß gefaßt worden, der die Einberufung eines gesamtdeutschen Gewerkschaftskongresses für das Frühjahr 1948 vorsah. [37] Gegen die Stimmen der ostzonalen Delegierten wurde dieser Kongreß auf der siebten Interzonenkonferenz im Februar 1948 aufgeschoben und vorerst

---

[35] a.a.O. (49), 64 f
[36] Pirker (166), 85
[37] Die Abstimmung ergab 11 zu 10 Stimmen für einen entsprechenden Beschluß, s. „versprochen – gebrochen" (64), 44

die Bildung eines Zentralrates beschlossen, der Vorbereitungs-
arbeiten erledigen sollte. [38]
Als Ergebnis der Beratungen der Vorstände der Gewerkschaften
der britischen und der amerikanischen Zone am 20. 8. 1947 in
Frankfurt waren bereits ein bizonaler Gewerkschaftsrat und
ein Sekretariat mit Sitz in Frankfurt beschlossen worden, die
im November 1947 in Funktion traten. Zusätzlich hatte man
einen Organisationsausschuß gebildet, der die »überzonale Bewegung der Industrieverbände mitbearbeiten« sollte. Als Ziel
war festgehalten worden, »sobald als möglich für alle Zonen
einen gemeinsamen Deutschen Gewerkschaftsbund zu errichten.« [39] Damit schienen sich parallele Strömungen in den westlichen Zonen und in der Ostzone zu treffen. Aber der Schein
trog. Bei dem Beratungsergebnis vom 20. 8. 1947 in Frankfurt
lag bereits der Schwerpunkt auf dem Zusatz, falls keine vier-
zonale Einigung möglich sei, dann müsse man das schaffen,
was erreichbar sei. Einen gesamtdeutschen Gewerkschaftskongreß mit einer östlich ausgerichteten Mehrheit der Delegierten,
wie sie sich vielleicht aus einer Zusammenarbeit der ostzonalen
Delegierten mit der Opposition in den westzonalen Gewerkschaften ergeben könnte, wollte man auf keinen Fall riskieren.
Da die westliche Seite andererseits aber auch nicht einen Abbruch der Bemühungen um eine gesamtdeutsche Gewerkschaftseinheit provozieren wollte, ließ man die Dinge zunächst weiter
laufen und war lediglich darauf bedacht, nicht zu weitgehende
Zugeständnisse zu machen. So erklärt sich die Taktik des Vor-
schaltens eines gesamtdeutschen gewerkschaftlichen Zentralrats
auf der siebten Interzonenkonferenz, nachdem man im Prinzip
bereits einem gesamtdeutschen Gewerkschaftskongreß zugestimmt hatte. Auf dieser Interzonenkonferenz wurde außerdem
von Fritz Tarnow eine Prinzipienerklärung »Gewerkschaften
und Demokratie« [40] vorgelegt, die ganz auf westdeutsche Verhältnisse zugeschnitten war und für die ostzonalen Vertreter
völlig unannehmbar war, so daß sie schließlich wieder zurückgezogen wurde. Zwar wurde trotz tiefgehender Meinungsver-

38 GBZ (32), 740 f
39 vgl. „Ergebnis der Besprechungen der Bundesvorstände der englischen
   und amerikanischen Zone in Frankfurt/Main am 20. 8. 1947; das Dokument ist unterzeichnet von Böckler, Tarnow, Karl, Schleicher und Richter,
   s. Archiv IG Metall (2)
40 abgedruckt in „versprochen — gebrochen" (64), 71 ff

schiedenheiten die Fortsetzung der Interzonenkonferenzen beschlossen, aber bereits auf der folgenden achten Konferenz im Mai 1948 wirkten die gegensätzlichen Auffassungen über den Marshallplan so stark, daß es nicht mehr wie bisher zur Annahme einer gemeinsamen Entschließung kam. Stattdessen veröffentlichten beide Seiten getrennte Erklärungen neben einer allgemeinen Entschließung, die lediglich die Berichte der Londoner Konferenz und der Konferenz des Westgewerkschaftsbundes (WGB) in Rom zur Kenntnis nahm. [41] Der eingesetzte Arbeitsausschuß zur Bildung eines Zentralrates war ebenfalls nicht weiter vorangekommen. Den offenen Bruch und das vorläufige Ende gesamtdeutscher Gewerkschaftskontakte zur Bildung einer gemeinsamen zentralen Vertretung brachte dann die neunte Interzonenkonferenz im August 1948. Äußerer Anlaß war die Frage der Zulassung der »Unabhängigen Berliner Gewerkschaftsorganisation« (UGO), die sich vom FDGB getrennt hatte und deren Existenz von der westlichen Seite anerkannt wurde. [42] Tatsächlich war angesichts der fortgeschrittenen Entwicklung in Hinsicht auf die Bildung eines Separatstaates in den Westzonen und die grundsätzliche Bereitschaft der westzonalen Gewerkschaften, sich mit der Zustimmung zum Marshallplan in das westeuropäische Wirtschaftssystem einzugliedern, während die ostzonalen Gewerkschaften ihre Position nicht aufgeben konnten und wollten, die Basis für eine weitere gemeinsame Arbeit zu schmal geworden. Der Beirat des DGB (brit. Zone) faßte am 1. 9. 1948 den Beschluß: »Die Teilnahme an den Verhandlungen der Interzonenkonferenz ist bis zu einer Klärung der augenblicklichen und der allgemeinen Situation auszusetzen.« [43]

Die Auseinandersetzung mit der kommunistischen Opposition innerhalb der Gewerkschaften der Westzonen

Parallel mit dem Anwachsen der Spannungen auf interzonaler Ebene zwischen den Gewerkschaften vollzog sich innerhalb der

---

[41] a.a.O. (64), 201 ff
[42] GBZ (32), 745 ff
[43] a.a.O. (32), 75

westzonalen Gewerkschaftsorganisation die Auseinandersetzung mit der kommunistischen Opposition. Die Ausschaltung dieser Opposition wurde von der Gewerkschaftsführung zunächst mit organisatorischen Methoden, später aber auch vermehrt über direkte Ausschlußverfahren betrieben.

Ein Beispiel für die Methode, mittels organisatorischer Neuordnungen den Einfluß der kommunistischen Opposition zu verringern, bieten die vom Vorstand der IG Metall seit 1947 eingeleiteten Bemühungen, das Ortsstatut der Gewerkschaft zu ändern. Bekanntlich waren nach dem Zusammenbruch vor allem die Betriebe die Basis der örtlichen Gewerkschaftsorganisationen, und im allgemeinen waren die Gewerkschaften auf Betriebsgruppenbasis organisiert. Auf Vorschlag einer Statutenberatungskommission, die auf dem ersten Verbandstag der IG Metall (brit. Zone) 1947 in Peine eingesetzt worden war, beschloß der Vorstand der Organisation am 12. 12. 1947, statt der bisherigen Betriebsgruppen nur noch Stadtteilgruppen oder Industriegruppen als organisatorische Grundeinheiten anzuerkennen [44] und statutenmäßig zu verankern. Daraufhin kam es auf dem zweiten Verbandstag der IG Metall im September 1948 zu einer heftigen Debatte über diese Frage. Die Verwaltungsstellen Bochum und Duisburg hatten Anträge auf Neueinführung eines Statutenparagraphen gestellt, der den Betrieb als Grundzelle der Organisation vorsah. [45] Die kommunistische Opposition, deren Basis die Betriebszellen waren, griff in der Diskussion den Vorstand scharf an, der sich mit dem Argument zur Wehr setzte, Gewerkschaftsarbeit sei nicht vom Betrieb her zu machen. Einer der beiden Vorsitzenden, Walter Freitag, erklärte dazu noch: »Aber darüber hinaus gibt es so viele und so große Kulturaufgaben, die die Gewerkschaft zu erfüllen hat, die im Betrieb nicht gelöst werden können, sondern nur in der Wohngemeinde, in der sich das Mitglied befindet. Aus dem Grunde lehnen wir es ab, eine Organisation aufzubauen auf

---

[44] Treibende Kraft scheint hier der Vorsitzende Walter Freitag gewesen zu sein. Seine betont antikommunistische Haltung beschreibt sein Biograph Herberts (145), 24 mit den Worten, nach der Verabschiedung des Betriebsrätegesetzes 1920 „nahm Walter Freitag den Kampf gegen die Loslösung der Betriebsräte vom gewerkschaftlichen Mutterboden auf. Fortan stand er überhaupt in vorderster Front der Auseinandersetzung mit den Kommunisten."

[45] Prot. 2. Verbandstag IG Metall 1948 (39), 232

dieser engen Betriebsorganisation.«[46] Daß es in Wahrheit aber um die Ausschaltung der Kommunisten ging, war allen Beteiligten klar. Der Vorstand setzte sich schließlich mit überwältigender Mehrheit gegen nur elf Stimmen bei 104 anwesenden Delegierten durch.[47] Dieses Ergebnis deutet an, wie schwach die Opposition Mitte 1948 bereits in den Entscheidungsorganen der Gewerkschaft vertreten war. Nach dem Zusammenschluß mit den Gewerkschaften der amerikanischen Zone blieb es in der IG Metall bei diesem Prinzip, obwohl etwa in Bayern vorher die Betriebsgruppe die hundertprozentige Organisationsform war. Die mitgliedsschwächeren Organisationen der süddeutschen Länder konnten sich hier nicht durchsetzen und wollten in dieser Frage die Vereinigung offensichtlich nicht scheitern lassen.[48]

Im Bundesvorstand des DGB (brit. Zone) kam es im Laufe des Jahres 1948 immer häufiger zu Diskussionen über das »zersetzende Treiben der KPD in den Gewerkschaften«[49], dem endlich Einhalt geboten werden müsse. Insbesondere die Auseinandersetzungen um den Marshallplan hatten die Fronten verhärtet. In einer Entschließung des Bundesvorstands und des Beirats des DGB (brit. Zone) vom 19. 5. 1949 wurden dann alle Mitglieder zum wiederholten Male darauf hingewiesen, daß sie die satzungsmäßigen Folgen zu tragen hätten, wenn sie gegen den Paragraphen 8 der DGB-Satzung verstießen, der jedes Mitglied verpflichte, »die absolute Unabhängigkeit der Gewerkschaften den politischen Parteien gegenüber unbedingt sicherzustellen.«[50]

Am 21. März 1950 beschloß der IG Metall-Beirat, die Verbreitung von Druckschriften des FDGB mit Ausschluß zu ahnden. Kein Funktionär dürfe Anweisungen von außen annehmen.[51]

---

[46] a.a.O. (39), 163
[47] a.a.O. (39), 169
[48] Diese Tatsache wurde dem Verfasser von dem ehemaligen stellvertretenden Vorsitzenden der IG Metall, Alois Wöhrle (10), bestätigt, der auch darauf hinwies, daß bei der ganzen Prozedur „der Gedanke vorherrschend (gewesen sei), den Einfluß der kommunistischen Betriebsfunktionäre einzudämmen"
[49] so im Protokoll der Sitzung des Gesamtvorstandes des DGB (brit. Zone) am 27. 9. 1948, S. 1, im Archiv der IG Metall (2)
[50] Entschließung des Bundesvorstands und Beirates des DGB (brit. Zone) v. 19. 5. 1949, im Archiv der IG Metall (2)
[51] Protokoll der Beiratssitzung der IG Metall am 21. 3. 1950, S. 8, im Archiv der IG Metall (2)

1951 verlangte der Vorstand der IG Metall schließlich von allen Funktionären, die der Kommunistischen Partei angehörten, eine Treueerklärung, die eine Distanzierung von der auf dem Parteitag der KPD zuvor beschlossenen These Nr. 37 beinhaltete. [52] Diese These verpflichtete jedes Mitglied der KPD, »sorgfältig Lenins und Stalins Meinungen und Ratschläge über die deutsche Gewerkschaftsbewegung und die Arbeit der Kommunisten in den Gewerkschaften zu studieren und in der täglichen Arbeit anzuwenden.« Die These war begleitet von einer heftigen Polemik gegen die »rechten« Gewerkschaftsführer. Nach Auffassung des Beirates der IG Metall sollten die Mitglieder der KPD diese These als gewerkschaftsfeindlich ablehnen, wenn sie weiterhin Funktionäre der Gewerkschaften sein wollten. [53] Die KPD-Führung ihrerseits untersagte die Unterzeichnung des Revers bei Androhung des Parteiausschlusses. Die kommunistischen Gewerkschaftsfunktionäre standen damit vor der Frage, für welche politische Arbeit sie sich entscheiden sollten. Auf der Vorstandsebene war das Problem bereits durch eine zahlenmäßige Verringerung des Vorstands auf dem ersten ordentlichen Verbandstag der IG Metall 1950 gelöst worden. Die drei kommunistischen Vorstandsmitglieder hatten sich nicht mehr zur Wahl gestellt. [54]

In den anderen Gewerkschaften hatten sich ähnliche Entwicklungen vollzogen, so daß die kommunistische Opposition im Anfang der fünfziger Jahre in den höheren Vertretungsgremien der Gewerkschaften nicht mehr zu finden war. Diese Entwicklung war naturgemäß vor allem von seiten der westlichen Besatzungsmächte begrüßt worden. Clay, der den deutschen Gewerkschaften die Anerkennung dafür ausgesprochen hatte, daß sie »die kommunistische Opposition gegen den Marshallplan in ihren eigenen Reihen besiegt hatten« [55], empfand es als »Höhepunkt (des Verdienstes der Gewerkschaftsführung), als August Schmidt, der tüchtige und gescheite Vorsitzende des Bergarbeiterverbandes, nicht nur die Wiederwahl des kommunistischen zweiten Vorsitzenden, Willy Agatz, verhinderte, sondern auch

---

[52] vgl. Protokoll der Beiratssitzung der IG Metall am 8./9. 9. 1951, S. 13 f, im Archiv der IG Metall (2); betroffen waren rund 346 Funktionäre, der Beirat billigte die Maßnahme gegen eine Stimme.
[53] vgl. den sogenannten KP-Revers, im Archiv der IG Metall (2)
[54] vgl. Prot. 1. ord. Kongreß IG Metall 1950 (41), 334
[55] Clay (13), 324

dafür sorgte, daß überhaupt keine kommunistischen Vertreter in den Zentralrat des Verbandes gelangten.« [56] Auch nach Clays Rückgang in die USA zeigte sich die U.S. High Commission for Germany (HICOG), die Nachfolgerin der Militärregierung, an diesem Problem sehr interessiert und gab, gestützt auf amerikanische Erfahrungen, Ratschläge, wie man sich der Kommunisten in Gewerkschaften entledigen könne. [57]

Zwar wird man nicht unterstellen dürfen, daß die Gewerkschaftsführung in den Westzonen den Ausschluß der Kommunisten betrieb, um die Anerkennung der Besatzungsmächte zu erhalten. Dennoch bedeutete diese Politik, die auf Ausschaltung der Opposition zielte, einen weiteren Schritt der Eingliederung in das westliche Blockdenken. Sie trug dazu bei, Alternativen zur Politik der Gewerkschaftsführung aus der Diskussion auszuschalten und förderte den allgemeinen Trend zur Unbeweglichkeit der Großorganisation im politischen Kampf durch eine Entpolitisierung der Mitgliedschaft.

---

[56] a.a.O. (13), 326 f
[57] vgl. dazu die ausführliche Darstellung bei Gillen (141), 23 f

3. Die Wiederherstellung der liberalen Wettbewerbswirtschaft und der Widerstand der Arbeitnehmer und Gewerkschaften

Die Entwicklung der Wirtschaftspolitik
vom Mindener Zentralamt für Wirtschaft
zum Frankfurter Wirtschaftsrat

Nachdem die Wirtschaftspolitik der britischen und der amerikanischen Zone bis zum September 1946 getrennt nebeneinanderherlief, kamen die Militärgouverneure Clay und Robertson überein, als erste Folge ihrer Verhandlungen über die Schaffung einer Bizone gemeinsame Zentralämter zu gründen, die die einzelnen Maßnahmen der Länderministerien koordinieren sollten. Das wichtige Zentralamt für Wirtschaft, das seit Februar 1946 unter der Leitung des Sozialdemokraten Viktor Agartz stand, blieb zunächst weiter in Minden, wurde aber umstrukturiert. [58] Es bestand nun aus einem Verwaltungsamt für Wirtschaft mit beschränkten exekutiven Befugnissen und einem Verwaltungsrat für Wirtschaft mit beschränkten legislativen Aufgaben. Die Leitung wurde zunächst dem Liberalen Rudolf Mueller übertragen, ab 18. 1. 1947 wieder dem Sozialdemokraten Agartz.
Mit dem Näherrücken des Termins für die Bizonengründung hatte sich die Überzeugung verstärkt, daß die Amerikaner darauf drängten, die Wirtschaftspolitik der Bizone unter ihre Kontrolle zu bekommen. In einer Zonenvorstandsitzung des DGB (brit. Zone) vom 17. 11. 1946 wurde dieser Besorgnis Ausdruck verliehen. Im Protokoll heißt es: »Die Mitglieder des Zonenvorstands können sich mit der beabsichtigten Verlegung der bizonalen Verwaltung für Wirtschaft von Minden nach Frankfurt nicht einverstanden erklären, weil . . . dieser Schritt . . . auch aus politischen Gründen abzulehnen sei, da die Gefahr bestehe, daß

---

[58] s. Amtsbl. Mil.Reg. 1946 (76), 495, s. auch T. Pünder (170), 68 ff. zur Entwicklung der Wirtschaftsverwaltung der brit. Zone und der Bizone vgl. vor allem Vogel (192) Bd. II

die Wirtschaftsverwaltung in der amerikanisch besetzten Zone mehr und mehr den Tendenzen der privatkapitalistischen Industrie unterliegen würde.« [59] Um dem entgegenzuwirken, beschloß man, einen Appell an die britische Militärregierung und an das englische Unterhaus zu richten, sowie die Presse zu instruieren. Damit war die Entwicklung allerdings nicht aufzuhalten, wenn die Verlegung des Mindener Amtes nach Frankfurt auch erst im Juni 1947 mit Gründung des Wirtschaftsrates erfolgte. Bereits im März 1947 war aber dem Verwaltungsamt in Minden durch eine Anordnung der zuständigen »Bipartite Economic Control Group« jegliches Gesetzgebungs- und Verordnungsrecht entzogen worden. Agartz vermutete hinter dieser Maßnahme wohl zu Recht außenpolitische Gründe; sie wurden allerdings in einer Verwaltungsratssitzung vom Vertreter der amerikanischen Militärregierung bestritten. [60]

Die beiden Militärgouverneure Clay und Robertson gaben schließlich im Mai 1947, nach Rücksprache mit Marshall und Bevin, im Anschluß an die gescheiterte Moskauer Konferenz in einer Proklamation der Militärregierung die Neugestaltung der bizonalen Wirtschaftspolitik bekannt. [61] Der Ausbau der deutschen Verwaltung sollte danach durch ein erstes quasi-parlamentarisches Organ, den Wirtschaftsrat, und eine quasi-Regierung, die Direktoren der Verwaltung, sowie eine Art Bundesrat, den sogenannten Exekutivrat, geschehen. Als Sitz des neuen Wirtschaftsrates wurde Frankfurt bestimmt. Zusammengesetzt war der Wirtschaftsrat aus 52 Abgeordneten, die von den Parlamenten der Länder der Bizone nach einem bestimmten Verfahren entsandt wurden. Dem Wirtschaftsrat stand der Exekutivrat zur Seite, der aus je einem Vertreter jedes Landes bestand und von der Länderregierung ernannt wurde. Er hatte die Beschlüsse des Wirtschaftsrates auszuführen, konnte ihm aber auch Empfehlungen zur Beschlußfassung unterbreiten. Außerdem schlug er die Direktoren für die einzelnen Ausschüsse (Verwaltung) vor, die aber vom Wirtschaftsrat gewählt werden mußten. Der Wirtschaftsrat selbst hatte das Recht, Anordnungen für die verschie-

[59] Prot. Zonenvorstandssitzung am 17. 11. 1946 in Bielefeld, S. 3, Archiv der IG Metall (2)
[60] vgl. Prot. Sitzung Verwaltungsrat f. Wirtschaft, 21. 3. 1947, bei Vogel (192) Bd. II, 380 ff, bestätigt bei Gimbel (201), 118 ff
[61] s. Amtsbl. Mil.Reg. 1947 (76), 528, auch bei T. Pünder (170), 370 ff und Clay (13), 200 ff

denen Wirtschaftsgebiete zu beschließen: allgemeine Wirtschaftspolitik, Finanzen, Ernährung, Landwirtschaft sowie Verkehr und Nachrichtenwesen. Diese Anordnungen bedurften allerdings noch der Billigung durch die Militärregierung, um Gesetzeskraft zu erlangen – eine Zustimmung, die in der überwiegenden Zahl der Fälle auch erteilt wurde. [62]

Diese Einrichtung einer wirtschaftlichen Zentralverwaltung auf der Basis einer parlamentarischen Kontrolle von deutscher Seite bedeutete mithin eine Möglichkeit für den Weg zu einer eigenen staatlichen Entwicklung der Westzonen. Von der politischen Besetzung dieses Gremiums hing es entscheidend ab, ob der Weg zu einer separaten wirtschaftlichen Entwicklung in den Westzonen eingeschlagen werden würde, die unweigerlich auch eine weitere politische Separierung der beiden Teile Deutschlands zur Folge haben müßte.

Das Verwaltungsamt für Wirtschaft in Minden unter Leitung des planwirtschaftlich orientierten Viktor Agartz war für die Unternehmer und die ihnen nahestehenden politischen Kräfte, vor allem in der LDP und in der CDU, bereits seit langem eine Zielscheibe der Kritik. Tilman Pünder wertete das Faktum der Ablösung des Liberalen Rudolf Mueller durch Agartz im Januar 1947 schon als Hinweis auf die kommenden Auseinandersetzungen über die Besetzung der entscheidenden Positionen im Wirtschaftsrat, wenn er schreibt, die Ablösung »war ein Politikum ersten Ranges und war rückschauend betrachtet als ein Vorgeplänkel für die Auseinandersetzungen anzusehen, die einige Monate später zwischen einer FDP-CDU-Koalition und der SPD im Wirtschaftsrat über die Gestaltung der bizonalen Wirtschaftspolitik ausgetragen werden sollten.« [63]

Die Zusammensetzung des Wirtschaftsrates, der sich am 25. Juni 1947 konstituierte, erbrachte eine Mehrheit der bürgerlichen Parteien. Die CDU/CSU stellte zwanzig Abgeordnete, die liberalen Parteien FDP, LDP und DVP vier Abgeordnete, das Zentrum zwei Abgeordnete, desgleichen die Deutsche Partei, und dazu kam noch ein Abgeordneter der Wirtschaftlichen Aufbauvereinigung (WAV). Diesen 29 Abgeordneten standen 20 SPD-Abgeordnete und 3 KPD-Abgeordnete gegenüber. Dagegen gab

---

[62] T. Pünder (170), 195 f zählt für die erste Periode nur acht Ablehnungen und achtzehn Änderungswünsche bei 171 vorgelegten Gesetzen.
[63] a.a.O. (170), 71

es im Exekutivrat eine eindeutige Mehrheit der Sozialdemokraten, die auch alle acht Wirtschaftsministerien der Länder zu dieser Zeit innehatten. [64] Entscheidend kam es aber auf die Wahl der Direktoren der Wirtschaftsverwaltung an, die die eigentliche Leitung der bizonalen Verwaltung haben würden, da ihnen der bürokratische Apparat unterstand, sie also gleichsam die Stellung von Ministern einnahmen. Tilman Pünder stellt daher angesichts der Wahl der Direktoren zu Recht fest: »Für beide Gruppen ging es also um die Entscheidung, wer den Kurs der künftigen Wirtschaftspolitik bestimmen sollte, d. h. letztlich darum, ob sich der Wiederaufbau Westdeutschlands nach sozialistischen oder nach liberalen Grundsätzen vollziehen würde.« [65] Der Vorschlag des mehrheitlich sozialdemokratischen Exekutivrats war der einer Großen Koalition zwischen SPD und CDU/CSU, wobei aber das Amt des Wirtschaftsdirektors der SPD zugedacht war. Mit dieser Lösung war die CDU/CSU angesichts der Mehrheitsverhältnisse im Wirtschaftsrat nicht einverstanden. Sie beanspruchte dieses Amt für sich selbst. Die Mehrheit im Wirtschaftsrat verweigerte dem von der SPD nominierten Kandidaten das Vertrauen und setzte sich auch nach heftigen Auseinandersetzungen, vor und hinter den Kulissen, durch. Das Resultat war, daß die SPD sich völlig aus den Direktoriaten zurückzog, der CDU nun alle Direktorenposten überließ und beschloß, in die Opposition zu gehen. Der Fraktionsvorsitzende der SPD, Schoettle, erklärte vor dem Wirtschaftsrat am 23. 7. 1947: »Im Ganzen, meine Herren, erkläre ich namens der Sozialdemokratischen Fraktion, daß wir, obzwar wir durch die Mehrheit dieses Hauses der Möglichkeit beraubt worden sind, in den führenden Stellen bei der Gestaltung des deutschen Wirtschaftslebens positiv mitzuwirken, uns dort nicht versagen werden, wo es um das Schicksal von Millionen Menschen geht, die auf die Sozialdemokratie blicken als den einzigen Garanten dafür, daß ihre Wünsche erfüllt werden und ihre Hoffnungen sich erfüllen.« [66]
Die Parole der SPD hieß »praktische, konstruktive Opposition«. Zum Direktor der Wirtschaftsverwaltung wurde von den bürgerlichen Parteien daraufhin der bayrische Wirtschaftsprüfer Johannes Semler gewählt.

---

[64] a.a.O. (170), 98
[65] a.a.O. (170), 109 ff
[66] a.a.O. (170), 112

Die Entscheidung der SPD für die Opposition beraubte sie in der Folgezeit weitgehend des Einflusses auf die Richtung der Wirtschaftspolitik, obwohl sie bis zu diesem Zeitpunkt in den Wirtschaftsministerien der Länder eine starke Stellung innegehabt hatte. Der Grund für das Sich-Abfinden der SPD mit der Entscheidung der Direktorenwahl lag nicht zuletzt in dem illusionären Glauben, abwarten zu können, bis das für die nahe Zukunft absehbare Versagen der Wirtschaftspolitik der Mehrheit des Wirtschaftsrates eintreten würde, um dann selbst die Wirtschaftspolitik zu übernehmen und die verfahrene Lage zu retten. [67] Da eine solche Politik sich auf eine völlig falsche Beurteilung der wirtschaftlichen Lage stützte, vor allem was die rasche Wiedergesundung der geschwächten kapitalistischen Kräfte betraf, versagte die SPD bei den kommenden Auseinandersetzungen um die Wirtschaftspolitik ständig. Sie konnte nur noch bedauernd feststellen, daß der Politik des Wirtschaftsrates eine klare antisozialistische Konzeption zugrunde lag und die kapitalistische Restauration im Vormarsch war, daß die Personalpolitik innerhalb der einzelnen Verwaltungen des Wirtschaftsrates planmäßig die herrschende Wirtschaftspolitik unterbaute und die Tendenz zur Wiederaufrichtung der freien Unternehmerwirtschaft sich unbeschränkt durchsetzte. [68] Dies zeigte auch deutlich die Auseinandersetzung über das wichtige Bewirtschaftungsnotgesetz im Oktober 1947, die darüber entschied, ob die Bewirtschaftung und Rationierung wichtiger Güter nur für eine begrenzte Dauer, für die Notsituation, aufrechterhalten werden und später wieder beseitigt werden sollte, oder ob die gesamte Wirtschaft nach einem bestimmten Prinzip für die Dauer gelenkt und geplant werden solle. Die Mehrheit des Wirtschaftsrates setzte erwartungsgemäß gegen die Stimmen der SPD und KPD eine befristete Bewirtschaftung durch, so daß der Wirtschaftsrat jederzeit in der Lage war, die Bewirtschaftungsmaßnahmen für einzelne Wirtschaftszweige wieder aufzuheben und dort eine liberale Wettbewerbswirtschaft einzuführen. Die Militärregierung genehmigte das Gesetz am 5. Dezember 1947. [69]

---

[67] zu dieser „opportunistischen" Haltung s. Schütz in: Parteien in der BRD (164), 227 f., Abendroth (114), 435 weist darauf hin, daß diese Beurteilung der Lage „von wirklich marxistisch durchgebildeten Nationalökonomen wie Eugen Varga keineswegs geteilt" wurde

[68] so im Jahrbuch der SPD für 1947 (37), 13 ff

[69] vgl. die Drucksache des Wirtschaftsrates des Vereinigten Wirtschaftsgebietes Nr. 87 v. 31. 10. 1947 und die Darstellung bei Schütz (164), 226

Nachdem auch die Londoner Konferenz im Dezember 1947 ergebnislos zu Ende gegangen war und die Gegensätze zwischen der Sowjetunion und den Westmächten unüberbrückbar schienen, fielen die Bedenken der Militärregierungen in Bezug auf eine Vorwegnahme eventueller gesamtdeutscher Regelungen durch einen zu starken Ausbau der bizonalen Verwaltung völlig. Clay war jetzt entschlossen, zusammen mit Robertson der bizonalen Verwaltung in Frankfurt den Charakter einer echten Regierung zu geben. Dazu erhielten beide die Zustimmung ihrer Außenminister Ende 1947. Clay schreibt über diese Besprechung, »wir erbaten ... die Erlaubnis, der Verwaltungsstruktur der Doppelzone den Charakter, wenn auch nicht den Namen, einer Regierung geben zu können.« [70] Bereits am 9. Februar 1948 konnte die Umbildung des Wirtschaftsrates bekanntgegeben werden, nachdem der Plan im Januar 1948 mit den Spitzen des Wirtschaftsrates und den Regierungschefs der Länder abgesprochen worden war. [71]

Die wesentlichsten Neuordnungen waren: die Verdoppelung der Zahl der Abgeordneten von 52 auf 104, die Bildung eines Verwaltungsrates, der einen Vorsitzenden, den Oberdirektor, erhielt, und dem die übrigen Direktoren der einzelnen Verwaltungsämter gleichsam als Regierungskabinett angehörten, sowie die Umgestaltung des Exekutivrates zu einem Länderrat, in den jedes Land zwei Vertreter entsandte. Die bisherigen exekutiven Befugnisse wurden auf den Verwaltungsrat übertragen, während dem Länderrat nur noch ein Vetorecht bei der Gesetzgebung eingeräumt wurde, das aber durch die absolute Mehrheit des Wirtschaftsrates gebrochen werden konnte. Die Mehrheitsverhältnisse im Wirtschaftsrat änderten sich durch die bloße Verdoppelung der Abgeordneten nicht, wohl aber die Kräfteverhältnisse, und zwar zugunsten der regierenden bürgerlichen Mehrheit, denn die Ausschaltung des sozialdemokratisch beherrschten Länderrats von der Exekutivbefugnis nahm dieser Partei die letzten direkten Einflußmöglichkeiten auf den Kurs der Wirtschaftspolitik. Die notwendig werdende zweite Direktorenwahl erbrachte die erwartete Mehrheit für die Kandidaten der CDU/CSU, vor allem für Hermann Pünder, der damit Oberdirektor wurde, während sich die SPD der Stimme ent-

---

[70] Clay (13), 203
[71] s. Amtsbl. Mil.Reg. 1948 (76), 686, s. auch Pünder (170), 127 f und 377

hielt. Im Länderrat, der die Wahl bestätigen mußte, und in dem nach wie vor die SPD die Mehrheit besaß, ergab sich in geheimer Abstimmung ebenfalls eine Mehrheit für den Kandidaten der CDU. [72] Zum Direktor für Wirtschaft wurde der ehemalige bayerische Wirtschaftsminister Ludwig Erhard gewählt, nachdem Johannes Semler wegen kritischer Äußerungen über alliierte Lebensmittellieferungen den Dienst hatte quittieren müssen.

In seiner »Regierungserklärung« am 16. 3. 1948 machte der neue Oberdirektor sofort deutlich, welchen Wirtschaftskurs er einschlagen werde, als er erklärte: ». . . es wird daher notwendig sein, die Zwangswirtschaft weitgehend abzubauen . . .« [73] Die wichtigste Voraussetzung für den Abbau der »Zwangswirtschaft« war die Durchführung der Währungsreform am 20. Juni 1948, die in Zusammenarbeit mit der Militärregierung von einer Sonderstelle »Geld und Kredit« des Wirtschaftsrates seit Herbst 1947 vorbereitet worden war. Die Währungsreform stellte in ihrer Auswirkung eine einseitige Bevorzugung der Sachwertbesitzer und eine Enteignung der Geldwertbesitzer dar, da lediglich eine Abwertung des Geldes vorgenommen wurde und der Besitz von Grund und Boden, Produktionsmitteln oder gehorteten Waren nicht in die Neuordnung einbezogen worden war. Andererseits verschlechterte die Währungsreform die Situation für die Lohnabhängigen weiter, da in ihrem Gefolge eine Lockerung des Bewirtschaftungsgesetzes und des Preisstopps die Preise für Verbrauchsgüter hochschnellen ließ. Die beiden Gesetze wurden nach einer heftigen Debatte am 17. und 18. Juni 1948, also wenige Tage vor Verkündung der Währungsreform, von der Mehrheit des Wirtschaftsrates durchgesetzt. [74] Dagegen bedeutete die 15 %ige Lohnerhöhung, die aufgrund der Direk-

---

[72] Dr. Hermann Pünder (18) war ein konservativer preußischer Beamter, der, 1933 entlassen, nach dem 20. Juli 1944 verhaftet, aber freigesprochen worden war, und nach 1945 Mitbegründer der CDU und einer der Hauptrivalen Adenauers war. Pünder selbst schreibt, daß im Länderrat nur zwei Vertreter gegen ihn gestimmt hätten, dagegen 14 für ihn; s. Pünder (18), 328 f

[73] a.a.O. (18), 350

[74] Zugrunde lag der Debatte die Drucksache 341 v. 17. 6. 1948 „Entwurf eines Gesetzes zur Änderung des Bewirtschaftungsnotgesetzes"; vgl. auch T. Pünder (170), 303. Hermann Pünder (18), 360 f sieht in der Entscheidung des 18. 6. 1947 die Anfänge der „sozialen Marktwirtschaft" und nennt sie deshalb die bedeutendste der deutschen Nachkriegsgeschichte auf parlamentarischer Ebene.

tive 40 am 29. 4. 1948 [75] von der Militärregierung bestimmt worden war, nur einen schwachen Ausgleich. Die endgültige Aufhebung des Lohnstopps selbst erfolgte erst Monate später, im Dezember 1948, nachdem die Spanne zwischen Löhnen und Preisen immer größer geworden war.

Die Gewerkschaften, die bereits früh Vorschläge für eine Währungsreform entwickelt hatten, die die Geldentwertung mit einem Lastenausgleich verbunden hatten, der sofort in Kraft treten sollte, und eine gleichmäßige Belastung der Geld- und Sachwertbesitzer anstrebte, waren nicht gehört worden bei der Abwicklung der Währungsreform. [76] Die Entscheidung der SPD für die Opposition hatte ohnehin den Einfluß der Gewerkschaften auf die Wirtschaftspolitik weiter geschwächt. Der Wirtschaftsrat selbst war auch nicht bereit, gewerkschaftliche Vorstellungen von einer Mitbestimmung der Wirtschaftspolitik anzuerkennen. Dies kam besonders deutlich zum Ausdruck, als es darum ging, wirtschaftliche Fachstellen einzurichten, die nach Lockerung des Bewirtschaftungsnotgesetzes die Verteilung der Kontingente bei noch bewirtschafteten Waren regeln sollten. Die SPD hatte dazu einen Antrag eingebracht, die Gewerkschaften nicht nur zur Beratung heranzuziehen, sondern eine paritätische Besetzung dieser Stellen vorzunehmen. Obwohl der Gesetzentwurf angenommen worden war, ließ die Verwirklichung auf sich warten. Nach einiger Zeit erarbeitete die Verwaltung für Wirtschaft unter dem massiven Druck der Wirtschaftsverbände [77], die sich in ihre »ureigensten« Angelegenheiten nicht hereinreden lassen wollten, eine neue Verordnung, die nur eine vage Mitwirkung von Gewerkschaftsvertretern zuließ. Da die britische und amerikanische Militärregierung zudem erklärten, sie seien zwar für Mitberatung durch die Gewerkschaften, nicht aber für Mitbestimmung in allen in Frage kommenden Wirtschaftsfachstellen, wurde die Haltung der Wirtschaftsverwaltung weiter gestärkt. Eine überarbeitete Verordnung sah nun

---

[76] vgl. Ind. Rel. Direktive Nr. 40, abgedruckt in GBZ (32), 180 ff; der Lohnstopp war seit der Kontrollratsdirektive 14 v. 12. 10. 1945, s. GBZ (32), 177 ff, in Kraft. Zwischendurch hatte es nur begrenzte Lohnerhöhungen für sogenannte „Problemindustrien" gegeben.

[76] vgl. Opel/Schneider (163), 340, die den Plan „G" der Münchener Gewerkschaften erwähnen. Eine Stellungnahme des WWI zur Währungsreform wurde der Sonderstelle „Geld und Kredit" im April 1948 vorgelegt.

[77] vgl. die Ausführungen Böcklers auf dem 2. Kongreß des DGB (brit. Zone) 1949 (50), 37

vor, daß die Fachstellen als nachgeordnete Dienststellen der Verwaltung für Wirtschaft eingegliedert werden sollten, in den Beiräten sollten nur noch Wirtschaftsverbände, also Unternehmer, vertreten sein. [78] Zu dieser Entwicklung nahm auf dem zweiten Bundestag des Bayrischen Gewerkschaftsbundes im August 1948 Fritz Tarnow Stellung. Er beklagte diese Brüskierung der organisierten Arbeitnehmerschaft, daß, nachdem der Länderrat und der Verwaltungsrat den Gewerkschaftsforderungen entgegengekommen sei, der Wirtschaftsausschuß käme »und schmeißt die Gewerkschaften aus der Mitwirkung und Mitbestimmung heraus.« [79] Nach längeren Auseinandersetzungen über die Frage der wirtschaftlichen Fachstellen, die von Bedeutung für das Problem war, ob die Vertreter der Unternehmerseite in Zukunft allein über die Zuteilung von Rohstoffen, Energie und Kohle zu entscheiden hätten, kam es im Mai 1949 zu einer neuen gesetzlichen Lösung. Zwar waren nun paritätisch besetzte Gremien auf Drängen der Gewerkschaften vorgesehen, aber nur als beratende Beiräte, während die Fachstellen selbst zu Dienststellen der Verwaltung für Wirtschaft wurden, deren Leiter der Direktor der Verwaltung für Wirtschaft einsetzte. Der Direktor hatte auch das Recht zu entscheiden, falls die Mehrheit eines Fachstellenbeirates mit den Maßnahmen des Leiters der Fachstelle nicht einverstanden war. [80] Obwohl damit praktisch eine echte Mitbestimmung der Gewerkschaften ausgeschaltet war, war selbst diese Lösung den Unternehmern noch zu weitgehend. In einem von der Gewerkschaftszeitung »Der Bund« veröffentlichten vertraulichen Rundschreiben des Arbeitgeberverbandes der papiererzeugenden Industrie vom 31. 5. 1949 [81] wurde den Mitgliedern des Verbandes mitgeteilt, daß, nachdem man vergeblich auf eine Versagung der Zustimmung der Besatzungsmächte zu dieser Verordnung gehofft habe, diese Stellen nun hoffentlich bald ebenso verschwänden wie die Bezirkswirtschaftsämter. Bis dahin solle man auf keinen Fall mit den Gewerkschaften in diesen Stellen zusammenarbeiten.

Für die Gewerkschaften bedeutete die Niederlage in der Frage der Mitbestimmung der Wirtschaftspolitik des Frankfurter Wirtschaftsrates durch unmittelbare Einwirkung über Wirt-

---

78 vgl. dazu „Der Bund" (66) Nr. 19 v. 11. 9. 1948 und Nr. 25 v. 4. 12. 1948
79 Prot. 2. Kongr. Bayr. Gewerkschaftsbund 1948 (56), 199
80 vgl. „Der Bund" (66) Nr. 6 v. 12. 3. 1949
81 a.a.O. (66) Nr. 17 v. 13. 8. 1949

schaftsfachstellen das Ende jeden Einflusses auf die Planung und Lenkung, zumal sie sich trotz demonstrativer Protestaktionen und befristeter Streiks nicht entschließen konnten, eine konsequente Auseinandersetzung mit dem Wirtschaftsrat selbst zu führen, sondern sich auf eine Politik der Appelle und von vornerein offenkundig nur deklamatorischer Machtdemonstrationen beschränkten. Die zunehmende »Konsolidierung und Machterweiterung der staatlichen Verwaltung« [82] machte andererseits die Mitarbeit oder Zustimmung der Gewerkschaften inzwischen auch nicht mehr nötig, zumal sich der Verwaltungsrat des Wirtschaftsrates bei seiner Politik auf die alliierten Militärregierungen in hohem Maße stützen konnte. Dies war allerdings auch nötig für ihn, da die Durchsetzung seiner Politik keineswegs ohne den Widerstand der Arbeitnehmer und der Gewerkschaften vonstatten ging.

Die Streiks gegen die Verschlechterung der Ernährungslage und die Folgen der Währungsreform

In einer Besprechung zwischen Vertretern der Gewerkschaft, der Militärregierung und der Treuhandverwaltung Eisen und Stahl hatte Hans Böckler am 15. Oktober 1946 unter Hinweis auf ein Schreiben des gewerkschaftlichen Zonensekretariats an die Militärregierung, das die Frage der Beteiligung der Gewerkschaften an der Neuordnung der Eisen- und Stahlindustrie betraf, erklärt, es sei für die Gewerkschaften von großer Wichtigkeit, möglichst bald die künftige Wirtschaftspolitik zu kennen: »Man müsse sich darüber klar werden, ob künftig die Gewerkschaften eine Kampforganisation oder eine Wirtschaftsorganisation sein müßten.« [83] Böckler selbst ließ keinen Zweifel daran, daß er für das letztere sei und eine feste Verankerung der Gewerkschaften in der neugeordneten Wirtschaft im Sinne einer paritätischen Beteiligung an allen Wirtschaftsorganisationen und den Betriebsleitungen einer Position vorzöge, die den Kampfcharakter der Gewerkschaften betonte. Dennoch hatte er, wie

---

[82] vgl. Hirsch – Weber (146), 66
[83] s. Anm. I, 236

die zur Debatte gestellte Alternative zeigt, offenbar schon die Befürchtung, daß es auch anders kommen könnte, und die Gewerkschaften wieder ihre Rolle als »Kampforganisation« gegen die formierte Macht der Unternehmer und der mit ihnen sympathisierenden staatlichen Bürokratie zu spielen hätten. Offenbar war Böckler aber, trotz dieser Befürchtungen, die nach anderthalb Jahren Herrschaft der Besatzungsmächte sich immerhin als begründet erwiesen hatten, entschlossen, so weit wie möglich auf dem Weg weiterzugehen, der die Integration der Gewerkschaften in ein neugeordnetes Wirtschaftssystem zum Ziel hatte. [84]

Von dieser Zielsetzung her war es verständlich, daß sich Böckler und die Gewerkschaftsführung, die weitgehend diese Auffassungen teilte, größeren Streikbewegungen mit Ablehnung gegenüberstellten und sie, soweit sie unvermeidlich waren, unter strenger Kontrolle zu behalten suchten. Hinzu kam die ablehnende Haltung der Militärregierung gegenüber Unruhen unter der Bevölkerung und besonders unter der Arbeiterschaft.

Das Wohlwollen vor allem der britischen Regierung war aber für die Pläne der Gewerkschaftsführer von großer Bedeutung. Schließlich spielten bei der Zurückhaltung in Bezug auf Streikbewegungen auch die Befürchtungen eine Rolle, damit der kommunistischen Opposition in die Hände zu arbeiten.

Die erste Welle der Streiks und Protestdemonstrationen, die sich gegen die verschlechterte Ernährungslage und die Kürzung der Rationen richtete, erreichte ihren Höhepunkt im Frühjahr 1947. Ende März 1947 kam es in verschiedenen Städten des Ruhrgebiets und des Rheinlandes, aber auch in Niedersachsen und Baden-Württemberg zu Massendemonstrationen und Arbeitsniederlegungen aus Protest gegen die Entziehung von Zulagen für Schwerarbeiter und eine allgemeine Kürzung der Rationen. Presseberichten zufolge demonstrierten zum Beispiel in Rheinhausen 5 000 Menschen, in Düsseldorf 80 000, in Hagen 20 000,

---

[84] In diesem Zusammenhang ist es nicht unbedeutsam, daran zu erinnern, daß Böckler bereits 1918/19 vorübergehend Sekretär der Zentralen Arbeitsgemeinschaft zwischen Gewerkschaften und Unternehmern war. Damals setzte er sich auf der 14. ordentl. Generalversammlung des DMV im Juni 1919, die den Austritt aus der Arbeitsgemeinschaft beschloß, gegen Dissmann und Richard Müller nachdrücklich für eine Politik des Ausgleichs der Interessen zwischen Arbeitgebern und Gewerkschaften ein, vgl. Klein/Viehöfer (191), 34 ff, wo Auszüge von Böcklers Diskussionsbeitrag abgedruckt sind.

in Dortmund 25 000. [85] In zahlreichen Betrieben kam es aus Anlaß der Demonstrationen zu Arbeitsniederlegungen. Zwar läßt sich der genaue Umfang der Protestbewegung nur schwer angeben, da die Nachrichtenübermittlung noch relativ unvollkommen arbeitete, aber die Bewegung, die zustandegekommen war, hatte Ausmaße angenommen, die auch die Militärregierung zur Kenntnisnahme zwang. Am 3. April 1947 gipfelte die Unruhe in einem auf 24 Stunden befristeten Generalstreik der Bergarbeiter aus Protest gegen die Entziehung der Zusatzverpflegung. Der Streik, der zu 95 % befolgt wurde, war in einer Revierkonferenz des Bergbauverbandes am 2. 4. 1947 beschlossen worden. In einer Resolution der Gewerkschaft wurde die Entlassung derjenigen gefordert, die »aus Unfähigkeit oder politischer Böswilligkeit« [86] zu der jetzigen Katastrophe beigetragen hätten. Das richtete sich insbesondere gegen den Ernährungsminister von Nordrhein-Westfalen, Schlange-Schöningen, dem Unfähigkeit und Unkorrektheit bei der Verteilung der Lebensmittel vorgeworfen wurde. Erst Punkt 6 des Katalogs der Forderungen lautete: »Die Sozialisierung ist zu einer Sache des arbeitenden Volkes zu machen.« [87] Im Vordergrund standen eindeutig die unmittelbar drängenden Probleme der Lebensmittelversorgung. Streiks mit eindeutig politischen Forderungen, die über den Horizont der unmittelbaren Bedürfnisse des Überlebens hinausgingen, waren selten. So die sechsstündige Arbeitsniederlegung im Nürnberger MAN-Werk am 5. Februar 1947, die die Entlassung von vier nazistisch vorbelasteten Direktoren im Anschluß an ein Bombenattentat auf ein Nürnberger SPD-Gebäude erzwang. [88]

Die Reaktion der Militärregierung auf den Streik der Bergarbeiter bestand in der Drohung, Militär hinzuzuziehen, um eine ausbrechende Unruhe zu verhindern, und in die Lebensmittelversorgung selbst einzugreifen. Ein Pressebericht sprach davon, »w nn die Zwischenfälle an der Ruhr andauern, so wurde am Donnerstag laut AFP aus Kreisen der britischen Kontrollkommission für Deutschland erklärt, werden die briti-

[85] vgl. Frankf. Rundschau (67) v. 1. 4. 1947, die (auch bei den folgenden Meldungen) Berichte der offiziellen Nachrichtenagenturen Dena und DPD nachdruckte, s. auch Gesch.Arb.Bew. (140) Bd. 6, 207
[86] a.a.O. (67) v. 3. 4. 1947, dort der Wortlaut der Resolution
[87] a.a.O. (67) v. 3. 4. 1947
[88] a.a.O. (67) v. 9. 2. 1947, vgl. auch den Streik bei Thyssen, Anm. I, 139

schen Behörden die Verteilung der Lebensmittel wieder selbst in die Hand nehmen.«[89] Eine amtliche britische Stellungnahme wies darauf hin, daß Arbeitsniederlegungen und Demonstrationen die Ernährungslage keineswegs verbesserten, sondern nur erschwerten.[90] Clay erklärte am 11. 4. 1947 in Berlin dazu: »Die wahren Leidtragenden dieser Demonstrationen sind die Deutschen« und verwies auf die verminderte Kohlenförderung durch Streikausfall.[91] Als die Bewegung im Mai wieder aufflammte, wurden die Stellungnahmen der amerikanischen und britischen Militärregierung schärfer. In Hamburg hatten allein 120 000 Menschen am 9. 5. 1947 demonstriert.[92] Ein Sprecher des britischen Außenministeriums erklärte am 13. 5. 1947, daß britische Truppen selbstverständlich an die etwaigen Unruheherde entsandt werden.[93] Oberst Newman, der amerikanische Kommandant für den Frankfurter Raum, gab am 16. 5. 1947 über Rundfunk bekannt: »Streiks oder andere Umtriebe gegen die Politik der Militärregierung, die in irgendeiner Weise die Forderungen oder Pläne der Besatzungsmacht gefährden könnten, werden in Hessen nicht geduldet werden; dabei spielt es keine Rolle, ob ihr Zweck ein politischer oder ein anderer sein möge. Jede Person oder Gruppe von Personen, die so handelt, wird bestraft werden, und vergessen Sie nicht, daß nach den Gesetzen der Besatzungsarmeen und der Militärregierung die Schuldigen sogar mit der Todesstrafe belegt werden können.«[94] Diese unverhüllte Drohung mit dem Standrecht war aber nur die Abschwächung dessen, was Newman ursprünglich plante. Wie Clay einige Tage später mitteilte, habe Newman auf sein Anraten die Passage aus seiner Rede gestrichen, in der mit der Verhängung des Belagerungszustandes gedroht worden war. Clays Kommentar: »Sie (die Deutschen, E. S.) wissen, daß wir ihn zu jedem gewünschten Zeitpunkt verhängen können.« Das müsse nicht besonders angekündigt werden.[95] Darüber hinaus drohte der amerikanische Kommandant aber auch mit einer Kürzung der Lebensmittellieferungen: »Das Volk der Vereinig-

---

[89] a.a.O. (67), v. 5. 4. 1947
[90] a.a.O. (67), v. 5. 4. 1947
[91] a.a.O. (67) v. 12. 4. 1947
[92] „Der Bund" (66) Nr. 3 v. 24. 5. 1947
[93] Frankf. Rundschau (67) v. 15. 5. 1947
[94] im Wortlaut a.a.O. (67) v. 17. 5. 1947
[95] a.a.O. (67) v. 20. 5. 1947

ten Staaten kennt Ihre Ernährungslage, und es werden alle Anstrengungen gemacht, um Ihnen Ihren Mindestbedarf zur Verfügung zu stellen. Die Frage der Geldzuteilung für diese Zwecke liegt jetzt dem Kongreß der Vereinigten Staaten vor. Jedoch müssen Sie durch Ihre Handlungen beweisen, daß Sie der Ausgaben würdig sind, die von den Vereinigten Staaten getragen werden müssen, um Sie vor dem Verhungern zu retten. Ich muß in aller Offenheit sagen, daß Sie in letzter Zeit Ihrer Sache geschadet haben. General Clay ist gerade aus Washington unterrichtet worden, daß im Kongreß eine entschiedene Neigung besteht, sich weiteren Geldbewilligungen für Lebensmittel für Deutschland zu widersetzen. Dies ist zurückzuführen auf die jüngsten Berichte über Streiks, Androhungen von Streiks und einen gewissen Widerstand in der Haltung gegenüber den Richtlinien der Besatzung, der in letzter Zeit zutage getreten ist.« [96] Die französische Militärregierung drohte anläßlich von Hungerstreiks Ende August 1947 in Rheinland-Pfalz, sie werde wieder mit den Demontagen beginnen, falls nicht unverzüglich die Arbeit aufgenommen würde. [97]

Da sich die Lage nicht wesentlich verbessert hatte, kam es im Juli 1947 zu neuen Protestaktionen, auch in Nordrhein-Westfalen und in Niedersachsen, die sich an einer Kürzung der Brotrationen entzündeten. Der britische Zivilgouverneur von Nordrhein-Westfalen, Ashbury, sagte zwar Verbesserungen zu, erklärte aber erneut, mit Demonstrationen werde die Lebensmittelversorgung nur nachteilig beeinflußt. Ebenso reagierte die Regierung in London. [98]

Die Gewerkschaftsführung war dieser Situation gegenüber in einer schwierigen Lage. Einerseits war schon deutlich geworden, daß die Politik des Wohlverhaltens gegenüber der Militärregierung nicht zu den erwarteten Resultaten geführt hatte, andererseits war sie aber nach wie vor nicht bereit, ihre Forderungen über die Auslösung großer Streikbewegungen durchzusetzen, zumal sie dann mit direkten Repressalien der Militärregierung rechnen mußte, und der Erfolg von Streiks angesichts der harten Haltung der Besatzungsmächte zumindestens zweifelhaft war. Die Unruhe unter der arbeitenden Bevölkerung zu ignorie-

[96] a.a.O. (67) v. 17. 5. 1947
[97] „Der Bund" (66) Nr. 10 v. 30. 8. 1947
[98] a.a.O. (66) Nr. 6 v. 5. 7. 1947

ren, war letztlich aber auch nicht möglich. Balfour, der dieses Dilemma für die Gewerkschaftsführung ebenfalls sieht, schreibt: »Während des Winters 1946/47 bewirkten die Gewerkschaften in verdienstvoller Weise ein Maßhalten der arbeitenden Bevölkerung. Sie waren sich klar darüber, daß ein Widerstand zu jenem Zeitpunkt nur den Kommunisten zugute kommen würde. Aber um bei ihren Mitgliedern nicht an Einfluß zu verlieren, konnten sie es sich nicht leisten, in den Ruf passiver Kollaborateure der Alliierten zu gelangen.«[99]

Der Gewerkschaftsführung, wollte sie nicht die Verbindung zu ihrer Basis verlieren und ihre bisher geübte Politik weiterverfolgen, blieb daher nur eine Wahl. Sie mußte sich so weit wie möglich in die Bewegung einschalten und versuchen, sie unter Kontrolle zu bekommen. Das gelang ihr auch im wesentlichen. Böckler setzte nach dem 24-stündigen Bergarbeiterstreik im April 1947 eine Entschließung durch, deren Kernsatz lautete: »Wir erwarten, daß, nachdem durch die Arbeitsniederlegung unserer Not und Verzweiflung sichtbar Ausdruck verliehen wurde, nunmehr die Wirtschaft vor weiteren Störungen bewahrt wird.«[100] Da die Mehrheit der Arbeitnehmerschaft offenbar nicht bereit oder im Stande war, gegen den Willen der Gewerkschaftsführung die Aktionen auszuweiten, andererseits auf die Streiks und Demonstrationen zunächst eine leichte Verbesserung der Versorgungslage folgte, mußte die Militärregierung nicht direkt eingreifen. Clay gab schon im Mai 1947 zu verstehen, »die Gewerkschaftler hätten ein Höchstmaß an Einsicht bewiesen.«[101]

Zu einer neuen Welle von Proteststreiks und Demonstrationen kam es im Laufe des folgenden Winters. Anfang 1948 hatte sich die Ernährungslage abermals beträchtlich verschlechtert. In Bayern beschlossen die Gewerkschaften für den 23. Januar 1948, einen eintägigen Generalstreik durchzuführen. Damit sollte die bayerische Staatsregierung gezwungen werden, für die »restlose Erfassung der gesamten Erzeugung von Nahrungsmitteln unter Zugrundelegung eines den Bedürfnissen des Gesamtvolkes gerecht werdenden Erfassungssystems« zu sorgen.[102] Außerdem wurde die Regierung aufgefordert, Wirtschaftsver-

[99] Balfour (122), 370
[100] Frankf. Rundschau (67) v. 5. 4. 1947, dort im Wortlaut
[101] a.a.O. (67) v. 15. 5. 1947
[102] Bayer. Gew. Zeitung (68) Nr. 2/1948, 2. Januarhälfte

brechen, insbesondere Schiebergeschäfte, strenger zu ahnden. Da die Regierung nur mit nichtssagenden Erklärungen antwortete, wurde der Streik unter großer Beteiligung durchgeführt. Eine Serie von Verhandlungen zwischen Gewerkschaften und Staatsregierung folgte. Die Gewerkschaftsführung war deshalb bemüht, die Mitglieder von weiteren »Teilaktionen« abzuhalten [103], erreichte aber schließlich in den Verhandlungen nur wenig von dem, was sie gefordert hatte.

Auch in Nordrhein-Westfalen war die Situation im Januar 1948 wieder von heftigen Protesten und Streiks gekennzeichnet. Die Gewerkschaftszeitung »Der Bund« schrieb: »Die Erregung der arbeitenden Bevölkerung über das völlige Versagen der Ernährungswirtschaft hat das Nordrhein- und Ruhrgebiet zu einem brodelnden Kessel gemacht. Die berechtigte Empörung der Massen machte sich in gewaltigen Streiks und Demonstrationen in allen größeren Industriegebieten Luft. Teils flammten diese Aktionen spontan auf, zum Teil aber vollzogen sie sich aufgrund von Funktionärsbeschlüssen und unter der festen Führung der örtlichen Gewerkschaften. Alle Streiks waren im voraus befristet und in der Regel auf die Dauer von 24 Stunden festgelegt.« [104] Trotz dieser Versicherung der Gewerkschaftszeitung, es handele sich um befristete Streiks, verstummten die Rufe nach einem Generalstreik, vor allem von seiten der kommunistischen Opposition, nicht. Die Gewerkschaftsführung berief deshalb eine Funktionärskonferenz für den 30. Januar 1948 nach Mülheim/Ruhr ein. Diese Konferenz des DGB Nordrhein-Westfalen stand im Zeichen heftiger Auseinandersetzungen. Böckler warnte in seiner Rede, die auch im Rundfunk veröffentlicht wurde: »Aber wenn nun immer wieder der Gedanke auftaucht: Generalstreik, dann muß ich mich und müssen sich mit mir alle Verantwortlichen fragen, welches soll der Zweck sein und was kann im günstigsten Fall als Ergebnis herauskommen. Glücklicherweise haben die meisten unserer Kollegen in Nordrhein-Westfalen bislang begriffen, und sie werden es auch fernerhin festhalten, daß der größte Streik uns auch nicht ein einziges Korn, ein einziges Brot mehr bringt.« [105] Böckler setzte sich mit seiner Auffassung schließlich einmal mehr durch. Die

---

[103] a.a.O. (68) Nr. 3/1948, 1. Februarhälfte
[104] „Der Bund" (66) Nr. 4 v. 14. 2. 1948
[105] a.a.O. (66) Nr. 4 v. 14. 2. 1948

Konferenz beschloß lediglich, den Vorstand zu beauftragen, über eine Reihe von Sofortmaßnahmen zur Linderung der Not mit den Besatzungsmächten und den zuständigen deutschen Stellen zu verhandeln, wobei außerdem die Mitwirkung und Kontrolle der Gewerkschaften bei der Ernährungsverwaltung durchzusetzen sei. [106] Damit war das Problem wieder auf die Ebene verschoben, auf die es die Gewerkschaftsführung haben wollte.

Im Gefolge der Währungsreform kam es im August 1948 zu weiteren Massendemonstrationen. In Frankfurt folgten den Aufrufen der örtlichen Gewerkschaftsleitungen 50 000 Menschen, in München 100 000, und auch in Düsseldorf waren es Zehntausende. [107] In Nordrhein-Westfalen organisierten die Gewerkschaften darüber hinaus Käuferstreiks gegen Wucherpreise. [108] In Stuttgart reagierte General Clay am 30. Oktober 1948 auf eine Protestversammlung gegen die überhöhten Preise, in deren Anschluß es zu Gewalthandlungen gegen amerikanische Autos gekommen und Schaufenster eingeschlagen worden waren, mit einem Ausgehverbot für die gesamte Bevölkerung Stuttgarts für mehrere Tage. Eine Maßnahme, die er gegen den Willen des örtlichen Besatzungskommandanten durchsetzte. [109]

In dem Maße, wie nach der Währungsreform die Spanne zwischen Preisen und Einkommen wuchs, wurde auch die Unruhe unter der Arbeitnehmerschaft größer, und die Gewerkschaften sahen sich zu entschiedeneren Maßnahmen gedrängt. Diese Maßnahmen mußten sich diesmal direkt gegen den Wirtschaftsrat und seine Politik richten, die sich zu Lasten der lohnabhängigen Schichten auswirkte. Die Gewerkschaftsführung entschloß sich zu einer befristeten Arbeitseinstellung, die die Arbeitnehmer der gesamten Bizone einbeziehen sollte. In den Vorbesprechungen [110] zeigte sich, daß die Vertreter der britischen Zone an einen 48-stündigen Streik dachten, der eine »Demonstration des gewerkschaftlichen Willens« sein sollte, während die Vertreter der amerikanischen Zone auf einer Sitzung des Gewerkschafts-

[106] a.a.O. (66) Nr. 4 v. 14. 2. 1948
[107] Die westd. Gew. (195), 65
[108] „Der Bund" (66) Nr. 18 v. 28. 8. 1948
[109] Clay (13), 331 f
[110] vgl. Bericht von Albin Karl im Protokoll der Sitzung des Bundesvorstands und Beirats des DGB (brit. Zone) am 8. 11. 1948, S. 1, im Archiv der IG Metall (2).

rates vom 4. bis 6. 11. 1948 in Frankfurt nach längerem Zögern allenfalls zu einer 24-stündigen Arbeitsruhe bereit waren. Außerdem erklärten sich die Post- und Eisenbahnergewerkschaft nicht bereit, sich anzuschließen, was bewirkte, daß um der Einheit willen auch diese Gewerkschaften der britischen Zone ausgeklammert wurden. Als Termin wurde der 12. 11. 1948, ein Freitag, bestimmt. Für die britische Zone unterrichtete Böckler an der Spitze einer Delegation die Generäle Robertson und Bishop von der Streikabsicht. Die Militärregierung erhob keinen Einspruch, da die Demonstration gewerkschaftlichen und keinen politischen Charakter habe, wie Böckler dem Bundesvorstand und Beirat des DGB (brit. Zone) am 8. 11. 1948 mitteilte. [111] Auch Clay äußerte keinen Einspruch, obwohl er später bemerkte, die deutsche Bevölkerung habe der Sache mit gemischten Gefühlen gegenübergestanden, »viele fanden, der Streik verzögere den Wiederaufbau.« [112]

Die Gewerkschaften verbanden mit dem Streik ein Zehn-Punkte-Programm, das »die amtliche Verkündigung des wirtschaftlichen Notstandes« [113] forderte und Vorschläge für Maßnahmen enthielt, wie diesem Notstand abzuhelfen sei: Auch die Forderungen nach Durchführung der Sozialisierung entsprechend den bereits erlassenen Gesetzen fehlten nicht. An der »Demonstration des gewerkschaftlichen Willens« beteiligten sich etwa neun Millionen Menschen, rund 80 Prozent der Aufgerufenen. [114] Böckler erklärte nach der »stillen Demonstration«, die er als Erfolg wertete: »Der Kampf hat begonnen. Wir ruhen erst, wenn die gewerkschaftliche Mitbestimmung in wesentlichen Punkten errungen ist. Bis dahin werden wir die Aktionen in anderer Form fortsetzen. Es wäre uns lieber, wir könnten unsere gewerkschaftliche Kraft auf die Förderung der Produktion konzentrieren.« [115] Das bedeutete mit anderen Wor-

---

[111] a.a.O. (2), im erwähnten Protokoll, Seite 2
[112] Clay (13), 325
[113] Das 10-Punkte-Programm ist abgedruckt in GBZ (32), 279 f, dort auch (S. 278) die Betonung, es habe sich nicht um einen „Streik oder gar Generalstreik" gehandelt, sondern um eine „Demonstration des gewerkschaftlichen Willens".
[114] vgl. a.a.O. (32), 281, die Arbeitgeber sprechen davon, daß von 3000 Betrieben 2100 völlig still gestanden, bei 15 % der Betriebe mehr als 20 % Arbeitswillige waren und bei 10 % wie sonst gearbeitet worden sei, vgl. Deutsche Soz.pol. (23), 75
[115] „Der Bund" (66) Nr. 24 v. 20. 11. 1948

ten, daß nicht daran gedacht war, die Demonstration vom
12. 11. 1948 als Auftakt einer Auseinandersetzung mit dem
Wirtschaftsrat zu verstehen, die eine Entscheidung darüber
hätte herbeiführen müssen, ob die Gewerkschaften in der Lage
waren, dem Wirtschaftsrat den gewerkschaftlichen Willen aufzuzwingen. Der Wirtschaftsrat selbst nahm dann auch sehr gelassen Stellung und lehnte es ab, die von den Gewerkschaften
geforderte Notstandslage zu proklamieren. Nur einige konservative Mitglieder des Wirtschaftsrates ließen sich zu heftigen
antigewerkschaftlichen Ausbrüchen hinreißen, die einen Vor-
geschmack für kommende Auseinandersetzungen gaben. Die
Unternehmer führten den unbestreitbaren organisatorischen
Erfolg des Streiks auf die hervorragende und traditionelle Disziplin des deutschen Arbeiters zurück und sprachen von einem
Produktionsausfall im Wert von 12 Millionen DM. [116] Die sich
anschließenden Auseinandersetzungen um die Besetzung der
wirtschaftlichen Fachstellen zeigten, daß eine Umsetzung der
während des Streiks demonstrierten gewerkschaftlichen Macht
auf der Ebene der vorparlamentarischen Auseinandersetzungen
um den Einfluß auf die Wirtschaftspolitik nicht gelang. [117]
Die Kritik an der Demonstration kam deshalb auch von inner-
gewerkschaftlicher Seite. Die kommunistischen Gewerkschafter
kritisierten vor allem, daß konkrete Streikbeschlüsse durch
nichtssagende Resolutionen ersetzt worden seien, und die Gewerkschaftsbewegung nur bemüht gewesen sei, die Aktion wieder in
parlamentarisches Fahrwasser zu lenken. [118] In einer Sitzung
des IG Metall-Vorstandes wurde Kritik laut, die darauf hin-
auslief, man habe an diesem Tage eine Gewerkschaftsmacht
nur vorgetäuscht. Außerdem hätte man versäumt, eine Urabstimmung durchzuführen, was zur Popularisierung des Streiks
sicherlich beigetragen hätte. [119] Der Bundesvorstand antwortete
auf diese Kritik mit dem Hinweis auf die dann eingetretene
Verzögerung der Aktion, die man habe vermeiden wollen. [120]
Insgesamt blieb ein gewisses Unbehagen über diese bloße De-

[116] Deutsche Soz.pol. (23), 76
[117] vgl. oben Seite 138 ff
[118] Gesch. Arb. Bew. (140) Bd. 6, 300 ff
[119] vgl. Protokoll der Vorstandssitzung der IG Metall v. 10./11. 12. 1948,
    S. 8, im Archiv IG Metall (2)
[120] vgl. Protokoll der Sitzung des Bundesvorstandes und Beirates des DGB
    (brit. Zone) am 16. und 17. 12. 1948, Seite 1, im Archiv IG Metall (2)

monstration der Macht in den Gewerkschaften zurück, da es nicht zu einer tatsächlichen Ausnutzung der sichtbar gewordenen Macht kam.

Daß in gewissem Maße und in Grenzen durchaus die Möglichkeit bestand, die amerikanische Besatzungsmacht und den Wirtschaftsrat zu Zugeständnissen zu zwingen, hatte dagegen ein Vorfall bewiesen, der sich im Frühjahr 1948 abspielte, der sogenannte Fall »Reusch«. Am 10. April 1948 hatte die »Welt« eine Meldung veröffentlicht, wonach eine geplante Kommission zur Untersuchung der Möglichkeiten der Steigerung der Stahlproduktion von Unternehmerseite mit Hermann Reusch besetzt werden sollte. [121] Reusch, der nach dem Zusammenbruch die Leitung des väterlichen Unternehmens, der Guten Hoffnungshütte AG Oberhausen, übernommen hatte, war den Gewerkschaften nicht nur von seiner Weigerung her bekannt, in den entflochtenen Gesellschaften der Eisen- und Stahlindustrie mitzuarbeiten, sondern er galt auch als Exponent jener Kreise der Schwerindustrie, die Hitlers Kriegs- und Rüstungswirtschaft nur zu bereitwillig mitgemacht hatten. Die Gewerkschaften waren deshalb entschlossen, die Berufung Reuschs zu verhindern. Der Bundesvorstand des DGB (brit. Zone) appellierte in diesem Sinne, mit Unterstützung der IG Metall und des Betriebsrates der HOAG, am 16. 4. 1948 an den Wirtschaftsrat, die Berufung rückgängig zu machen. [122] Der Betriebsrat der HOAG rief zu gemeinsamen Aktionen gegen Reusch auf. Anläßlich einer Besprechung zwischen Vertretern der Industrie und der Gewerkschaften machte der amerikanische Colonel Dieter die Gewerkschaften darauf aufmerksam, daß die amerikanischen Vertreter in der Stahlkommission den Fall Reusch zu ihrem Fall gemacht hätten. Es handle sich um eine Prestigeangelegenheit, und wenn der Rücktritt Reuschs erzwungen werde, hätten die Amerikaner den Eindruck, die erste Runde in der britischen Zone verloren zu haben. [123] Die Gewerkschaften waren aber nicht mehr zu einem Rückzieher bereit. Der IG Metall-Vorstand berief für den 22. 5. 1948 eine Konferenz von 600 Delegierten der Eisen- und Stahlindustrie nach Bo-

---

[121] vgl. Akten zum Fall „Reusch", im Archiv des DGB (1)
[122] a.a.O. (1)
[123] vgl. Protokollnotiz über die Besprechung mit Colonel Dieter am 29. 4. 1948, von Gewerkschaftsseite waren anwesend: Potthoff, Deist, Meier und Skrentny, im Archiv des DGB (1)

chum ein, wo für den 25. und 26. Mai 1948 eine Urabstimmung beschlossen wurde, die feststellen sollte, ob die Belegschaften der Hüttenwerke der Ruhrindustrie zu einem Proteststreik gegen die Berufung Reuschs am 1. und 2. Juni 1948 bereit wären. Außerdem wurde beschlossen, »daß in allen Betrieben dann die Arbeit zu ruhen hat, wenn der Ausschuß zur Hebung der Stahlproduktion den Betrieb betritt und sich Dr. Reusch dabei befindet. Die Arbeit ruht so lange, bis Dr. Reusch den Betrieb wieder verlassen hat. «[124] Angesichts dieses entschlossenen Widerstandes wichen sowohl der Wirtschaftsrat als auch die Amerikaner zurück. Es kam am Vortage der geplanten Streikaktion zu Verhandlungen mit dem Hauptausschuß des Wirtschaftsrates in Frankfurt, die damit endeten, daß sowohl der von Gewerkschaftsseite benannte Kandidat als auch Reusch zurückgezogen wurden. Reusch, der sich nur einem Spruch der amerikanischen Besatzungsmacht fügen wollte und die offene Unterstützung von fünfzehn Wirtschaftsverbänden erhalten hatte, die ihn aufforderten, »dem einseitigen Druck nicht zu weichen« [125], wurde nach kurzer Frist von den Amerikanern fallengelassen. Um das Gesicht nicht zu verlieren, wurde die gesamte Kommission wieder gestrichen.

Die Auseinandersetzungen um die Demontagemaßnahmen

Es waren nicht nur Hungerstreiks und Demonstrationen gegen Preissteigerungen, die die Arbeitnehmer auf die Straße brachten, sondern auch die Maßnahmen der Alliierten, die in Potsdam beschlossenen Reparationen mit Hilfe von Demontagemaßnahmen einzutreiben. Hier war die Frontstellung gegenüber den bisherigen Streikbewegungen allerdings grundlegend verändert. Die Gewerkschaften standen hier in einer Reihe – wenn auch mit anderen Motiven – mit den Unternehmern, den Länderregierungen und dem Wirtschaftsrat gegen die alliierten Maßnahmen. Aber auch die Front der Alliierten war keines-

---

[124] Die Resolution ist abgedruckt im Geschäftsbericht IG Metall 1947/48 (29), 10 f
[125] a.a.O. (29), 12

wegs einheitlich. Während die Sowjetunion sofort nach Kriegsende zu demontieren begann und ihre Maßnahmen nach eigener
Erklärung bis Januar 1947 beendet hatte, begannen die Westmächte erst zögernd seit 1947 zu demontieren und mußten sich
eine heftige Opposition in ihren eigenen Parlamenten gefallen
lassen. Besonders in den Vereinigten Staaten wurde der Widerspruch zwischen Hilfsmaßnahmen zum Wiederaufbau der
Wirtschaft, wie sie seit dem Marshallplan offizielle Politik waren, und den Demontagemaßnahmen offen kritisiert. Zwar war
in Potsdam einstimmig die Demontage von Rüstungsbetrieben
beschlossen worden, aber der Streit um die Frage, was Rüstungsbetriebe seien, begann damit erst. Außerdem waren 1947
bereits die meisten ehemaligen Rüstungsbetriebe längst auf
Friedensproduktion umgestellt und stellten wertvolle Arbeits-
plätze dar, gegen deren Demontage sich die Arbeiter zur Wehr
setzten. Hinzu kam, daß zu dieser Zeit bereits das Konkurrenz-
motiv etwa von seiten der britischen Industrie deutlich spürbar
wurde.

Mit der Korrektur des ersten Industrieplans [126] vom 26. 3. 1946
im August 1947 wurde in einem zweiten Teil vom 16. Oktober
1947 auch eine Liste der zu demontierenden Werke veröffentlicht, die insgesamt 682 Betriebe umfaßte, 496 in der britischen
und 186 in der amerikanischen Zone. Ein amerikanischer Ausschuß, der sogenannte Humphrey-Ausschuß, überprüfte noch
einmal die bedeutenderen Unternehmen und lockerte die Liste
etwas. Ein gemeinsamer Ausschuß der Militärregierungen fügte
Kürzungen hinzu, so daß 1948 noch 331 Betriebe, schließlich
nach einer Revision vom 13. 4. 1949 noch 159 Werke auf der
Liste standen.

Die Gewerkschaften hatten bereits nach Veröffentlichung des
ersten Industrieplanes im März 1946 ihre Bedenken in einer
ausführlichen Denkschrift vorgetragen und auf die wirtschaftlichen Gefahren durch die Demontage hingewiesen. Im Herbst
1947 kam es nun nach der Veröffentlichung der konkreten Liste
der betroffenen Betriebe zu heftigen Protesten von deutscher
Seite. Die Gewerkschaftsvorstände der Bizone machten in einer
Entschließung vom 23. 10. 1947 darauf aufmerksam, daß »den

---

[126] vgl. zur Entwicklung der Demontagemaßnahmen und zu den gewerkschaftlichen Reaktionen vor allem Treue/Schrader (188), 34 ff, GBZ (32),
143 ff und Opel/Schneider (163), 364 ff

Gewerkschaftsleitungen bereits zahlreiche Meldungen über die Verzweiflungsstimmung der Belegschaften in den direkt betroffenen Betrieben zugegangen (sind), aber auch über große Unruhe bei der übrigen Arbeiterschaft und der Gesamtbevölkerung«. Sie baten die Besatzungsmächte um Überprüfung der Liste und appellierten schließlich an die deutsche Arbeiterschaft, »sich durch diese neue Prüfung weder zu Boden drücken, noch zu sinnlosen Verzweiflungsausbrüchen hinreißen zu lassen«. [127] Es kam zu Auseinandersetzungen zwischen Böckler und der vor allem betroffenen IG Metall. Böckler vertrat die Meinung, Widerstand in Form eines Generalstreiks oder auch nur von Teilstreiks sei ausgeschlossen, da der Entschluß der Alliierten, wie er nach einer Besprechung mit Robertson erfahren habe, unabänderlich sei. Es gäbe nur den Weg, die Besatzungsmächte zu größtmöglicher Schonung bei der Durchführung der Demontagemaßnahmen zu bewegen. Erschwerend sei aber in diesem Zusammenhang der von der IG Metall vor einiger Zeit gefaßte Beschluß, die Mitglieder im Falle einer Verweigerung der Demontage des eigenen Betriebes nach der Regel der Streikunterstützung zu unterstützen. [128] Dieser Beschluß war im Mai 1947 von einer Bezirkskonferenz der IG Metall gefaßt worden und vom Vorstand ausdrücklich gebilligt worden [129], der auch jetzt nicht bereit war, öffentlich davon abzurücken, obwohl die Diskussion im Vorstand und Beirat ergab, daß Streiks allgemein für zwecklos gehalten wurden. Als es dann im Laufe des Jahres 1948 zu den ersten Demontagen kam, war in den Betrieben deutlicher Widerstand zu spüren, und der Vorstand der IG Metall betonte am 30. 6. 1948 [130] daß er sich außerstande sehe, seinen Mitgliedern Demontagearbeiten zu empfehlen. Es war in einzelnen Fällen des Widerstandes bereits zu Verhaftungen gekommen. Die britische Militärregierung war andererseits entschlossen, diesen Widerstand zu brechen und General Robertson richtete im November 1948 einen direkten Befehl an den Vorstand der IG Metall, in dem in zehn Punkten zwar die Schwierigkeiten der Gewerkschaften anerkannt wurden,

---

[127] vgl. Entschließung v. 23. 10. 1947 in Bad Pyrmont, unterzeichnet von den Vorsitzenden der Gewerkschaftsorgnisationen der Bizone
[128] vgl. Protokoll der Sitzung des erweiterten Bundesvorstands des DGB (brit. Zone) am 20. 10. 1947, S. 1, im Archiv der IG Metall (2)
[129] vgl. Opel/Schneider (163), 366
[130] a.a.O. (163), 369

aber in dem es deutlich hieß: »Es ist nun Ihre Aufgabe, den betreffenden Arbeitern die endgültige Entscheidung mitzuteilen. Das wird Ihnen eine erneute Gelegenheit geben, da, wo örtliche Mißverständnisse vorgekommen sein mögen, diese zu korrigieren, und ich hoffe, daß Sie in der Lage sein werden, mich davon zu benachrichtigen, daß die Arbeit wieder aufgenommen wird, ohne daß die Militärregierung weitere Schritte unternehmen muß.«[131] Schließlich betonte die Militärregierung noch das Außergewöhnliche eines solchen Befehls, der gerade deshalb »die Schwere der Situation« kennzeichne. Dem IG Metall-Vorstand blieb angesichts dieser massiven Drohung wenig mehr übrig, als zu erklären, daß sie ihre Mitglieder nicht kommandieren könne, ihnen aber empfehle, dem Befehl des Gouverneurs die nötige Beachtung zu schenken.[132] Die Gewerkschaftsführungen beschränkten sich nach diesen Drohungen auf Appelle an die Weltöffentlichkeit und auf die Mobilisierung amerikanischer und britischer Gewerkschaften gegen die Demontage. Böckler versuchte Bevin vergeblich persönlich umzustimmen. Außerdem hatte sich die Gewerkschaftsführung entschlossen, in einer deutsch-englischen Kommission mitzuarbeiten, die die Militärregierung berufen hatte, um die offenbar unumgänglichen Demontagemaßnahmen in der Phase der Durchführung beeinflussen zu können.[133] Die Arbeiter blieben sich bei ihrem sporadischen Widerstand weitgehend selbst überlassen.

Zu einer besonders zugespitzten Situation kam es dabei im Fall der Reichswerke in Watenstedt-Salzgitter. Hier hatten die Demontagemaßnahmen im Laufe des Jahres 1948 erst ganz vereinzelt begonnen, und die Betriebsleitung der Reichswerke, die unter Treuhänderschaft standen, hatte ebenso wie der Betriebsrat alle Möglichkeiten wahrgenommen, um Änderungen im Ausmaß der geplanten Demontagen zu erreichen.[134] Nach der Währungsreform war die Arbeitslosenzahl im Gebiet Salzgitter laufend gestiegen und hatte im März 1949 fast 25 Prozent erreicht. Die Landesregierung hielt daraufhin in Salzgitter eine außerordentliche Kabinettssitzung ab und appellierte an die Verantwortlichen, weitere Demontagen aufzugeben. Im

---

[131] a.a.O. (163), 369 f, dort ist der Befehl im Wortlaut abgedruckt
[132] a.a.O. (163), 370
[133] vgl. dazu GBZ (32), 144 ff
[134] s. die Darstellung bei Riedel (173), 135 ff und die Akten Söchtig (4)

August 1949 wurde dagegen die Absicht der britischen Regierung bekannt, weiter zu demontieren. Es kam zu heftigen Protestdemonstrationen des Rates der Stadt Salzgitter und der Belegschaft am 18. 8. 1949. Vor allem durch die Aktivität des Betriebsrates verschwand das Thema dann nicht mehr von der öffentlichen Bühne. Eine Eskalation von Appellen, Interventionen bei der Militärregierung und weiterer Protestkundgebungen, auch unter Einschaltung der Bundesregierung, setzte ein. Der Betriebsrat war sich klar darüber, daß inzwischen eine psychologische Situation eingetreten war, die ein Weitergehen in den Mitteln erlaubte. [135] Als deshalb Anfang Februar 1950 Demontagesprengtrupps mit der Sprengung der Fundamente beginnen wollten, kam es zu einem organisierten Aufstand der Arbeiter, die sich handgreiflich zur Wehr setzten und auch englischen Panzerwagen trotzten. Dieser klug kalkulierte Widerstand kam im rechten Moment und führte in der Folge dazu, daß die Demontagemaßnahmen überprüft und schließlich Ende 1950 eingestellt wurden, so daß ein Teil der Anlagen und Hochöfen gerettet werden konnte.

Insgesamt zeigte sich besonders bei der Demontagefrage, wie entschlossen die Militärregierung vorging, um ihre Absichten durchzusetzen, und daß der politische Spielraum der Gewerkschaften hier sehr gering war. Wenn auch nicht zu verkennen ist, daß die ständigen Appelle und Interventionen von deutscher Seite, Gewerkschaften, Unternehmer, Regierung und anderen, beigetragen haben zu einer Verminderung des Demontageausmaßes, so war es doch hauptsächlich die veränderte Wirtschaftspolitik der demontierenden westlichen Länder gegenüber Deutschland, insbesondere der USA, die entscheidend dazu beitrugen, daß die Ausmaße der Demontage nicht zu lähmend auf die neue Wirtschaft wirkten und schließlich ganz eingestellt wurden. Erst als sich die Erkenntnis des Widerspruchs zwischen Demontage und Hilfsmaßnahmen voll durchgesetzt hatte und als bereits erste Verhandlungen über deutsche Wiederaufrüstung als Folge der verhärteten Ost-West-Fronten zustande kamen, konnte hier der offene Widerstand gegen Anordnungen der Besatzungsmächte ausprobiert werden.

---

[135] vgl. Gespräch mit Söchtig (8), der vor allem darauf hinwies, daß sich das Klima mit dem Beginn der Diskussion um einen deutschen Verteidigungsbeitrag zu bessern begonnen habe

4. Die Eingriffe der Militärregierung in die Versuche einer gesetzlichen Verankerung der Neuordnung von Wirtschaft und Betrieb

Nachdem im vorangegangenen Kapitel dargestellt worden ist, wie die Gewerkschaften aus den überbetrieblichen Entscheidungsgremien der Wirtschaftspolitik herausgedrängt oder von ihnen ferngehalten wurden, ist nun die weitere Entwicklung auf dem Gebiet der Grundstoffindustrien nach dem Beginn der Entflechtungsmaßnahmen zu untersuchen, vor allem im Hinblick auf die Regelung der Eigentumsfrage. Anschließend muß gefragt werden, wie weit es den Gewerkschaften tatsächlich gelang, über die Länderparlamente das Mitbestimmungsrecht der Betriebsräte durchzusetzen, nachdem in die meisten Länderverfassungen entsprechende Verfassungsbestimmungen aufgenommen worden waren.

Die Suspendierung des Sozialisierungsgesetzes in Nordrhein-Westfalen durch die Militärregierung

Der noch ernannte Landtag von Nordrhein-Westfalen hatte bereits am 25. Januar 1947 ein Gesetz zur Enteignung des Kohlebergbaus beschlossen[136], das jedoch nicht die Bestätigung durch die britische Militärregierung erhielt, da über die weiteren Pläne, was mit dem beschlagnahmten Kohlebergbau geschehen sollte, noch nicht entschieden war. In einer ausführlichen Debatte vom 4. bis 6. März 1947 war noch einmal ein Antrag der CDU mit den Stimmen der überwiegenden Mehrheit des Hauses angenommen worden, der neben der Neuordnung der Eisen- und Stahlindustrie sowie der chemischen und übrigen Großindustrie auch die Vergesellschaftung des Bergbaus

---

[136] vgl. Keesing's Archiv 1946/47 (93), 988

auf gemeinwirtschaftlicher Basis vorsah.[137] In seiner Regierungserklärung vom 17. Juni 1947 sprach dann der neugewählte Ministerpräsident Karl Arnold (CDU) davon, daß sich das kapitalistische Wirtschaftssystem an seinen eigenen Gesetzen totgelaufen habe und erklärte: »Für die Neuordnung der Grundstoffindustrie scheiden sowohl das System der bisherigen großkapitalistischen Wirtschaftsweise, wie auch eine einseitige bürokratische Staatswirtschaft aus. Ziel muß vielmehr eine echte Gemeinwirtschaft sein ...«[138] Die SPD brachte daraufhin am 29. 7. 1947 einen Antrag ein, der die Sozialisierung der Kohlewirtschaft zum Inhalt hatte. In der zehnten und elften Landtagssitzung vom 1./2. 8. 1947 wurde darüber debattiert und schließlich von allen Fraktionen eine gemeinsame Erklärung abgegeben[139], die die Militärregierung ersuchte, »die Beschlagnahme des Eigentums an der Kohlewirtschaft aufzuheben« und an eine deutsche Treuhandverwaltung zu übertragen, »damit für die Kohlenwirtschaft eine gemeinwirtschaftliche Ordnung im Sinne der Regierungserklärung vom 17. Juni 1947 herbeigeführt werden kann.« Damit solle verhindert werden, »daß unkontrollierte Privatinteressen auf die Kohlenwirtschaft in unheilvoller Weise Einfluß nehmen.« Während sich die Debatten im Wirtschaftsausschuß des Landtages über die endgültige Fassung des Gesetzes hinzogen, wurde vor allem von der amerikanischen Militärregierung offen gegen Sozialisierungsabsichten Stellung genommen. General Clay erklärte am 14. 8. 1947, kurz nach der Erklärung des Landtages, auf einer Pressekonferenz in Frankfurt, »die gegenwärtigen Schwierigkeiten seien so groß, daß Experimente wie die Sozialisierung nicht vor einer Besserung der allgemeinen Lage vorgenommen werden sollten. Es wäre ein Fehler, wenn sich die Parteien jetzt mit politischen anstatt mit den dringendsten wirtschaftlichen Fragen beschäftigen wollten. Besonders die Industriezweige eines Landes, die für das ganze deutsche Volk von Bedeutung seien, könnten nicht sozialisiert werden, selbst wenn dies in der Verfassung des betreffenden Landes vorgesehen sei, ehe ein Entscheid des gesamten Volkes vorliege.«[140] Clay bezog sich hier

---

[137] Potthoff (168), 50 ff
[138] Prot. Landtag NRW (62), 6. Sitzung, S. 11
[139] a.a.O. (62), 11. Sitzung, S. 103
[140] vgl. Tagesspiegel (73) v. 15. 1. 1947, nach einem Bericht der offiziellen Nachrichtenagentur Dena

offenbar auf seine neue Direktive, er fügte noch unmißverständlich hinzu, »in einer Zeit aber, in der die Vereinigten Staaten aus ihrer eigenen Tasche so viel Geld für die deutsche Wirtschaft ausgäben, müßten sie sich auch das Recht der Entscheidung in wirtschaftlichen Fragen vorbehalten.«[141] Vor allem mit dem letzten Satz hatte Clay deutlich gemacht, daß die amerikanische Besatzungsmacht auf keinen Fall bereit war, eine Entwicklung der Wirtschaft widerstandslos hinzunehmen, die ihren eigenen wirtschaftlichen Interessen zuwiderlief. Clay wiederholte derartige Erklärungen noch mehrmals, so zum Beispiel vor dem Länderrat der amerikanischen Zone in Stuttgart im September 1947.[142] In seinen Erinnerungen führt er noch ein weiteres Argument an, das damals im Hintergrund stand, wenn er schreibt, daß er anläßlich der Dreimächteaußenministerkonferenz in London am 25. 8. 1947 per Kabel eine Stellungnahme abgegeben habe, in der er davon abriet, »alsbald über eine Überführung in Gemeineigentum abstimmen zu lassen, da diese Frage heftige politische Gegensätze auslösen müsse, von denen die Kommunisten auf jede erdenkliche Weise zu profitieren versuchen würden.«[143] Angesichts der Einigkeit, die bei den großen Parteien in Nordrhein-Westfalen zu diesem Zeitpunkt noch über dieses Problem herrschte, kann es sich bei dieser Stellungnahme nur um den Versuch Clays gehandelt haben, durch das Hochspielen des antikommunistischen Motivs eine Entwicklung zu torpedieren, die seinen Interessen und das heißt, den Interessen der Gruppe des amerikanischen »big business«, die er vertrat, zuwiderlief.

Im April 1948, als die dritte Lesung des Gesetzes im nordrhein-westfälischen Landtag anberaumt war, war aber auch in der CDU und in anderen Parteien, ermutigt durch die Haltung der amerikanischen Militärregierung, stärkerer Widerstand spürbar geworden, so daß die Vorlage noch einmal an den Fachausschuß zur Überarbeitung zurückverwiesen werden mußte.[144] Die Verzögerungstaktik wurde dabei besonders von der Gruppe um Adenauer in der CDU betrieben, deren Hoffnungen auf eine

---

[141] a.a.O. (73)
[142] vgl. Deutschland-Jahrbuch (24), 125, so auch bei Gimbel (201), 170
[143] Clay (13), 357
[144] vgl. Prot. Landtag NRW (62) 51. Sitzung, S. 710. Einer Mitteilung der KPD zufolge hat Adenauer sogar im Ältestenrat mit der Sprengung des Bestandes der Regierung gedroht, falls der Antrag noch in der laufenden Legislaturperiode behandelt würde.

Verhinderung des Gesetzes mit dem Aufschieben der dritten Lesung wuchsen. Dennoch kam es im August 1948, ein Jahr nach der Einbringung der Vorlage, auf einer Sondersitzung des Landtages zur Annahme des überarbeiteten SPD-Entwurfs gegen die Stimmen der FDP, einer CDU-Stimme und bei Enthaltung der übrigen CDU-Fraktion. Die KPD stimmte zwar zu, bezeichnete den nun verabschiedeten Entwurf aber als »eher ein Begräbnis der Sozialisierung«. [145] Das verabschiedete Gesetz sah eine Überführung des Bergbaus in Eigentum des Landes vor, die Bildung einer »Selbstverwaltung Kohle«, die im einzelnen die Überführung der Unternehmen in gemeinwirtschaftlichen Besitz durchführen sollte, und eine noch näher zu bestimmende angemessene Entschädigung für die Enteigneten. [146] Die Stellungnahme der Militärregierung wurde dem Landtag bereits am 16. 8. 1948 zugeleitet. Sie enthielt, wie nach den vorausgegangenen Erklärungen und den Kräfteverhältnissen zwischen der USA und Großbritannien in Deutschland zu diesem Zeitpunkt nicht anders zu erwarten war, die Mitteilung, daß die Militärgouverneure den Sozialisierungsbeschluß nicht anerkennen würden. In einem Schreiben an den nordrheinwestfälischen Landtagspräsidenten vom 23. 8. 1948, unterzeichnet von General Bishop, hieß es über die näheren Gründe: »Die Militärregierung vertritt daher die Ansicht, daß die Frage der Sozialisierung der Kohlenindustrie von einer deutschen Regierung und nicht von einer Landesregierung behandelt werden sollte.« [147] Anschließend wies das Schreiben darauf hin, daß die Bildung einer solchen parlamentarischen Organisation für die »verhältnismäßig nahe Zukunft« vorgesehen sei. [148]
Die Gewerkschaften, die das Gesetz begrüßt hatten, wollten sich mit dieser Entscheidung nicht ohne weiteres zufrieden geben. Sie waren sich darüber klar, daß, wie »Der Bund« am 28. 8. 1948 schrieb, »bei dieser Kardinalfrage die endgültige Entscheidung nicht nur im Parlament fällt.« Darum handle es sich bei dem verabschiedeten Gesetz auch zunächst nur um einen »wenn auch prinzipiell sehr wertvollen Anfangserfolg«. Es komme nun darauf an, wann und wie das Gesetz durchgeführt werde.

---

[145] a.a.O. (62) 56. Sitzung, 895
[146] a.a.O. (62) Drucksache II – 583; der Text ist auch abgedruckt in GBZ (32), 106 ff
[147] a.a.O. (62) Drucksache II – 631
[148] a.a.O. (62) Drucksache II – 631

»Deshalb können sich die Gewerkschaften mit dieser Stellungnahme der Militärregierung nicht abfinden, sondern müssen alle gegebenen Möglichkeiten ausnutzen, um die beschlossene Sozialisierung zu verwirklichen.« [149] Offenbar sind von der Gewerkschaftsführung zu diesem Zeitpunkt auch Widerstandsmaßnahmen erwogen worden. Während »Der Bund« vom »notwendigen Einsatz aller Kräfte« [150] sprach, deutete Böckler auf dem zweiten Bundeskongreß des DGB (brit. Zone) im September 1949 an, daß »in jenen kritischen Tagen der Zurückweisung dieses auf ordnungsmäßige Weise zustandegekommenen Beschlusses (über die Sozialisierung der Kohlewirtschaft, E. S.) die Bundesleitung zusammen mit den Industriegewerkschaften sehr ernste Schritte erwog, die getan werden sollten, wenn sich hier weiterer Widerstand zeigte, oder die Dinge allmählich Formen annahmen, die für uns nicht mehr annehmbar waren.« [151] Warum es zu konkreten Widerstandsmaßnahmen dann doch nicht gekommen ist, erläuterte Böckler nicht. Er wies nur darauf hin, daß man das künftige Bundesparlament und die Länderparlamente in dieser Frage weiter drängen werde. Das Zehn-Punkte-Programm, das der gewerkschaftlichen Demonstration vom 12. 11. 1948 zugrundelag, enthielt dieses Problem nur noch als Punkt 8 unter anderen. [152] Lediglich in die nordrhein-westfälische Landesverfassung, die erst im Juni 1950 durch einen Volksentscheid in Kraft trat, konnte ein Artikel (Nr. 21) aufgenommen werden, der die Überführung der Großbetriebe der Grundstoffindustrien in Gemeineigentum vorsah, aber nur Aufforderungscharakter hatte. [153]

Die Zurückstellung der Eigentumsregelung
bei der Neuordnung der Grundstoffindustrien

Ihrer Ablehnung einer Eigentumsneuregelung bei den Grundstoffindustrien entsprechend, konzentrierte die amerikanische

---

[149] vgl. „Der Bund" (66) Nr. 18 v. 28. 8. 1948
[150] a.a.O. (66) Nr. 18 v. 28. 8. 1948
[151] Prot. 2. Kongr. DGB (brit. Zone) 1949 (50), 36
[152] vgl. Anm. II, 113
[153] Verfass. Deutscher Länder (100 a), 239 (heute Artikel 27)

Militärregierung ihre Bemühungen lediglich auf eine Entflechtung dieser Industrien unter eigentumsneutralen Gesichtspunkten. Die Vermutung des SPD-Wirtschaftsexperten Erik Nölting: »Ich habe bisweilen den Eindruck, daß man den Gedanken der Entflechtung stark in den Vordergrund schiebt, weniger um dem Kapitalismus die Giftzähne auszuziehen, als um den Sozialismus selbst zahnlos zu machen«[154], traf durchaus auf die amerikanischen Bemühungen zu.

An der Entflechtung der Eisen- und Stahlindustrie, die im März 1947 ihren Anfang nahm, waren die Gewerkschaften beteiligt durch die Arbeitsdirektoren und Aufsichtsratsmitglieder in den neuen Werken, durch ihren Vertreter in der Treuhandverwaltung, aber auch im Rahmen eines Kontrollausschusses, der zur Verbindung zwischen der Treuhandverwaltung und den von ihr kontrollierten Altgesellschaften gebildet worden war. Die Gewerkschaften waren zur Mitarbeit bereit gewesen, weil sie in der Entflechtung wenigstens einen ersten Schritt zur Zerschlagung der Altkonzerne gesehen hatten. Die Zwischenlösung sollte aber nicht das Endziel verdecken, das Sozialisierung hieß und eine Wiederzusammenfassung der entflochtenen Werke auf höherer Ebene bringen mußte. Um ihre Vorstellungen für den Übergang zur zweiten Phase rechtzeitig den Besatzungsmächten nahezubringen, erarbeiteten die Sachverständigen der Gewerkschaften Pläne, die auch die Bemühungen um ein Sozialisierungsgesetz auf der parlamentarischen Ebene unterstützen sollten.[155]

Die Erfahrungen, die mit der Entflechtung gemacht wurden, wollte allerdings auch der Wirtschaftsrat nutzen und beauftragte daher den Direktor der Verwaltung für Wirtschaft im September 1947 mit einem Bericht über Stand und Auswirkungen der Entflechtung in der Eisen- und Stahlindustrie.[156] Zu diesem Zweck forderte der Wirtschaftsdirektor bei den verschiedenen beteiligten Organisationen, den Altkonzernen, der Treuhandverwaltung und den Gewerkschaften, Berichte an, die ein eigens eingesetzter Ausschuß, die Deißmann-Kommission, zusammenfassen sollte. Die Gewerkschaften beschränkten sich nicht auf diesen Bericht für den Wirtschaftsausschuß, sondern

---

154 vgl. Prot. Landtag NRW (62) 57. Sitzung, 943
155 Damit waren vor allem Dr. Heinrich Deist und Dr. Erich Potthoff befaßt
156 vgl. NESI (38), 524

entwickelten auch eigene Pläne zur Neuorganisation der Eisen- und Stahlindustrie. Während in dem Bericht für die Wirtschaftsverwaltung lediglich ein Überblick über die grundsätzlichen Probleme der Entflechtung aus Gewerkschaftssicht mit dem Hinweis auf das angestrebte Endziel »Gemeinwirtschaft« und eine Ausarbeitung des WWI über die Aufgaben des Arbeitsdirektors gegeben wurde [157], sahen die Neuordnungspläne eine Planung und Lenkung der Eisen- und Stahlindustrie auf gemeinwirtschaftlicher Grundlage vor. Gedacht war dabei im Einzelnen an die Bildung eines »Verwaltungsamtes Eisen und Stahl«, das als öffentliche Lenkungsstelle fungieren sollte, und an einen »Verwaltungsrat Eisen und Stahl«, der als demokratisches Kontrollorgan die Richtlinien für die Tätigkeit des Verwaltungsamtes festzulegen und ihre Ausführung zu überwachen hätte. Eine »Norddeutsche Eisen- und Stahlleitung« sollte als Gesamtorganisation der einzelnen ausgegliederten Werke mit eigenem Vorstand und Aufsichtsrat tätig werden, um die konkreten Aufgaben der Unternehmensleitung durchzuführen. Der Verwaltungsrat sollte paritätisch mit Arbeitgeber- und Gewerkschaftsvertretern besetzt werden, ebenso der Aufsichtsrat der Norddeutschen Eisen- und Stahlleitung, unter Hinzuziehung von Ländervertretern und der Einsetzung eines Arbeitsdirektors im Vorstand dieses Organs. [158]

Der Plan wurde auf einer Sitzung des Bundesvorstandes des DGB am 24. 1. 1948 verabschiedet und Ende des Monats General Robertson, dem britischen Militärgouverneur zugestellt. Der Controller Harris-Burland wurde am 23. 2. 1948 informiert. [159] Es kam zu Verhandlungen zwischen den Vertretern der Militärregierung und der Gewerkschaftsführung, die aber keine direkten Resultate erbrachten. Robertson wiederholte im April 1948 lediglich noch einmal vor dem nordrhein-westfälischen Landtag die Erklärung, daß die Eisen- und Stahlindustrie ihren früheren Eigentümern nicht zurückgegeben werde. Über die endgültige Regelung der Eigentumsverhältnisse werde das deutsche Volk entscheiden. [160] Inzwischen war mit dem 1. April 1948

---

[157] a.a.O. (38), 697 ff
[158] a.a.O. (38), 696 f
[159] vgl. eine Ausarbeitung „Werdegang der Vorschläge zur Neuordnung der Eisen- und Stahlwirtschaft" v. 27. 2. 1948, bei den Akten Potthoff 0—120 im Archiv des DGB (1)
[160] Prot. Landtag NRW (62) 39. Sitzung

die erste Phase der Neuordnung, die Ausgliederung der einzelnen Werke aus den Altkonzernen, so gut wie abgeschlossen. Eine Regelung über die weitere Durchführung der Neuordnungsmaßnahmen von seiten der Besatzungsmächte stand zu erwarten. Die Gewerkschaften überreichten deshalb der amerikanischen und der britischen Militärregierung am 26. 6. 1948 noch einmal eine Denkschrift »Die Produktionssteigerung in der Eisen- und Stahlindustrie« [161], die die organisatorischen Neuordnungsvorschläge von Januar 1948 wiederholte und eine Produktionssteigerung für den Fall voraussagte, daß die Vorschläge der Gewerkschaft in die Tat umgesetzt würden. Am Schluß hieß es, daß der deutsche Arbeiter nur dann das Opfer der Arbeit unter schwierigen Lebensumständen auf Jahre hinaus bringen werde, wenn er die Gewißheit habe, daß die Ergebnisse seiner Arbeit nicht wieder den alten oder neuen Konzernherren zugute kämen. [162] Die Antwort der amerikanischen Militärregierung vom 5. August 1948 war denkbar knapp: »Indem wir Ihre Meinung zur Kenntnis nehmen, möchten wir Ihre Aufmerksamkeit auf die Tatsache lenken, daß der Zweizonen-Wirtschaftsrat und seine Nachfolgeorganisationen die Verantwortung haben, die kollektive Meinung der Bevölkerung der verschiedenen Zonen darzulegen, was die Notwendigkeit künftiger Kontrollen über die Eisen- und Stahlindustrie betrifft.« [163]

Die amerikanische Militärregierung war also nicht bereit, irgendeine Zuständigkeit der Gewerkschaften für dieses Problem anzuerkennen, sondern verwies die Gewerkschaften an den Wirtschaftsrat, der diese Fragen in Vertretung des ganzen Volkes zu entscheiden habe. Auch die U.S.-Stahlkommission, die aus Sachverständigen der amerikanischen Stahlindustrie bestand, hatte den Gewerkschaftsführern in einem Gespräch Ende Juli 1948 schon in deutlicher Form zu verstehen gegeben, daß sie sich für eine Wiederherstellung der privatwirtschaftlichen Grundlage für die Stahlindustrie bei ihrem Bericht an die amerikanische Regierung einsetzen würde. [164] Von britischer Seite

---

[161] NESI (38), 692 ff
[162] a.a.O. (38), 695
[163] Brief des OMGUS, Office of the Staff Secretary v. 5. 8. 1948, unterz. E. G. Gration, Acting Staff Secretary, an Deutscher Gewerkschaftsbund, Düsseldorf, bei den Akten Potthoff 0–120 im Archiv des DGB (1)
[164] vgl. Protokoll der Besprechung zwischen US-Stahlkommission und Gewerkschaften in Düsseldorf v. 28. 7. 1948, a.a.O. (1), Akten Potthoff 0–120

war man dagegen bestrebt gewesen, wie ein Schreiben Harris-Burlands an Böckler vom 12. 7. 1948 zeigt, die Gewerkschaft noch zur Modifizierung ihrer Vorschläge zu bewegen, um eine günstigere Position gegenüber den Amerikanern zu erreichen. Vor allem wurde von dieser Seite dringend von einer Veröffentlichung der Vorschläge abgeraten. [165]

Einen Monat vor der Verkündung des neuen Gesetzes, das die Verordnungen 78 und 56 vom Februar 1947 ablösen sollte, kam es am 11. 10. 1948 noch einmal zu einem ausführlichen Gespräch der Gewerkschaftsführung, Wirtschaftsvertretern und den Militärgouverneuren. Clay kündigte dabei eine Übergangslösung der eigentumsrechtlichen Verhältnisse im Bergbau und in der Stahlindustrie an. Die Gewerkschaftszeitung »Bund« erklärte dazu, sie vermute, daß die Vorschläge dafür aus Unternehmerkreisen stammten, denn Gewerkschaftsvertreter seien nicht befragt worden. [166] Tatsächlich hatten die Konzerne in ihrer Denkschrift für den Wirtschaftsausschuß nicht nur die Entflechtungsmaßnahmen als völkerrechtlich unzulässig, volkswirtschaftlich schädlich und politisch nicht notwendig zurückgewiesen, sondern auch einen Gegenvorschlag angeboten [167], der die Rückgabe des Eigentums unter bestimmten Bedingungen an die Altbesitzer beinhaltete. Als Konzession war an die Garantie des Mitbestimmungsrechtes sowie die Schaffung eines paritätisch besetzten »Eisenrates« gedacht, der eigene Vorschläge für die Neuordnung erarbeiten solle. Auch der zusammenfassende Bericht der »Deißmann-Kommission« lehnte die Sozialisierung ab und wollte lediglich die gewerkschaftliche Mitbestimmung beibehalten wissen. [168]

Das schließlich am 10. 11. 1948 verkündete Gesetz Nr. 75 »Umgestaltung des Deutschen Kohlebergbaus und der Deutschen Eisen- und Stahlindustrie« [169] enthielt keinen Bezug mehr auf das Potsdamer Abkommen. In einer Präambel wurde dafür festgestellt: »Die Militärregierung hat beschlossen, die endgültige Entscheidung über die Eigentumsverhältnisse im Kohlenbergbau und in der Eisen- und Stahlindustrie einer aus freien

---

[165] vgl.Brief von Harris-Burland an Böckler v. 12. 7. 1948, a.a.O. (1), Akten Potthoff 0–120
[166] vgl. „Der Bund" (66) Nr. 22 v. 23. 10. 1948
[167] NESI (38), 556 ff
[168] a.a.O. (38), 669 f
[169] a.a.O. (38), 319 ff, dort der volle Wortlaut des Gesetzes

Wahlen hervorgegangenen, den politischen Willen der Bevölkerung zum Ausdruck bringenden deutschen Regierung zu überlassen.« Ausgeschlossen sollte ein Eigentums- und Kontrollrecht lediglich für jemanden sein, »von dem bekannt ist oder bekannt wird, daß er die Angriffspläne der nationalsozialistischen Partei gefördert hat.« [170] Im übrigen sprach das Gesetz das Verbot übermäßiger Konzentration aus und erneuerte die Beschlagnahme der Vermögensgegenstände. Wichtigster Punkt des neuen Gesetzes war die Gründung einer deutschen »Stahltreuhändervereinigung«, die die weitere Entflechtung durchführen sollte und von der Militärregierung ernannt würde. [171] Die Ernennung dieser Stahltreuhändervereinigung verzögerte sich allerdings von Mal zu Mal. Erst am 4. August 1949 wurden die Stahltreuhänder berufen. Von den elf berufenen Stahltreuhändern waren vier Vertreter der Gewerkschaften. Die Gründe für die Verzögerung lagen, wie Böckler vermutete, bei der Abneigung der Militärbehörden, die Kohlewirtschaft ebenso wie die Eisen- und Stahlindustrie der Neuordnung zu unterwerfen. [172]

Für die Kohlewirtschaft war eine Umwandlung der Deutschen Kohlenbergbauleitung (DKBL) vorgesehen. Die DKBL wurde im Juni 1949 mit der Durchführung von Neuordnungsplänen beauftragt. Hier waren die Gewerkschaften nur sehr unzureichend vertreten und bemühten sich vergeblich, eine ähnliche Regelung wie bei Eisen und Stahl zu erreichen. [173]

Bereits bei der Verkündung des Gesetzes Nr. 75 hatte der Vertreter der OMGUS, Philip Hawkins, der Nachfolger J. St. Martins, zu der Bestimmung über die endgültige Entscheidung über die Eigentumsverhältnisse einschränkend bemerkt, daß man von einer etwaigen Sozialisierung der betreffenden Industrien keinen günstigen Einfluß auf die westdeutschen Wirtschaftsverhältnisse erwarte. [174] Tatsächlich waren die Bestimmungen, die sich auf die Eigentumsregelung bezogen, auch nur auf britisches Drängen noch aufgenommen, wie aus Clays Erinnerungen hervorgeht. [175] Auf amerikanischer Seite war man

---

[170] a.a.O. (38), 319
[171] a.a.O. (38), 320
[172] Prot. 2. Bundeskongreß DGB 1949 (50), 36
[173] vgl. die Denkschriften des DGB zu diesem Problem in: GBZ (32), 123 ff
[174] vgl. „Der Bund" (66) Nr. 24 v. 20. 11. 1948
[175] Clay (13), 370

von einer Neuordnung der Eisen- und Stahlindustrie auf privatwirtschaftlicher Grundlage offenbar bereits überzeugt. Auch die Arbeitgebervertreter gewannen hier ständig stärker an Einfluß. Der spätere Vorsitzende der Arbeitgeberverbände, Raymond, erinnert sich an Verhandlungen mit Clay und Robertson über die Neugründung der Bundesvereinigung der Deutschen Arbeitgeberverbände. Falls die Satzungen nicht in Übereinstimmung mit den gesetzlichen Bestimmungen zu bringen seien, »dann«, so sagte Clay wörtlich, »werden wir das Gesetz ändern.« Das sei mehr gewesen, als zu erwarten war. [176] So kam es auch zum ersten überzonalen Zusammenschluß der Arbeitgeberverbände vor dem der Gewerkschaften. Bezeichnend für diese wiedererrungene Machtstellung war auch, daß es ehemals belasteten und inzwischen freigekommenen Wehrwirtschaftsführern, wie Wilhelm Zangen, Anfang 1949 bereits wieder gelingen konnte, gegen den Protest der Betriebsräte, den Aufsichtsratsvorsitz in einem seiner alten Mannesmannbetriebe zu übernehmen, und sogar als Liquidator von Alt-Mannesmann von der Treuhandverwaltung eingesetzt zu werden. Es war nicht erstaunlich, daß sich Zangen sofort wieder bemühte, den alten Konzern neu zusammenzufassen. [177]

Bundesvorstand und Beirat des DGB (brit. Zone) sahen sich im Mai 1949, vier Jahre nach dem Zusammenbruch, gezwungen, vor dem Eindringen der maßgeblichen Leiter der alten Konzerne in ihre alten Stellungen zu warnen. [178] Eine Unterstützung von amerikanischer Seite war hier nicht mehr zu erwarten. In einer Entschließung des Kongresses der AFL im November 1948, die scharfe Kritik an der mangelnden Hinzuziehung der Gewerkschaften bei der demokratischen Neuordnung durch die Militärregierung übte und die Verweigerung der Zustimmung zu den demokratisch zustandegekommenen Sozialisierungsgesetzen verurteilte, hieß es abschließend sehr treffend: »Die kürzlich hervorgetretene Feindseligkeit der amerikanischen Militärregierung in Deutschland gegen die Gewerkschaftsbewegung ist nur ein Reflex der (gewerkschaftsfeindlichen, E. S.) Taft-Hartley-Haltung in unserem eigenen Land.« [179]

---

[176] Vorwerk/Raymond (193), 35
[177] vgl. dazu die Akten zur Affäre Zangen im Archiv der IG Metall (2)
[178] Entschließung vom Bundesvorstand und Beirat des DGB (brit. Zone) zur Kohlen- und Eisenwirtschaft v. 19. 5. 1949, a.a.O. (2)
[179] abgedruckt in: „Der Bund" (66) Nr. 2 v. 15. 1. 1949

Zu den vergeblichen Bemühungen der Gewerkschaften, durch
Einwirkung auf die Militärregierung zu einer Lösung der Eigentumsregelung in den Grundstoffindustrien in dem von ihnen
gewünschten Sinne zu kommen, zählte auch die Auseinandersetzung um das Ruhrstatut, das im Dezember 1948 im Entwurf
vorlag und am 28. 4. 1949 unterzeichnet wurde. Auch hier war
nur das Verbot übermäßiger Konzentration ausgesprochen, ohne
aber die Möglichkeit gemeinwirtschaftlicher Lösungen nur zu
erwähnen. [180]

Die Suspendierung des wirtschaftlichen Mitbestimmungsrechts
in den Betriebsrätegesetzen der Länder

Wie im Falle der Sozialisierung waren auch bei den Bemühungen um die gesetzliche Sicherung des wirtschaftlichen Mitbestimmungsrechts der Betriebsräte in einer Reihe von Länderverfassungen Bestimmungen aufgenommen worden, die den
Vorstellungen der Gewerkschaften entsprochen hatten. Auf die
angekündigten Ausführungsgesetze der Länder konzentrierten
sich daher seit Mitte 1947 die Bemühungen der Gewerkschaften.
Dabei war ihre Einwirkungsmöglichkeit auf die Verabschiedung
dieser Gesetze nur mittelbar, über die ihnen nahestehenden Parteien, gegeben. Diese Parteien waren andererseits in vielen Fällen wieder an Koalitionen mit bürgerlichen Parteien gebunden,
die ihren politischen Spielraum einschränkten, so daß die Gewerkschaften von vornherein nicht damit rechnen konnten, ihre
Vorstellungen voll realisiert zu sehen.
Die Vorstellungen der Gewerkschaften von solchen Gesetzen
waren in allen Zonen offenbar die gleichen, wie sich an einer
Entschließung der fünften Interzonenkonferenz im August 1947
in Badenweiler zeigte. [181] Nach entsprechender Vorarbeit durch
eine Kommission, der Vertreter aller Zonen und Berlins angehört hatten, beschloß die Konferenz nach einem Referat des
hessischen Gewerkschaftsvorsitzenden Willi Richter gemeinsame
»Richtlinien der Gewerkschaften für die Arbeit der Betriebs-

---

[180] vgl. die Stellungnahmen des DGB (brit. Zone) in: GBZ (32), 139 ff
[181] Text in GBZ (32), 731 ff

räte«. Dabei wurde als rechtliche Grundlage für die Tätigkeit der Betriebsräte noch das Kontrollratsgesetz Nr. 22 angenommen. Das Mitbestimmungsrecht des Betriebsrats in wirtschaftlichen Fragen sollte auf der Basis der Gleichberechtigung mit dem Unternehmer aufgebaut werden. Es sollte sich auf Art und Festlegung der Produktion, auf Entscheidungen über Investitionen, neue Arbeits- und Fabrikationsmethoden, auf Maßnahmen der Betriebseinschränkung und Fusionierung, auf die Bestimmung des Absatzes, Kalkulation und Preisfestsetzung und auf die Verhinderung konzernmäßiger Bindungen des Betriebes erstrecken. Dazu sollte dem Betriebsrat Einsicht in alle Geschäftsunterlagen gewährt sein mit den erforderlichen Informationen durch die Geschäftsleitung. Sofern ein Aufsichtsrat bestünde, sollten Vertreter des Betriebsrates an den Sitzungen teilnehmen dürfen. Alle diese Rechte sollten unter Anleitung der Gewerkschaft und in enger Zusammenarbeit mit ihr ausgeübt werden. Die Betriebsräte wurden ausdrücklich als Funktionäre der Gewerkschaften definiert. Die Gewerkschaften sollten jederzeit das Recht haben, ihre Vertreter zu allen Sitzungen des Betriebsrates und zu Belegschaftsversammlungen zu entsenden. Sie sollten auch dafür Sorge tragen, daß der Betriebsrat seinen Verpflichtungen nachkäme. Das bedeutete insgesamt, daß der Betriebsrat nicht mehr eine Stellung zwischen Gewerkschaft und Unternehmensleitung innegehabt hätte, sondern als Vertreter der Interessen von Belegschaft und Gewerkschaft dem Arbeitgeber gegenübergestellt wäre. Damit wäre auch seine Abhängigkeit von dem Betrieb, dem er angehörte, zumindest stark verringert worden.

Wieviel von diesem Maximalprogramm in den westlichen Besatzungszonen allerdings durchgesetzt werden konnte, hing vom Verhalten der Militärregierung ebenso ab wie von dem der Gewerkschaften selbst. Mit energischem Widerstand der Unternehmer, für die solche Gesetze einen Einbruch in die eigene Machtposition bedeuteten, war von vornherein zu rechnen. Aber die Gewerkschaftsführungen waren, wie sich schon im Fall der Betriebsvereinbarungen gezeigt hatte, nicht dazu bereit, eine eigenständige Bewegung der Betriebsräte und der Belegschaften zu entfachen, die ihren Forderungen den gebührenden Nachdruck verliehen hätte. Sie verließen sich auf die mittelbare Einwirkung auf höchster Ebene, auf die Fraktionsspitzen der befreundeten Parteien.

Als am weitesten den Forderungen der Gewerkschaften entsprechend kann der Entwurf für ein Betriebsrätegesetz in Hessen angesehen werden. [182] Hier hatte auf Veranlassung des Länderrats der amerikanischen Zone das Hessische Arbeitsministerium bereits Ende 1946 einen Durchführungs- und Ergänzungsentwurf zum Kontrollratsgesetz Nr. 22 erarbeitet. Er wurde vom Hessischen Kabinett am 27. 11. 1946 verabschiedet. Die anschließenden Landtagswahlen unterbrachen diese Bemühungen zunächst, aber mit der Annahme des Art. 37 der Verfassung, der das wirtschaftliche Mitbestimmungsrecht der Betriebsvertretungen vorsah, konnte die Arbeit fortgesetzt werden. Im Februar/März 1947 wurde bereits ein neuer Entwurf zur Diskussion gestellt und nach Verhandlungen mit Arbeitgeberverbänden und Gewerkschaften in überarbeiteter Form schließlich am 1. Dezember 1947 als Regierungsentwurf dem Landtag zugeleitet. Nach längeren Beratungen wurde er schließlich am 26. Mai 1948 mit den Stimmen der SPD, CDU und KPD gegen die Stimmen der LDP verabschiedet. Die Genehmigung durch die Militärregierung ließ allerdings auf sich warten. Auf Drängen der hessischen Landesregierung kam es zu Verhandlungen, die aber resultatlos verliefen. Am 12. August 1948 veranstalteten die Gewerkschaften große Protestkundgebungen für die Anerkennung des Gesetzes durch die amerikanische Militärregierung, an denen sich in ganz Hessen etwa 300 000 Arbeitnehmer beteiligten. [183] Am 3. September 1948 gab Clay schließlich durch eine Erklärung bekannt, daß die für das wirtschaftliche Mitbestimmungsrecht der Gewerkschaften entscheidenden Paragraphen 30, Abs. 1; 32, Abs. 1 und 52 bis 55 suspendiert seien. [184] Clay berief sich bei seiner Entscheidung, wie im fast gleichzeitigen Fall der Sozialisierungsgesetze in Nordrhein-Westfalen, auf die Ansicht, derart weitgehende wirtschaftspolitische Entscheidungen könnten nur von einer Regierung beschlossen werden, die die gesamte Bevölkerung verträte. Das wirkliche Motiv war auch hier deutlich ein Eingriff zugunsten der privatkapita-

---

[182] vgl. zur folgenden Darstellung Engler (89)
[183] vgl. „Der Bund" (66) Nr. 18 v. 28. 8. 1948
[184] s. Engler (90), 147 ff, die suspendierten Paragraphen entsprachen weitgehend den Richtlinien der Interzonenkonferenz, vgl. auch Anm. 181, vgl. auch Engler (89), XIX ff, erst nach Gründung der BRD und dem Inkrafttreten des Besatzungsstatuts wurde die Suspension aufgehoben, am 7. 4. 1950; vgl. auch Gillen (141), 37 f

listischen Wirtschaftsordnung. Bei Gillen findet sich der Hinweis, daß man bei der Manpower Division von OMGUS (dem amerikanischen Hauptquartier) allgemein der Meinung war, Clays Widerstand habe sich gegen jede Betrauung der Arbeitnehmerseite mit Funktionen, die seiner Auffassung nach zum Management gehörten, gerichtet. [185]

In der Folgezeit kam es noch zu weiteren Betriebsrätegesetzen. In Württemberg-Baden, wo das Betriebsrätegesetz am 18. 8. 1949 verabschiedet worden war, wurden die Paragraphen 20 bis 24 und 29 suspendiert, da sie ein wirtschaftliches Mitbestimmungsrecht enthielten (Schreiben Clays vom 7. 10. 1948). [186] In Baden sollte das wirtschaftliche Mitbestimmungsrecht nach Paragraph 23 über Fachkommissionen von Betriebsräten und Gewerkschaftsvertretern ausgeübt werden. Das Fachkommissionsgesetz, das wie das badische Betriebsrätegesetz, am 24. 9. 1948 verabschiedet worden war, konnte jedoch durch ein Veto der französischen Militärregierung nicht in Kraft treten. [187] In Bremen wurde am 10. 1. 1948 ein Betriebsrätegesetz verabschiedet. Das verfassungsmäßig durch Volksentscheid festgelegte wirtschaftliche Mitbestimmungsrecht konnte wegen eines Einspruchs der amerikanischen Militärregierung gar nicht erst ins Gesetz aufgenommen werden. [188] Vor einem Eingriff der Militärregierung blieb dagegen das Bayerische Betriebsrätegesetz verschont, da es erst nach Gründung der Bundesrepublik am 25. 10. 1950 in Kraft trat. Allerdings enthielt es auch nur personelle und soziale Mitbestimmungsrechte. Im wirtschaftlichen Bereich war nur ein sehr begrenztes Mitwirkungsrecht verankert, das sich auf größere Betriebe beschränkte und lediglich eine Informationspflicht der Betriebsführung gegenüber dem Betriebsrat vorsah (Art. 91 bis 93). Übrig blieb von den Gewerkschaftsforderungen auf diesem Gebiet nur das Recht zur Entsendung von zwei Betriebsratsmitgliedern in den Aufsichtsrat. [189] In Nordrhein-Westfalen, wo es entsprechend der verzögerten Verfassungsentwicklung in der britischen Zone zu einem Betriebsrätegesetz nicht mehr kam, scheiterte ein Versuch, die

185 Gillen (141), 37 f. Clay befürchtete zudem kommunistischen Einfluß in den Betriebsräten, Gimbel (201), 235 f
186 Löwisch-Müller (94), 8
187 Mitbest. und Arbeitsrecht (96), 4
188 Bremisches Betriebsrätegesetz (79), 3
189 Meissinger-Raumer (95), 155 ff

wirtschaftliche Mitbestimmung der Betriebsräte gesetzlich zu verankern, ebenfalls am Einspruch der Militärregierung. Hier hatte der Landtag von Nordrhein-Westfalen im Sommer 1947 bereits ein Gesetz verabschiedet, das die Mitunterzeichnung der Produktionsmeldungen durch die Betriebsräte vorsah. Dieses Gesetz, vor allem gegen Kompensations- und Hortungsgeschäfte gerichtet, sollte den Betriebsräten und Gewerkschaften eine gewisse Kontrolle über die Produktion sichern. Der Widerstand der Industrie- und Handelskammern sowie der Wirtschaftsverbände war deshalb besonders heftig. Das Gesetz wurde von der britischen Militärregierung nicht genehmigt. [190]

Die ausführliche Studie des amerikanischen Historikers Gimbel, der als erster die Archive der amerikanischen Militärregierung für Deutschland (OMGUS) auswerten konnte, zeigt, daß es Clay und seinen Mitarbeitern vor allem darauf ankam, Ansätze zu einer Verankerung des wirtschaftlichen Mitbestimmungsrechts für Betriebsräte ebenso zu verhindern wie die Sozialisierung der Grundstoffindustrien und der Banken. Die Interessen gingen ihm, wie Gimbel bemerkt, immer über die Prinzipien. Er scheute sich nicht, vom Standpunkt des Zentralismus oder des Föderalismus zu argumentieren, wie es ihm gerade paßte. [190a]

---

[190] vgl. GBZ-Sonderdruck (22), 660 f
[190a] Gimbel (201), 236 f und 243

5. Die Situation der Gewerkschaften der Westzonen bei ihrem Zusammenschluß zum Deutschen Gewerkschaftsbund im Oktober 1949

Nachdem unter dem Druck der Ost-West-Spannungen eine gesamtdeutsche Gewerkschaftseinheit immer unwahrscheinlicher geworden war, kam es am 13. Oktober 1949, nach der Gründung der Bundesrepublik, auch zum Zusammenschluß der Gewerkschaften der westlichen Besatzungszonen zum Deutschen Gewerkschaftsbund. Der neue Gewerkschaftsbund umfaßte fast fünf Millionen Mitglieder. [191] Das Prinzip der Einheitsgewerkschaft auf der Basis der Industrieverbände wurde beibehalten, obschon es nach der Separatentwicklung vor allem der Deutschen Angestelltengewerkschaft nicht voll hatte durchgesetzt werden können. Der relativ festen Einheit nach außen entsprach aber auch innerorganisatorisch die Einheit durch ein Zusammenschrumpfen der Opposition auf ein Mindestmaß. Der Zusammenschluß wurde von den Delegierten des Münchner Kongresses im Oktober 1949 ebenso einstimmig akzeptiert wie das neue Wirtschafts- und Sozialprogramm, das der Bundesvorstand verkündete. Eine Diskussion zu Böcklers Grundsatzreferat fand nicht statt. Die Behandlung der Anträge zeigt, daß nur in einigen Fällen Anträge »gegen wenige Stimmen« angenommen wurden. Bei der Wahl zum Vorsitzenden zählte man für Hans Böckler als einzigen Kandidaten bei 487 Stimmen zwar 59 Enthaltungen, die aber vermutlich aus dem süddeutschen Raum kamen und einen gewissen Unmut gegenüber der eindeutigen Vorherrschaft der starken Gewerkschaftsbewegung der britischen Zone ausdrückten. 18 Stimmen waren ungültig, weil sie vermutlich andere Kandidaten genannt hatten. [192] Eine

---

[191] die Mitgliederzahl der im DGB vereinigten Gewerkschaften war am 30. 6. 1949 auf 4 961 986 gestiegen; vgl. Prot. Gründungskongreß DGB 1949 (51), 282. Das entsprach bei einer erwerbstätigen Bevölkerung von 14,8 Millionen (einschließl. 1,3 Millionen Arbeitslosen) einem Organisationsgrad von rund 33 %.

[192] vgl. Prot. Gründungskongreß DGB 1949 (51), 126 ff

offene Opposition artikulierte sich aber auf dem Gründungskongreß nicht mehr. Die Gewerkschaftsführung der vergangenen Jahre konnte sich im Ganzen unangefochten behaupten.
Dieses eindrucksvolle Bild der Geschlossenheit konnte aber nicht verdecken, daß, trotz der Begrüßungsreden und Glückwünsche der Prominenz aller Parteien und der Regierung, die tatsächliche Stellung, die die Gewerkschaften im Gefüge der neuen Bundesrepublik einnahmen, der von ihnen repräsentierten Massenbewegung nur bedingt entsprach. Hans Böckler sah das auch klar. Vor den Delegierten des Gründungskongresses bekannte er in seinem Referat »Die Aufgaben der deutschen Gewerkschaften in Wirtschaft, Staat und Gesellschaft«: »Fürwahr, auch dieser letzte Abschnitt unserer Nachkriegsentwicklung hat uns bitter enttäuscht, ganz gleich, ob wir ihn vom wirtschaftlichen oder sozialen Gesichtspunkt aus betrachten. Das Geldchaos ist überwunden, die Wirtschaft hat sich weitgehend stabilisiert, aber die Lage der Arbeitnehmerschaft hat sich kaum geändert. Dafür gibt es nur eine Erklärung, nämlich die, daß die bestehende Wirtschafts- und Sozialordnung, sofern man überhaupt von Ordnung sprechen kann, in jedem Fall gegen die Interessen der arbeitenden Menschen ist.« [193] Böckler nannte neben anderen drei Schwerpunkte, auf denen noch keine befriedigende Regelung erzielt worden sei: die Demokratisierung der Wirtschaft durch Mitbestimmung, die Planung und Lenkung der Wirtschaft unter Hinzuziehung der Gewerkschaften und die Vergesellschaftung der Schlüsselindustrien. Als Gründe für die Entwicklung, die für die Interessen der Arbeitnehmer und der Gewerkschaften so unbefriedigend verlaufen war, deutete er an: den verlorenen Krieg und die Ost-West-Spaltung mit ihren Folgen für die innerdeutsche Entwicklung, sowie den dominierenden Einfluß der Vereinigten Staaten auf die Entwicklung in den Westzonen. Gründe, die in der Struktur und der Politik der Gewerkschaftsbewegung nach dem Zusammenbruch zu finden wären, nannte Böckler nicht.
In der Tat hatte Böckler Grund für seine negative Bilanz aus den vergangenen Jahren, was die Durchsetzung der gewerkschaftlichen Forderungen auf dem Gebiet der Neuordnung der Wirtschaft betraf. Als vorerst letzte Etappe auf diesem Weg, der in anderer Richtung verlief, als die Gewerkschaften sich das

---

[193] a.a.O. (51), 188

1945 vorgestellt und angestrebt hatten, war die Etablierung einer Koalition der bürgerlichen Parteien im ersten Deutschen Bundestag anzusehen und die Verabschiedung eines Grundgesetzes, das den Forderungen, die die Gewerkschaften erhoben und in einigen Länderverfassungen hatten absichern können, nicht entsprach. Das war schon bei den Beratungen des Parlamentarischen Rates deutlich geworden, wo solche Bestimmungen höchstens noch in abgeschwächter Form im Grundgesetzentwurf wieder auftauchten. So war im Gegensatz zu den Sozialisierungsgeboten in einigen Länderverfassungen nur noch die abgeminderte Möglichkeit zur Sozialisierung im Grundgesetz enthalten (Art. 14, 15), das Koalitionsrecht der Arbeitnehmer (Art. 9, 3), aber nicht ausdrücklich das Streikrecht, die Garantie der freien Berufswahl und der freien Wahl des Arbeitsplatzes (Art. 12, 1) sowie das Verbot der Zwangsarbeit (Art. 12, 2 und 4), aber nicht das Recht auf Arbeit schlechthin.[194] Abendroth urteilt daher über dieses Verfassungswerk: »Das Grundgesetz ist einst aus einem Kompromiß der politisch-sozialen Kräfte des deutschen Volkes, die im Bereich der westlichen Besatzungsmächte wirksam waren, untereinander und mit den Besatzungsmächten entstanden. Es entstand damals bereits unter der Voraussetzung, daß durch die Intervention der Besatzungsmächte die entschieden demokratischen Bestrebungen innerhalb des Volkes zurückgedrängt worden waren, die unmittelbar nach dem Zusammenbruch des Dritten Reiches die Erfahrungen mit der Entstehung des faschistischen Systems und mit seinem Aufstieg und Untergang zum Ausdruck gebracht hatten.«[195] So war in dem neuen Grundgesetz nur noch »die Chance demokratischer Selbstbestimmung« und »die Möglichkeit der Demokratisierung der sozialen Ordnung durch die öffentliche Gewalt« gewahrt, nicht aber voll zur Geltung gekommen.

Die Ursachen für das Scheitern der Bemühungen der Gewerkschaften um eine Neuordnung der Wirtschafts- und Betriebsverfassung in wesentlichen Punkten sind in den Tendenzen zu sehen, die bereits anhand der Entwicklung der Jahre 1945 bis 1947 (siehe Teil I, Kapitel 4) analysiert wurden, die sich aber im Laufe der Jahre 1947 bis 1949 beträchtlich verstärkt und um neue Aspekte erweitert hatten, die zu Lasten der gewerk-

---

[194] vgl. dazu Abendroth (111), 62 ff
[195] a.a.O. (111), 102

schaftlichen Bestrebungen zu rechnen sind. Insbesondere hatten sich den Kräften, die auf seiten der Besatzungsmächte den gewerkschaftlichen Vorstellungen und Bemühungen negativ gegenüberstanden, in zunehmendem Maße seit 1947 politische Kräfte von deutscher Seite zugestellt, die offen die Wiederherstellung einer Wirtschaftsordnung auf privatkapitalistischer Grundlage anstrebten, und so den Einfluß und die Macht der Gewerkschaften in jeder Hinsicht zurückzudrängen suchten. Hinzu kamen die Tendenzen, die ihre Ursache in der Gewerkschaftsbewegung selbst hatten, und dazu beitrugen, daß die politische Wirksamkeit der Gewerkschaften im wesentlichen auf eine mehr oder weniger erfolgreiche Politik der Appelle und mittelbaren Einwirkungen über die parlamentarischen Gremien beschränkt blieb. Im einzelnen lassen sich die folgenden Faktoren herauslösen, die konstitutiv für das Scheitern der gewerkschaftlichen Bestrebungen gewesen sind:

1. Die Politik der Besatzungsmächte war nach dem Scheitern der Moskauer Konferenz vom Frühjahr 1947 gekennzeichnet durch den Entschluß der Vereinigten Staaten zu einem entschiedenen und wesentlich verstärkten Engagement in Westeuropa und speziell in Westdeutschland, um eine Art Bollwerk gegenüber der Sowjetunion zu errichten, und, wie sich im Falle des Marshallplans zeigte, eine Politik der Einwirkung auf die Satellitenstaaten der Sowjetunion zu betreiben. Diese Führungsrolle der USA in Westeuropa wurde untermauert durch die finanzielle Abhängigkeit Großbritanniens von den Vereinigten Staaten, wie sie sich im Washingtoner Abkommen über die Übernahme der vollen Kosten für die Bizone durch die USA zeigte. Das Angebot des »Europäischen Hilfsplanes« war, wenn auch nicht offen proklamiert, so doch in der praktischen Politik deutlich sichtbar, mit der Bedingung der Restauration der privatkapitalistischen Wirtschaftsordnung verbunden. Für die Westzonen Deutschlands bedeutete daher die Unterzeichnung des Marshallplans, die von den Militärgouverneuren vollzogen wurde, die Annahme eines Wirtschaftspolitischen Kurses, der die völlige Auseinanderentwicklung der Wirtschafts- und Sozialsysteme in beiden Teilen Deutschlands zur Folge hatte, so daß die staatlichen Separatbildungen nur noch eine nachgeordnete und konsequente Folgeerscheinung darstellten.

2. Auf deutscher Seite fand diese Politik seit 1947 zunehmend stärkere Unterstützung in den Parteien, die sich auf die Schich-

ten der Bevölkerung stützen konnten, die an einer grundlegenden Neuordnung der Wirtschafts- und Besitzverhältnisse nicht interessiert waren. Diese sozial-konservativen Kräfte konnten sich vor allem auf die Politik der amerikanischen Militärregierung stützen, die in den entscheidenden Auseinandersetzungen um die Grundlegung der Wirtschaftsordnung und Wirtschaftspolitik zu ihren Gunsten eingriffen, wie etwa bei der drohenden Sozialisierung, der Verankerung wirtschaftlicher Mitbestimmungsrechte für die Betriebsräte oder in der Frage der Währungsreform. Die Politik dieser Gruppen, die sich von der Restauration der freien Unternehmerwirtschaft mit amerikanischer Unterstützung die Überwindung der volkswirtschaftlichen Notlage und die Sicherung der eigenen Führungsposition in dem sich abzeichnenden neuen Weststaat versprachen, fand ihren Ausdruck vor allem in der Politik der Mehrheit des Frankfurter Wirtschaftsrates, der seit seiner Bildung Mitte 1947 und vor allem nach seiner Umbildung Anfang 1948 auf dem Weg über einschlägige Gesetze die Planung und Lenkung der Wirtschaft der Nachkriegszeit durch die Wiederherstellung einer liberalen Wettbewerbswirtschaft ersetzte. Hand in Hand damit ging das Bemühen, die Gewerkschaften aus allen mitbestimmenden Funktionen in der Wirtschaftspolitik hinauszudrängen oder sie überhaupt von der Sphäre der Entscheidungen fernzuhalten. Zwar gab sich die CDU/CSU als entscheidende Kraft dieser Bestrebungen nach außen hin noch den Charakter einer eher sozialreformerischen Partei, dennoch hatten sich aber seit Mitte 1947 in der entscheidenden Fraktion des Wirtschaftsrates diejenigen Kräfte der CDU/CSU durchgesetzt, die in ihrer praktischen Politik auf eine Sicherung und Wiederherstellung der überkommenen Machtverhältnisse bedacht waren. Andererseits hatte sich die SPD durch ihre Entscheidung für die Opposition im Frankfurter Wirtschaftsrat, verbunden mit der illusionären Hoffnung auf ein baldiges Scheitern der neoliberalen Wirtschaftspolitik, eines wirksamen Einflusses auf die Richtung der Politik begeben. Damit hatten aber auch die Gewerkschaften ihre stärkste Stütze verloren, mit der sie auf der parlamentarischen Ebene auf die Durchsetzung ihrer Vorstellungen Einfluß nehmen konnten. Lediglich in den SPD-regierten oder mitregierten Ländern konnten die Gewerkschaften noch mit der Verankerung ihrer Forderungen in den Verfassungen und deren speziellen Ausführungsgesetzen rechnen. Diese Bemühungen wurden aber weitgehend dadurch zunichte gemacht, daß die Besatzungsmächte mit Hilfe von Suspendierungserlassen alle wirksamen Neuordnungsversuche zu verhindern wußten.

3. Die Gewerkschaftsbewegung sah sich damit einer Entwicklung gegenüber, die von ihr eine äußerste Anspannung der Kräfte und die Erprobung politischer Mittel erfordert hätte, wie sie in ihrer Tradition nur schwach verankert waren, um trotzdem den von ihr vertretenen Forderungen Geltung zu verschaffen. Die Gewerkschaftsführung scheute eine solche Kraftprobe, da sie einmal befürchten mußte, daß die Alliierten, wie sie es mehrfach angedroht hatten, beim Aufflammen radikaler Massenbewegungen und politischer Unruhen mit militärischen Mitteln eingreifen oder die lebensnotwendigen Nahrungsmittellieferungen reduzieren würden; zum anderen war sie aber aus traditionellen Gründen fixiert an eine Politik der Einwirkung auf der parlamentarischen Ebene in Zusammenarbeit mit der Sozialdemokratischen Partei. Sie übersah dabei weitgehend, daß auch die Besatzungsmächte nicht unverwundbar waren und bei ihrer Politik der Eindämmung des sowjetischen Einflusses in Europa auf die Unterstützung der Bevölkerung, vor allem auch in den Westzonen Deutschlands, angewiesen waren, so daß eine kontrollierte Massenbewegung möglicherweise von den Besatzungsmächten weitergehende Zugeständnisse erreicht hätte, als sie durch eine freiwillige Beschränkung auf politische Wirksamkeit im vorparlamentarischen Raum erreicht wurden. Immerhin hatte die amerikanische Militärregierung zwar in Stuttgart auf einen Fall anarchischer Unruhe mit der Verhängung des Ausgehverbotes reagiert, war aber vor dem organisierten und entschlossenen Widerstand der Hüttenarbeiter im Fall »Reusch« zurückgewichen. Zu einer Mobilisierung der organisierten Arbeitnehmerschaft für die Durchsetzung der gewerkschaftlichen Forderungen kam es aber auch aus anderen Gründen nicht. Die Befürchtung der Gewerkschaftsführung, radikaleren Kräften in die Hände zu arbeiten, veranlaßte sie, Bewegungen, die oft spontan der Notsituation der Arbeiter entsprangen, zu bremsen und unter Kontrolle zu halten. Bei diesen Bemühungen stieß die Gewerkschaftsführung offensichtlich nur auf begrenzten Widerstand der mittleren und unteren Funktionärsschichten, so daß sie sich im allgemeinen ohne besondere Schwierigkeiten durchsetzen konnte. Eine wichtige Rolle

spielte in diesem Zusammenhang besonders seit der Zustimmung der Gewerkschaften zum Marshallplan, die wachsende Auseinandersetzung mit der kommunistischen Opposition. Die integrative Funktion, die der Antikommunismus innerhalb der Gewerkschaftsbewegung für die verhältnismäßig widerstandslose Einordnung der Gewerkschaften in das westliche System hatte, darf nicht unterschätzt werden. Mit dem Herausdrängen der kommunistischen Opposition aus den Führungsgremien und auch aus den Funktionärskörpern begann ein zunehmender Prozeß der Entpolitisierung in den Gewerkschaften, der eine weitere Verfestigung der Spitze der Organisationen zur Folge hatte und den Prozeß der Kontrolle der Gewerkschaftsführung durch die Mitgliedschaft in steigendem Maße beeinträchtigte. Die unliebsame Opposition konnte von der Gewerkschaftsführung mit dem Argument, politisch von außen gesteuert zu sein und gegen das Prinzip der parteipolitischen Unabhängigkeit der Einheitsgewerkschaft verstoßen zu haben, mundtot gemacht werden, ohne daß die Personalunion derselben Führung mit der Sozialdemokratischen Partei zur Debatte stand oder, daß man sich anbahnenden Einwirkungen von christlich demokratischer Seite mit derselben Entschiedenheit entgegenstellte. Diese Politik konnte sich allerdings nicht zuletzt auch darum so verhältnismäßig widerstandslos durchsetzen, weil die Mitglieder der Gewerkschaften in ihrer überwiegenden Mehrheit nach den zwölf Jahren nationalsozialistischer Herrschaft und den ersten Jahren der Herrschaft der Besatzungsmächte nicht über ein politisches Bewußtsein verfügten, das über Tagesforderungen im Zusammenhang mit der wirtschaftlichen Notlage hinausging, andererseits auch von seiten der Gewerkschaftsführung die politische Aufklärungstätigkeit unter den Mitgliedern und Funktionären nur in einem ungenügenden Maße geleistet wurde. Die weitgehend kritiklose Zustimmung zur Politik der Gewerkschaftsführung hat auch dort ihre Ursache.

Dritter Teil

1949–1952: Das Scheitern der gewerkschaftlichen
Bemühungen um eine Neuordnung
der Wirtschafts- und Betriebsverfassung
nach der Wiederherstellung der alten
Besitz- und Machtverhältnisse

Die für die CDU/CSU erfolgreich verlaufenen Bundestagswahlen vom August 1949 und die anschließende Bildung einer Regierungskoalition aus bürgerlichen Parteien unter der Kanzlerschaft von Konrad Adenauer gaben dieser Partei die Möglichkeit, ihre bereits im Frankfurter Wirtschaftsrat praktizierte Wirtschaftspolitik weiter fortzusetzen und die Wirtschaftsverfassung entsprechend ihren Vorstellungen zu gestalten. Die Grundsätze für ihre Wirtschaftspolitik hatte die CDU/CSU am 19. Juli 1949, kurz vor den Wahlen zum Bundestag, in den sogenannten »Düsseldorfer Leitsätzen« festgelegt. Diese Leitsätze [1] sollten zwar nach eigenem Ausweis eine Ergänzung des Ahlener Programms von 1947 sein und dessen eigentumsrechtliche und gesellschaftspolitische Grundsätze »nach der marktwirtschaftlichen Seite hin« [2] fortentwickeln, stellten aber tatsächlich eine entscheidende Veränderung dieser Grundsätze dar. Als Leitwort wurde die Formel von der sogenannten »sozialen Marktwirtschaft« vorangestellt, die als Gegensatz »zum System der Planwirtschaft, die wir ablehnen, ganz gleich, ob in ihr die Lenkungsstellen zentral oder dezentral, staatlich oder selbstverwaltungsmäßig organisiert sind« [3], definiert. Der Gegensatz zur »freien« Marktwirtschaft liberalistischer Prägung sollte darin bestehen, daß zur Sicherung des Leistungswettbewerbs eine unabhängige Monopolkontrolle eingesetzt werden sollte. Dieser Teil des Programms diente allerdings mehr der Beschwichtigung der Arbeitnehmer und des kleinen Mittelstandes, ohne daß von diesem Teil des Programms konkrete Einzelheiten ausgeführt oder wirksame Maßnahmen später ergriffen wurden, die tatsächlich eine Kontrolle der sich neu bildenden Monopole bedeutet hätten. Besonders deutlich widersprach in diesen Leitsätzen aber die Betonung des privaten Eigentumsrechtes in der Wirtschaft den Vorstellungen und Bestrebungen der Gewerkschaften. Hier hieß es von der »sozialen Marktwirtschaft« unmißverständlich: »Das Sozialisierungsproblem erhält

---

[1] s. Düsseldorfer Leitsätze der CDU (104)
[2] a.a.O. (104), 10
[3] a.a.O. (104), 7

zugleich durch sie eine nachgeordnete Bedeutung.« [4] Von den Mitbestimmungsrechten der Arbeitnehmer oder der Gewerkschaften in der Wirtschaft war nirgendwo die Rede. Stattdessen wurde nur angeboten: »Die ›soziale Marktwirtschaft‹ verschafft möglichst vielen Tüchtigen Eigentum.« [5] Daß eine an diesen Grundsätzen ausgerichtete Wirtschafts- und Gesellschaftspolitik zu einer Wiederherstellung der überkommenen Besitz- und Machtverhältnisse beitragen würde, solange nicht eine ernste Wirtschaftskrise drohte oder sich ein massiver Widerstand aus der Bevölkerung gegen diese Restauration regte, war abzusehen. Beide Bedingungen waren aber am Anfang der fünfziger Jahre nicht gegeben.

Das Beispiel der Wiederherstellung der alten Eigentumsverhältnisse in der Eisen- und Stahlindustrie zeigt ebenso wie die Niederlage der Gewerkschaften in den Auseinandersetzungen um das Betriebsverfassungsgesetz, wie sich die Regierung gegenüber den Interessen der organisierten Arbeitnehmerschaft durchsetzen konnte. Einzig der entschlossene Widerstand bei der Verteidigung des Montanmitbestimmungsrechtes zwang sie zu Zugeständnissen, ohne die das gesamte Neuordnungskonzept der Gewerkschaften nach Kriegsende der restaurativen Entwicklung zum Opfer gefallen wäre. Auch so ergab sich aber für die Gesamtheit der nach 1945 angestrebten systemändernden Reformen ein überwiegend negatives Resultat.

---

[4] a.a.O. (104), 15
[5] a.a.O. (104), 15

1. Das Gesetz Nr. 27 und die Lösung der Eigentumsfrage in den Grundstoffindustrien zugunsten der Altbesitzer

Nach der Bildung der Stahltreuhändervereinigung im August 1949 setzten von seiten der Unternehmer und Altbesitzer verstärkt Bemühungen ein, wieder die Kontrolle über die Betriebe der Montanindustrie zu bekommen, wobei man sich vor allem auch der Unterstützung von Vertretern der amerikanischen Stahlindustrie bediente, die als Lobby bei der Militärregierung bzw. der Alliierten Hohen Kommission und in Washington die Interessen der alten Besitzer der deutschen Montanindustrie vertraten. [6]

Einen ersten Erfolg dieser Bemühungen stellte die Ersetzung des Gesetzes Nr. 75 durch das Gesetz Nr. 27 vom 20. 5. 1950 dar. [7] Es unterschied sich von dem vorangegangenen Gesetz nur in einem wesentlichen Punkt. Während das Gesetz Nr. 75 mit Ausnahme der (ins Gesetz Nr. 27 übernommenen) Klausel, daß belastete Personen nicht wieder Eigentümerfunktionen ausüben können sollten und übermäßige Konzentration zu verhindern sei, die Eigentumsregelung offen ließ, gab es im Gesetz Nr. 27 nun einen Paragraphen, der den ehemaligen Aktionären der Konzerne »eine angemessene und geeignete Entschädigung«

---

[6] vgl. zu dieser amerikanischen Unterstützung zum Beispiel ein Schreiben von R. E. Desvernine, Mitglied der Vereinigung der U. S. Stahlproduzenten v. 22. 9. 1949 an Aurel Goergen, Wirtschaftsvereinigung Eisen und Stahl in der BRD, in dem konkrete Ratschläge erteilt werden, wie der Sonderausschuß der Wirtschaftsvereinigung Eisen und Stahl in bezug auf eine Beeinflussung der Umgestaltungspläne der Stahltreuhändervereinigung vorgehen solle. Empfohlen werden Vorschläge an den amerikanischen Hochkommissar McCloy und an die deutsche Regierung. Zur Liquidation heißt es u. a.: „Ich habe diese Frage bereits mit den zuständigen Behörden besprochen. Die Ernennungen sollen in Kürze erfolgen, und wir sollten alle Überredungskunst aufbieten, damit ‚kompetente‘ Liquidatoren ernannt werden, besonders solche, die Erfahrungen in den gegenwärtigen Geschäften der Gesellschaften haben. Man teilte mir mit, daß hiergegen grundsätzlich keine Bedenken bestehen, es ist lediglich eine Frage der Auswahl.“ Das Schreiben befindet sich bei den Akten Potthoff 0–140 (Übersetzung) im Archiv des DGB (1)

[7] abgedruckt in: NESI (38), 341 ff

zusicherte. [8] Dieser Paragraph 5 b des Gesetzes Nr. 27 sah zwar die Form des Aktienumtausches noch nicht ausdrücklich vor, schloß sie aber auch nicht aus. Entscheidung über Höhe und Art der Entschädigung hatte sich die Alliierte Hohe Kommission vorbehalten.

In einer Durchführungsverordnung Nr. 1 zum Gesetz 27, ausgefertigt am 14. 9. 1950 [9], wurden die Mitglieder der Vorstände der zu liquidierenden Konzerne selbst zu Liquidatoren erklärt. Den Entschluß, den Vertretern der alten Konzerne und nicht unabhängigen Sachverständigen die Durchführung der Liquidation anzuvertrauen, begründete die verantwortliche »Combined Steel Group« (die Nachfolgerin der »US/UK Steel Group«, die die NGISC abgelöst hatte) mit dem Argument, durch dieses Verfahren werde der normale Geschäftsablauf am wenigsten behindert. [10] Auf einer Pressekonferenz am 26. 9. 1950, anläßlich der Verkündung dieser Verordnung, wies der amerikanische Vertreter der »Combined Steel Group« Vermutungen von Gewerkschaftsseite zurück, daß die Vereinigten Stahlwerke ihre Hand im Spiel gehabt hätten und gegen Vorlage eines sehr weitgehenden Planes zur Dekonzentration im Tauschgeschäft die Versicherung erhalten hätten, daß ihre Vorstandsmitglieder zu Liquidatoren ernannt würden. [11] Tatsache blieb aber, daß die Bestellung der Direktoren der Alt-Konzerne durch die Alliierte Stahlgruppe den Vertretern dieser Konzerne beträchtlichen Einfluß auf die Entflechtung einräumte.

Die Gewerkschaften, die von den Absichten der Alliierten, das Gesetz Nr. 75 neu zu fassen, zum ersten Mal durch eine Besprechung am 29. 3. 1950 offiziell Kenntnis erhalten hatten, übergaben eine Denkschrift »Stellungnahme der deutschen Gewerkschaften zur Neuordnung der Grundstoffindustrien in Deutschland« [12], die bereits größte Besorgnis über die Absich-

---

[8] a.a.O. (38), 345

[9] a.a.O. (38), 367 f

[10] vgl. Protokoll der Pressekonferenz bei der Combined Steel Group am 26. 9. 1950, 15 Uhr, bei den Akten Potthoff 0—130 im Archiv des DGB (1), S. 2 Antwort von Mr. Auerbach (dem amerikanischen Mitglied der CSG) auf eine Frage von Peter von Zahn

[11] a.a.O. (2) im Protokoll, S. 2
Die Frage von Peter von Zahn bezog sich auf die Vermutung, die Agartz am gleichen Vormittag auf einer Kundgebung des DGB geäußert hatte, s. „Gewerkschaften in der Bundesrepublik" (103), 8 f

[12] abgedruckt in DGB-Info (70) I, 16 ff

ten der Alliierten ausdrückte, möglicherweise die Regelung der Eigentumsverhältnisse der Montanindustrie nicht mehr der alleinigen Entscheidung des deutschen Volkes zu unterwerfen. Eine gemeinwirtschaftliche Regelung sei für die Fortentwicklung dieser Industriezweige das Beste. Zur Frage des Aktienumtausches hieß es in der Denkschrift: »Eine Sicherstellung oder gar Befriedigung der Aktionäre aus dem Vermögen der neu zu bildenden Gesellschaften wird praktisch die Regelung der Eigentumsfrage präjudizieren und wäre daher für die Gewerkschaften unannehmbar.« [13] Die nähere Bestimmung des »unannehmbar« erläuterte der letzte Absatz der Denkschrift mit den Worten: »Sollten entgegen den Erwartungen der Gewerkschaften mit den beabsichtigten Maßnahmen dennoch Änderungen eintreten, die eine wesentliche Verschlechterung der Situation bedeuten, so ergibt sich für die Gewerkschaften ernsthaft die Frage, ob sie an den geplanten Maßnahmen weiter mitarbeiten.« [14] Es war klar, daß eine derartig formulierte Drohung die Alliierten kaum davon abhalten würde, ihre Pläne weiter zu verfolgen. So ging auch die Verkündung des Gesetzes Nr. 27 mit der für die Gewerkschaften »unannehmbaren« Klausel ohne Verzögerung vonstatten. In einer Stellungnahme des DGB vom 14. 6. 1950, also gut drei Wochen später, hieß es dann nur noch, daß der Bundesvorstand unvermindert an der Forderung nach einer gemeinwirtschaftlichen Regelung der Grundstoffindustrien festhalte. [15] Auf dem ersten ordentlichen Gewerkschaftstag der IG Metall im September 1950 erklärte der Vorsitzende, Walter Freitag, zu den einschlägigen Bestimmungen des Gesetzes: »Sollen die alten Besitzer, die die Verantwortung für das Unglück tragen, sollen die wieder in Rang und Würden gebracht werden, dann lohnt es sich, daß die Eisen- und Stahlarbeiter ihre ganze Kraft einsetzen und die Betriebe zum Stillegen bringen.« Das Protokoll verzeichnet dazu: »Bravo! Beifall.« [16] Da sich kurz nach dem Kongreß aber die gewerkschaftlichen Kräfte auf die Verteidigung des Mitbestimmungsrechtes in der Montanindustrie konzentrieren mußten, das in Gefahr geraten war, weil die Bundesregierung offenbar das alliierte Recht durch das in

---

[13] a.a.O. (70) I, 17
[14] a.a.O. (70) I, 21
[15] a.a.O. (70) I, 69
[16] s. Protokoll 1. Verbandstag IG Metall 1950 (41), 322

diesem Falle ungünstigere deutsche Recht ersetzen wollte, kam
es vorerst zu keinen Widerstandsmaßnahmen in der Frage der
Eigentumsregelung. Bereits bei Erlaß des Gesetzes Nr. 27 hatten
die Alliierten der deutschen Regierung zugesichert, daß sie,
sobald der Umgestaltungsplan der Stahltreuhändervereinigung
vorliege, Gelegenheit zur Stellungnahme erhalten werde. [17]
Die Bundesregierung hatte sich daraufhin am 3. November
1950 mit eigenen Vorschlägen in die Entwicklung der Neuordnungspläne eingeschaltet. [18] Ihre Vorschläge fanden aber zunächst nicht die Billigung der Alliierten Hohen Kommission.
Adenauer war dabei deutlich bemüht, die Zuständigkeit für die
Neuordnung in die Hand der Bundesregierung zu bekommen.
Das Memorandum vom 3. 11. 1950 klammerte deshalb alle
strittigen Probleme, wie die Mitbestimmung und die Eigentumsregelung, aus und erörterte lediglich die Fragen der technischen Neuordnung. Abschließend betonte die Bundesregierung,
daß diese Vorschläge mit allen Betroffenen abgestimmt worden
seien und auch einhellig, unter Einschluß der Gewerkschaften,
gebilligt worden seien. [19] In einer vertraulichen Besprechung
des Gewerkschaftsvorstandes mit den Aufsichtsräten und Arbeitsdirektoren am 24. 11. 1950 bestritten die beteiligten Gewerkschaftsführer allerdings energisch, daß eine solche Übereinstimmung hergestellt worden sei. Das träfe auch nicht, wie
behauptet, für die Stahltreuhändervereinigung oder die Deutsche Kohlenbergbauleitung zu. [20] Tatsächlich legten diese beiden für die Neuordnung zuständigen Organe erst am 23. November 1950 der Öffentlichkeit ihre Pläne vor. In den sich
anschließenden Verhandlungen mit der Alliierten Hohen
Kommission, an denen auch Vertreter der Alt-Konzerne teilnahmen, erreichte die Bundesregierung schließlich einen Kompromiß, der als Durchführungsverordnung Nr. 6 zum Gesetz
Nr. 27 am 9. 5. 1951 rechtskräftig wurde. [21] Damit waren vor
allem die technischen Fragen der Neuordnung geklärt und die
24 Einheitsgesellschaften auf eine feste Grundlage gestellt. Der
Streit um die Frage der Vorwegnahme der Eigentumsregelung

---

[17] vgl. Potthoff (168), 66
[18] abgedruckt in: NESI (38), 415 ff
[19] a.a.O. (38), 415
[20] vgl. Bericht über die Besprechung der Neuordnung der Eisenindustrie am
24. 11. 1950 (streng vertraulich), im Archiv der IG Metall (2); siehe die
Ausführungen von Deist (S. 2) und Freitag (S. 4)
[21] abgedruckt in: NESI (38), 372 f

durch Aktienumtausch war damit nicht entschieden. Hier wurde auf Drängen der Bundesregierung von der Alliierten Hohen Kommission am 24. 5. 1951 eine weitere Entscheidung getroffen, nach der die Aktien der neugebildeten Gesellschaften an Privatpersonen ausgegeben werden sollten mit der Maßgabe: »Der Zweck dieser Verteilung wäre, den von den Neuordnungsmaßnahmen betroffenen Berechtigten eine gerechte und angemessene Entschädigung zu sichern.« [22] Ausgenommen waren wieder nur direkt belastete Personen und die Gefahr übermäßiger Konzentration von Wirtschaftsmacht in einer Hand. Da der Großteil der früheren Besitzer und Aktionäre inzwischen als »nicht belastet« eingestuft war, stand ihrem Wiedereintritt in die Montanindustrie, sofern sie sich nicht ohnehin bereits wieder die alten Positionen gesichert hatten, nichts mehr im Wege. Der DGB reagierte auf diese Entwicklung mit einem Schreiben an Adenauer vom 9. 7. 1951 [23] und einem Schreiben an die Alliierte Hohe Kommission vom 11. 9. 1951. [24] Er äußerte sich darin besorgt über die Möglichkeit eines stillschweigenden Abkommens zwischen der Bundesregierung und der Alliierten Hohen Kommission über den Aktienumtausch. Damit werde praktisch das demokratische Entscheidungsrecht des deutschen Bundestages über die Frage der Eigentumsregelung der Montanindustrie ausgeschaltet. Als einzige Maßnahme des offenen Protestes stellte der DGB schließlich die Mitarbeit in den von der Regierung eingerichteten wirtschaftspolitischen Gremien ein. Diese Mitarbeit sei ohne Erfolg gewesen, wenn sie eine Wiederkehr »der Repräsentanten der alten Konzernpolitik« nicht verhindert hätte. [25] An die Alliierte Hohe Kommission wandte sich der DGB mit dem Vorschlag, zunächst nur über eine Treuhandstelle verzinsliche Obligationen an die entschädigungsberechtigten Aktionäre auszugeben, die erst eingetauscht werden dürften, falls der Bundestag eine Reprivatisierung der Eisen- und Stahlindustrie beschließe. [26] Die Alliierte Hohe Kommission antwortete darauf am 19. 10. 1951, daß der Aktientausch keine vorgreifende Entscheidung der Eigentumsfrage darstelle, daß die Durchführung des Gewerkschafts-

---

22 a.a.O. (38), 460 Schreiben der AHK vom 24. 5. 1951 an Adenauer
23 im Wortlaut in: DGB-Info (70) III, 19 f
24 vgl. NESI (38), 103 f
25 vgl. Erklärung des DGB in: DGB-Info (70) III, 40
26 NESI (38), 104

vorschlages andererseits aber die Gefahr einer Verzögerung der endgültigen Durchführung des Gesetzes Nr. 27 mit sich bringe. [27] Die Kommission erließ schließlich im Jahre 1952 weitere Bestimmungen, die den Aktientausch im Einzelnen regelten, ohne auf die Proteste des DGB weiter Rücksicht zu nehmen. [28] Mitte 1952, sieben Jahre nach Kriegsende, war die Eisen- und Stahlindustrie trotz der wiederholten Beteuerungen, vor allem von britischer Seite, daß die früheren Eigentümer ihre Besitzrechte nicht mehr geltend machen könnten, zum wesentlichen Teil wieder in den Händen der alten Besitzer.

---

[27] a.a.O. (38), 104
[28] vgl. dazu Schreiben der AHK v. 4. 1. 1952 a.a.O. (38), 480 und 21. 5. 1952 a.a.O. (38), 484, sowie Protest des DGB v. 14. 6. 1952 in: DGB-Info (70), IV, 256

2. Die gesetzliche Sicherung des Mitbestimmungsrechtes in der Montanindustrie durch die Streikdrohung der Gewerkschaften

Die Bereitschaft zum Streik angesichts der drohenden Beseitigung des Mitbestimmungsrechtes

Nachdem im Mai 1950 das Gesetz Nr. 27 mit der Ankündigung erlassen worden war, daß endgültige Neuordnungspläne ausgearbeitet werden sollten, wuchs auf gewerkschaftlicher Seite angesichts der offenkundigen Tendenz, die Altbesitzer im Gegensatz zu früheren Erklärungen der Alliierten wieder in ihren Besitz einzusetzen, die Unruhe über die vorgesehenen Maßnahmen. Insbesondere das 1947 verankerte Mitbestimmungsrecht der Betriebsräte und Gewerkschaften, das noch von der britischen Militärregierung gegen den Widerstand der Unternehmer durchgesetzt worden war, mußte damit wieder in den Mittelpunkt der Diskussion geraten. [29] Eine derartige Besorgnis äußerte sich erstmals deutlich in einer Entschließung der Betriebsratsvorsitzenden und deren Stellvertreter aus den 24 entflochtenen Gesellschaften der Eisen- und Stahlindustrie am 19. 10. 1950. [30]

Diese Entschließung wurde anläßlich einer vom Vorstand der IG Metall einberufenen Konferenz abgegeben, die der Besprechung über die ungewisse Lage auf dem Gebiet der Neuordnung der Eisen- und Stahlindustrie diente. Die Vertreter der Arbeitnehmer der Stahlindustrie richteten einen Appell an die Bundesregierung, die Alliierte Hohe Kommission, die Stahltreuhändervereinigung und den DGB-Bundesvorstand, in dem es unter anderem hieß: »Die seit über drei Jahren in den entflochtenen Werken der eisenschaffenden Industrie bewährte paritätische Mitbestimmung der Arbeitnehmer, die in den dort

---

[29] Von seiten amerikanischer Arbeitgeberkreise wurde bereits seit August 1950 offen Druck auf die Alliierte Hohe Kommission ausgeübt, das Mitbestimmungsrecht zu torpedieren, vgl. dazu die Schreiben bei Gillen (141), 62 ff

[30] vgl. „Entschließung der versammelten Betriebsratsvorsitzenden und deren Stellvertreter von 24 Großbetrieben der eisenschaffenden Industrie" v. 19. 10. 1950 in Oberhausen, im Archiv IG Metall (2)

vorhandenen Betriebsverfassungen verankert ist, muß in jedem Falle beibehalten werden und soll richtunggebend für alle umzubildenden Kerngesellschaften sein ... Sollten unsere Forderungen ignoriert oder sollte in irgendeiner Form der Versuch gemacht werden, das bereits in der eisenschaffenden Industrie verwirklichte Mitbestimmungsrecht zu schmälern, werden die Belegschaften dies auf der Stelle mit allen ihnen zur Verfügung stehenden gewerkschaftlichen Mitteln zu verhindern wissen.« [31] In diesen Wochen hatten die Gewerkschaften Kenntnis von einem Entwurf enthalten, der im Bundeswirtschaftsministerium ausgearbeitet wurde, und der als Durchführungsverordnung zum Gesetz Nr. 27 vorsah, daß die neuen Gesellschaften nach deutschem Recht gebildet würden. [32] Das hätte aber bedeutet, daß der Rechtszustand in den entflochtenen Werken, wie er seit der Verordnung der britischen und amerikanischen Militärregierung vom Februar 1947 bestand, verändert worden wäre. Da deutsches Recht die paritätische Mitbestimmung nicht vorsah, wäre damit zu rechnen gewesen, daß sie auch in der Eisen- und Stahlindustrie abgeschafft worden wäre. Walter Freitag, Vorsitzender der IG Metall, erklärte später, Bundeswirtschaftsminister Erhard habe bei einer Besprechung in Bonn am 20. November 1950, an der auch Gewerkschaftsvertreter teilgenommen hätten, erklärt, »zwischen Vertretern mehrerer Bundesministerien sei die Frage, ob eine Verankerung der Mitbestimmung im Rahmen des Gesetzes Nr. 27 und bei der Durchführung dieses Gesetzes durch deutsche Stellen nach deutschem Recht möglich sei, diskutiert worden. Man sei übereinstimmend zu der Auffassung gekommen, daß dies nicht möglich sei.« [33] Auf jeden Fall leiteten der DGB und die IG Metall unmittelbar danach Maßnahmen ein, die zunächst eine Urabstimmung in den Betrieben der Eisen- und Stahlindustrie zur Feststellung

---

[31] a.a.O. (2), Punkte 3 und 5 der Entschließung
[32] vgl. dazu DGB-Info (70) I, 107
[33] a.a.O. (70) II, 12 f
Erhard bestritt später, diese Äußerung getan zu haben, sie sei auch im Protokoll der Sitzung nicht verzeichnet. Dennoch ist es denkbar, daß eine solche Äußerung gefallen ist, vielleicht in informeller Form. Daß in Regierungskreisen derartige Pläne erwogen wurden, ist jedenfalls kaum zu bestreiten. Die rasche Reaktion der Gewerkschaftsführung, die in solchen Fragen eher vorsichtig vorging, spricht dafür. Vgl. dazu auch die Briefe Erhard – Freitag, bei Hirsch-Weber (146), 151 ff

der Bereitschaft, die Mitbestimmungsrechte zu verteidigen, zum Ziel hatten. In einer als »streng vertraulich« deklarierten Besprechung, bei der am 24. 11. 1950 sämtliche vom DGB und der IG Metall benannten Vertreter der Aufsichtsräte sowie die Arbeitsdirektoren der entflochtenen Werke anwesend waren[34], wurde unter Böcklers Leitung die kritische Situation erörtert. Nach einem einleitenden Referat von Deist über die Neuordnungspläne und einer kurzen Diskussion betonte Böckler, laut Protokoll, »noch einmal, daß sich die Gewerkschaften darüber klar sind, daß wir heute einen Teil dessen nachholen, was 1945 in anderer Form geschehen wäre, wenn uns die Besatzungsmächte nicht daran gehindert hätten. Wir sind bestrebt, das auf evolutionärem Weg nachzuholen, was 1945 zweifellos auf revolutionärem Weg erreicht worden wäre.«[35] Diesmal seien die Gewerkschaften bereit, sich »mit aller Entschlossenheit« für die Neuordnung einzusetzen. Am folgenden Tag, dem 25. 11. 1950, billigte eine Konferenz der Betriebsräte, Arbeitsdirektoren und Bevollmächtigten der Ortsverwaltungen, die die IG Metall in Essen zusammengerufen hatte, und an der Vertreter aller betroffenen Werke teilnahmen, einstimmig die Absicht, eine Urabstimmung in allen Werken der Eisen- und Stahlindustrie am 29. und 30. 11. 1950 durchzuführen.[36] Böckler hatte Adenauer bereits in einem Brief vom 23. 11. 1950 von der beabsichtigten Urabstimmung unterrichtet.[37]

In einem Aufruf machte die IG Metall die Arbeiter und Angestellten der Hüttenwerke auf die Konsequenzen aufmerksam, die eine Ablösung alliierten Rechts durch deutsches Recht für die Mitbestimmung hätte und forderte sie auf, mit Ja zu stimmen.[38] Mit ihrem Ja sollten die Belegschaften dem Vorstand der IG Metall die Vollmacht geben, »im entscheidenden Augenblick die Arbeiter zur Arbeitsniederlegung aufzufordern.« Das Ergebnis der Urabstimmung wurde am 1. 12. 1950 bekanntgegeben. 95,87 Prozent der organisierten Arbeitnehmer hatten mit »Ja« gestimmt, 3,14 Prozent mit »Nein« und 0,09 Pro-

---

[34] vgl. „Bericht über die Besprechung der Neuordnung der Eisenindustrie am 24. 11. 1950" (streng vertraulich) im Archiv IG Metall (2)

[35] a.a.O. (2), S. 4

[36] s. DGB-Info (70) I, 108

[37] Brief a.a.O. (70) I, 104

[38] vgl. „Aufruf an die Belegschaften der Stahl- und Eisenerzeugenden Werke" und „Aufruf zur Urabstimmung", im Archiv der IG Metall (2)

zent der Stimmzettel waren ungültig. [39] Damit hatte der Vorstand der IG Metall jederzeit die Möglichkeit, den Streik auszurufen. Die Arbeitgeberseite verschärfte die Spannungen noch zusätzlich mit Plakaten, die die Urabstimmung mit Abstimmungen unter Hitler und in der DDR verglichen und scharfen Schreiben der Bundesvereinigung der Arbeitgeberverbände an die Regierung, den Streik abzuwenden. [40] Entsprechende Schreiben von Adenauer an Böckler bezweifelten denn auch die politische und rechtliche Zulässigkeit der Streikdrohung. [41]

Vorstand und Beirat der IG Metall beschlossen in einer Sitzung vom 28./29. 12. 1950 einstimmig, den Belegschaftsmitgliedern in der Hüttenindustrie zu empfehlen, zum 31. Januar 1951 geschlossen die Einzelarbeitsverträge zu kündigen. [42] Eine Konferenz der Betriebsräte und Vertrauensleute der betroffenen Werke hatte am 3. 1. 1951 noch einmal in Bochum Gelegenheit, Stellung zu diesen Maßnahmen zu nehmen. Auf dieser Konferenz, an der auch Böckler und der Vorsitzende der IG Bergbau, August Schmidt, teilnahmen, billigten die Vertreter von 230 000 Arbeitnehmern der Eisen- und Stahlindustrie den Beschluß von Vorstand und Beirat der IG Metall. [43] Die empfohlene Kündigung der Einzelarbeitsverträge geschah vorsorglich, um eventuellen Ansprüchen der Unternehmerseite an die IG Metall auf Schadenersatz vorzubeugen. Die Zahlung der in den Statuten vorgesehenen Unterstützungsgelder an die streikenden Mitglieder wurde zugesichert. Zwei Tage später beschloß auch der Gesamtvorstand der IG Bergbau die Urabstimmung für den 17. bis 19. Januar 1951, um sich dem geplanten Streik anzuschließen und die paritätische Mitbestimmung auch für die Kohlewirtschaft durchzusetzen. 92,8 Prozent stimmten auch hier für eventuelle Kampfmaßnahmen. [44]

Diese entschiedene Haltung der betroffenen Arbeitnehmer

[39] s. DGB-Info (70) I, 109
[40] zu den anonymen Plakaten vgl. Böcklers Erklärung in: DGB-Info (70) II, 7
[41] a.a.O. (70) I, 112 ff und II, 9 ff
    Zur Auseinandersetzung über die Rechtmäßigkeit des Streiks s. Abschnitt III, 2 dieser Darstellung
[42] vgl. a.a.O. (70) II, 12
[43] a.a.O. (70) II, 12
    Die BDA hatte bereits Anfang Januar 1951 in Rundschreiben gedroht, die IG Metall für die Streikfolgen haftbar zu machen.
[44] a.a.O. (70) II, 43 f

bewog Adenauer, sich als Vermittler zwischen den Arbeitgeberverbänden und den Gewerkschaften anzubieten, nicht zuletzt wohl, um bei der drohenden Niederlage für die Gegner der Gewerkschaftsforderungen die Regierung rechtzeitig aus der Schußlinie zu bringen und die Auseinandersetzung auf die wirtschaftliche Ebene als eine zwischen den »Sozialpartnern« zu verlagern. Diese Taktik Adenauers erwies sich auch im Ganzen gesehen als erfolgreich. Böckler hatte am 11. Januar eine erste Besprechung mit Adenauer, über die er sich in der Bundesausschußsitzung des DGB am 12. 1. 1951 zuversichtlich äußerte. Er habe dem Kanzler klargemacht, daß ein Kompromiß in der Mitbestimmungsfrage nicht mehr möglich sei, da er in jedem Falle zu Lasten der Arbeitnehmer in den entflochtenen Werken gehen würde.[45] Der bei dieser Sitzung anwesende nordrhein-westfälische Ministerpräsident Karl Arnold sicherte den Gewerkschaftsführern zu, die Verhandlungen in einem für sie günstigen Sinne zu beeinflussen. [46] Die Arbeitgebervertreter waren zwar offensichtlich bemüht, die Verhandlungen so hinhaltend wie möglich zu führen [47], doch ihre Position wurde schwächer, da die offene Streikentschlossenheit der Gewerkschaften die bisher schwankenden Kräfte, vor allem in der CDU, auf die Seite der offenbar Stärkeren trieb. Auch die öffentliche Meinung war in dieser Frage zum überwiegenden Teil auf seiten der Gewerkschaften. Adenauer beschleunigte den Prozeß der Verhandlungen noch mit einer Rede auf dem CDU-Landesparteitag in Westfalen am 14. 1. 1951, bei der er sich demonstrativ zu den Grundsätzen des »Ahlener Programms« bekannte und damit positiv zum Mitbestimmungsrecht Stellung nahm. [48] Vor den Gewerkschaftsvertretern erklärte er in einer Besprechung am 18. 1. 1951: »Ich bin für die Parität in den Aufsichtsräten mit Einschluß der Bundesregierung.« [49] Die Verhandlungen unter seiner Leitung zwischen Gewerkschaften und Arbeitgeberverbänden begannen am 19. 1. 1951 zunächst stockend, was vor

45 vgl. Protokoll der 5. Sitzung des Bundesausschusses des DGB am 12. 1.
1951, S. 2, im Archiv IG Metall (2)
46 a.a.O. (2), 5
47 vgl. die Äußerungen des Vorsitzenden der Arbeitgebervereinigung von
Nordrhein Westfalen, Vorwerk, in: DGB-Info (70), 30 f
48 vgl. DGB-Info (7) II, 36
49 vgl. „Protokoll über die Besprechungen zwischen Bundeskanzler Dr.
Adenauer und der Delegation des Bundesvorstands des DGB über die
Regelung der Mitbestimmung am 18. 1. 1951", Seite 5, im Archiv des
DGB (1)

allem daran lag, daß die Arbeitgeber in Bezug auf den elften
Mann im Aufsichtsrat keine Zugeständnisse machen wollten,
sondern darauf beharrten, das Verhältnis Arbeitgeber – Arbeitnehmer müsse sechs zu fünf bleiben. [50] Die Gewerkschaften bestanden dagegen auf einem neutralen elften Mann, der mit Zustimmung beider Seiten bestellt werden müsse. Erst als der
Arbeitgeberseite klar wurde, daß die Gewerkschaften in dieser
Frage, die für die Parität entscheidend war, die Verhandlungen
notfalls scheitern lassen würden, gaben sie am 25. 1. 1951 nach.
Es gab eine Einigung in allen wesentlichen Punkten, die öffentlich verkündet wurde und als Richtlinie für ein vom Bundestag zu verabschiedendes Gesetz gelten sollte. [51] Daß ein solches
Gesetz zustandekommen würde, dafür hatte sich der Kanzler
selbst verbürgt. Im einzelnen konnte eine Einigung erzielt werden über die paritätische Besetzung des Aufsichtsrats, einen
»neutralen« elften Mann, die Bestellung eines gleichberechtigten
Vorstandsmitgliedes als Arbeitsdirektor, der nicht gegen den
Willen der Arbeitnehmerseite bestimmt werden dürfe, schließlich
das Recht zur Benennung bzw. Bestätigung der Aufsichtsratsmitglieder der Arbeitnehmerseite und des Arbeitsdirektors durch
die Gewerkschaft. Die Regelung sollte für die gesamte Montanindustrie gelten. Der Bundesausschuß des DGB stimmte dem Verhandlungsergebnis am 29. 1. 1951 in einer einstimmig angenommenen Entschließung zu, die die Aussetzung des Streikbeschlusses
vorsah und ihn lediglich für den Fall wieder in Kraft treten
lassen wollte, daß Regierung und Bundestag ihre Zusagen nicht
einhalten würden. [52] Zu diesem Mittel mußte allerdings nicht
mehr gegriffen werden, da das Gesetz nach einigen heftigen
Auseinandersetzungen im Parlament am 10. 4. 1951 in einer
Form verabschiedet wurde, die dem Verhandlungsergebnis im
wesentlichen entsprach. [53]

---

[50] vgl. Rundschreiben des DGB-Bundesvorstands Nr. 2/51/IV vom 20. 1.
1951 und Nr. 3/51/IV vom 23. 1. 1951
[51] vgl. zum Verhandlungsergebnis DGB-Info (70) II, 57 ff
[52] a.a.O. (70) II, 53
[53] Text des Mitbestimmungsgesetzes im Bundesgesetzblatt I, 347, aber auch
DGB-Info (70) II, 134 ff

Die Auseinandersetzung um die Rolle der Gewerkschaften im Staat

Die durch Urabstimmung nachdrücklich bekräftigte Streikdrohung der Gewerkschaft zur Wahrung der Mitbestimmungsrechte hatte gezeigt, daß die Gewerkschaft im Stande war, durch eine außerparlamentarische Aktion die Gesetzgebung zu beeinflussen und ihre Neuordnungsvorstellungen, wenn auch aus der Defensive heraus, durchzusetzen. Ein solches Vorgehen mußte notwendigerweise einen heftigen Widerstand von jener Seite provozieren, die den Gewerkschaften nur einen begrenzten Spielraum als Interessenvertretung der Arbeitnehmer zuerkennen wollte, auf keinen Fall aber eine direkte Einwirkung auf den Gesetzgebungsprozeß. So kam es anläßlich der ersten Lesung des Gesetzentwurfes über die Regelung der Montanmitbestimmung im Bundestag zu einer heftigen Debatte, bei der davon gesprochen wurde, daß die Unabhängigkeit der Demokratie gegenüber »Interessentenhaufen« gesichert werden müsse und eine Klärung über die Grenzen des politischen Streiks notwendig sei. [54] Außerdem war die Rede von einem Eingriff in die demokratische Parlamentsvertretung durch die Gewerkschaften. [55] Damit war das Problem bezeichnet, wie es auch von der Bundesregierung gesehen wurde.

Adenauer hatte in seinen Briefen an Böckler vom 27. 11. und 14. 12. 1950 [56] diese Problematik in den Mittelpunkt seiner Kritik an dem gewerkschaftlichen Vorgehen gestellt. »Ein solcher Streik könnte nur das Ziel haben, die Entscheidung der frei gewählten Volksvertretung durch die Androhung oder Herbeiführung wirtschaftlicher Schäden, die alle treffen, in die Richtung der gewerkschaftlichen Wünsche zu drängen.« [57] Ein Konflikt mit der staatsrechtlichen Grundordnung wäre die Folge. Und in seinem zweiten Brief bezeichnete der Kanzler die Gewerkschaften als eine vom Ganzen her gesehen organisierte Minderheit, der die Koalitionsfreiheit nur das Recht gebe, Koalitionen zur Wahrung und Förderung der Arbeits- und Wirt-

---

[54] so der Abgeordnete von Merkatz (Deutsche Partei) bei der 1. Lesung des Montanmitbestimmungsgesetzes, vgl. Verhandl. des Bundestages (63), I. Wahlperiode, 117. Sitzung v. 14. 2. 1951, 4449 A
[55] so ein Abgeordneter der Bayernpartei (Seelos) a.a.O. (63), 4451 B
[56] vgl. DGB-Info I (70) I, 112 ff und II, 9 ff
[57] a.a.O. (70) I, 113

schaftsbedingungen zu bilden, nicht aber »durch Niederlegung der Arbeit die Wirtschaft lahmzulegen und dadurch bestimmte Akte der Gesetzgebung zu erzwingen.« [58] Adenauer verwies die Gewerkschaften damit auf die Tatsache, daß es nicht gelungen war, das Streikrecht in der Verfassung ausdrücklich zu verankern.

In seinen Antwortschreiben betonte Böckler dagegen die Notwendigkeit, die politische Demokratie durch die wirtschaftliche zu ergänzen und wandte sich gegen die Vorwürfe, daß die Gewerkschaften die rechtsstaatliche Grundordnung verletzten. Artikel 9, Absatz 3 des Grundgesetzes, der die Koalitionsfreiheit regele, habe als materiellen Inhalt die Wahrung und Förderung der Arbeits- und Wirtschaftsbedingungen. Daraus leiteten die Gewerkschaften das Recht ab, auch die Bedingungen der Wirtschaftsverfassung mitzugestalten. [59] Außerdem verwies Böckler auf das Tarifvertragsgesetz, das ebenfalls Fragen der Betriebsverfassung zu regeln erlaube. Entscheidend aber sei: »Wenn das Koalitionsrecht ... nur die Bildung von Vereinigungen gestatte, ohne gleichzeitig die Möglichkeit der Betätigung für sie einzuschließen, wäre es in sich widersinnig.« [60] Das Streikrecht sei aber auch von jeher ein demokratisches Urrecht, und ein solches Recht dürfe keineswegs eingeschränkt werden, sonst sei man auf dem Wege zur Diktatur.

Es waren zwei verschiedene Auffassungen von demokratischer Staatsform, die sich hier gegenüberstanden. Auf seiten Adenauers die Ansicht, daß das ausschließliche Recht der Gestaltung der Politik dem vom Volk gewählten Parlament zukäme, wobei das Volk nach dem Wahlakt keinen weiteren direkten oder indirekten Einfluß auf die Richtlinien der Politik habe, es sei denn durch den Zwang der Regierung zum Erfolg, über den bei der nächsten Wahl entschieden werde. Eine solche Auffassung entsprach den älteren sogenannten Repräsentations-Theorien der Demokratie. Nicht berücksichtigt wurde dabei vor allem der erfahrungsgemäß große Einfluß mächtiger Interessengruppen über das Instrument der »Lobby-Politik«, das den herrschenden Gruppen in der Gesellschaft gewöhnlich einen dominierenden Einfluß auf die Politik der Regierung sichert, der kaum zu kontrollieren ist.

[58] a.a.O. (70) II, 9
[59] a.a.O. (70) I, 114
[60] a.a.O. (70) II, 10

Böcklers Auffassung entsprach dagegen einem Verständnis von Demokratie, das die Offenheit des Parlaments für die Bekundung der Interessen gesellschaftlicher Organisationen anerkennt, sofern sich deren Ansprüche öffentlich und demokratisch legitimieren können. Diese Auffassung vertritt auch Abendroth in seinem Gutachten über die Berechtigung gewerkschaftlicher Demonstrationen für die Mitbestimmung [61], das anläßlich des Drucker-Streiks im Mai 1952 zur Verhinderung der Verabschiedung des Regierungsentwurfs zur Betriebsverfassung erstattet wurde. Abendroth stützt seine Argumentation vor allem auf den Artikel 21 des Grundgesetzes, der das Recht verankere, daß an der politischen Willensbildung neben den Organen der Gesetzgebung, der Exekutive und Jurisdiktion auch andere Kräfte – das Gesetz nennt die Parteien – mitwirken könnten. Angesichts einer modernen Auffassung der Demokratie, wie sie sich im Zuge der Entwicklung von Massenparteien und dem Anwachsen der plebiszitären Momente der Demokratie durchgesetzt habe, könne nicht mehr behauptet werden, »es sei verfassungswidrig, die Willensbildung im Volk dem Parlament nachdrücklich zur Kenntnis zu bringen.« [62] Eine Demonstration von der Art der gewerkschaftlichen »ist dann gegen den sozialen Gegenspieler dieser Gruppe gerichtet, um ihr Kräfteverhältnis zu diesem zum Ausdruck zu bringen, aber an das Parlament adressiert, damit sie bei der Willensbildung des Parlaments Berücksichtigung finden kann.« [63]

Hinter dieser verfassungsrechtlichen Kontroverse, die öffentlich ausgetragen wurde, verbarg sich das Bemühen der Unternehmer und der mit ihnen sympathisierenden Mehrheit des Bundestages und der Bundesregierung, die Gewerkschaften zur Anerkennung der bestehenden Wirtschaftsordnung zu zwingen und die systemändernden Bestrebungen, die von dorther die Restauration der alten Besitz- und Machtverhältnisse bedrohten, zurückzudrängen. Es handelte sich also um einen Machtkampf, der die Kräfteverhältnisse beider Seiten abklären sollte. Daß dieser Machtkampf nicht voll zum Ausbruch kam, lag an der Tatsache, daß Adenauer noch rechtzeitig erkannte, daß zu diesem Zeitpunkt eine Änderung des status quo auf dem Gebiet der Mitbestimmung in der Montanindustrie zuungunsten der Arbeitnehmer

---

[61] s. Abendroth (112)
[62] a.a.O. (112), 209 f
[63] a.a.O. (112), 214

und Gewerkschaften an dem entschlossenen Widerstand der organisierten Arbeitnehmerschaft scheitern würde. Mit anderen Worten, daß für eine aggressive Änderung der bestehenden Verhältnisse zugunsten der sozialkonservativen Kräfte der Zeitpunkt noch nicht gekommen war. Die Gewerkschaften zeigten ihre Macht allerdings nur in der Defensive und unter den für sie denkbar günstigsten Bedingungen. Die zum Streik Aufgerufenen stellten eine hochorganisierte und politisch zu dem bewußteren Teil der Arbeitnehmerschaft zählende Gruppe eines relativ homogenen Industriezweiges dar, von dem gewerkschaftliche Disziplin zu erwarten war. Damit war für die Gewerkschaften das Streikrisiko bereits vermindert.

Als Adenauer diese Sachlage erkannte, änderte er auch sein Verhalten gegenüber den Gewerkschaften. Bezeichnenderweise ist in seinen Verhandlungen mit der Gewerkschaftsführung am 18. 1. 1951 von verfassungsrechtlichen Fragen des drohenden Streiks nicht mehr die Rede. Er verwandte nun vorwiegend außenpolitische Motive, die gegen den Streik sprächen: »Ich will die verfassungsrechtliche Seite der Sache ganz außer acht lassen ... Wenn es zu einem Streik kommt, so wird die Welt um uns herum in große Erregung und Spannung geraten. Das alles hat mich zu der Auffassung kommen lassen, daß es nicht zu einem Streik kommen darf.« [64] Dazu verwies Adenauer auf eine mögliche Einigung zwischen der Sowjetunion und Frankreich über deutsche Köpfe hinweg.

Diese Haltung des Kanzlers verbürgte aber keineswegs, daß er nicht bei der nächsten günstigeren Gelegenheit die gewerkschaftlichen Forderungen zurückdrängen würde. Da die Regelung der Montanmitbestimmung nur einen Teil der Neuordnungsvorstellungen darstellte, die die Gewerkschaften realisieren wollten, mußten sich derartige Situationen in Zukunft wiederholen. Sie kündigten sich auch bereits mit den Forderungen der Gewerkschaften an, das Mitbestimmungsmodell der Montanindustrie auf weitere Industriezweige zu übertragen. Bisher waren diese

---

[64] vgl. das Protokoll der Besprechung Adenauers mit den Gewerkschaften (s. Anm. III, 49) S. 2. Adenauer entwickelte dort unter dem Hinweis besonderer Vertraulichkeit Theorien, nach denen neben einer Verständigung Frankreichs und der Sowjetunion zum Schaden Deutschlands durch einen Streik auch der amerikanische Hang zum Isolationismus gefördert werde und berief sich dabei auf McCloy. Daß seine Argumente irgendeinen Eindruck auf die Gewerkschafter gemacht hätten, ist aus dem Protokoll nicht zu erkennen.

Probleme von Gewerkschaftsseite nur aus taktischen Gründen ausgeklammert worden. Böckler hatte das am 17. 1. 1951 dem Bundesausschuß des DGB gegenüber damit begründet, »daß man den Kreis der Gegner so klein wie möglich halten solle und erst das eine erreichen müsse, um dann zum nächsten zu gehen.« [65] Das Programm, das der DGB in seinem Gesetzesvorschlag zur Neuordnung vom Mai 1950 [66] entwickelt hatte, war durch die Notwendigkeit der Verteidigung des Mitbestimmungsrechtes in der Montanindustrie nur für kurze Zeit in den Hintergrund der gewerkschaftlichen Bemühungen getreten. Böckler mahnte den Bundesausschuß deshalb nach den erfolgreichen Verhandlungen am 29. 1. 1951: »Denkt an ein weiteres. Ich spreche von einem Anfang, den wir gemacht haben. Ich zweifle nicht daran, wir werden, nachdem wir betrieblich für zwei der wichtigsten Wirtschaftsgruppen die Dinge geordnet haben, weitergehen müssen auf die anderen Industriezweige.« [67] In seiner Rundfunkrede am 30. 1. 1951 fügte er noch hinzu: »Wir stehen am Anfang einer neuen Wirtschaftsverfassung.« [68] Damit war die Richtung der kommenden Auseinandersetzungen angedeutet. Allerdings ging es dabei nicht mehr nur um die Verteidigung von Rechten, die de facto und de jure bereits ausgeübt worden waren, sondern auch um die Veränderung von Verhältnissen, die sich bereits wieder verfestigt hatten, nachdem sie für kurze Zeit nach dem Zusammenbruch in verschiedener Hinsicht zu beeinflussen gewesen waren. Das galt vor allem für die Frage der Eigentumsregelung und der Sozialisierung sowie der überbetrieblichen Mitbestimmung in den Selbstverwaltungsorganen. Hier gelangen, wie wir gesehen haben, den Gewerkschaften keine Einbrüche mehr in die restaurierten Verhältnisse. Im Falle des nun zu behandelnden Betriebsverfassungsgesetzes konnten sich die Gewerkschaften zum Teil auf die Verteidigung bereits verankerter Mitbestimmungsrechte, etwa in den Ländergesetzen von Hessen und Baden-Württemberg, stützen, die sie als Beispiele für eine bundesweite Regelung ansahen. Dabei mußten sie allerdings auf ihre bedeutendste Führungspersönlichkeit nach Kriegsende verzichten. Hans Böckler starb am 16. 2. 1951.

---

[65] vgl. Protokoll Anm. III, 45, S. 6

[66] s. „Gesetzesvorschlag des DGB zur Neuordnung der deutschen Wirtschaft" v. 24. 5. 1950 in: DGB-Info (75) I, 27 ff

[67] vgl. Protokoll der außerordentlichen Sitzung des DGB-Bundesausschusses am 29. 1. 1951, S. 3, im Archiv der IG Metall (2)

[68] s. DGB-Info (70) I, 56

3. Die Niederlage der Gewerkschaften bei den Auseinandersetzungen um die Verabschiedung des Regierungsentwurfs eines Betriebsverfassungsgesetzes

Daß die Neuordnung der Betriebsverfassung von den bürgerlichen Parteien und der Regierung seit dem Beginn der ersten Bundestagsperiode angestrebt wurde, zeigt bereits die Regierungserklärung Adenauers vom 20. 9. 1949, in der davon die Rede ist, daß die Rechtsbeziehungen zwischen Arbeitnehmern und Arbeitgebern zeitgemäß neu zu ordnen seien. [68a] Zur Dringlichkeit des Problems trug bei, daß die Eingriffe der Militärregierung in die Betriebsrätegesetze einiger Länder wieder außer Kraft treten würden, falls nicht bald ein vom deutschen Volk beschlossenes Gesetz die einzelnen Ländergesetze ablösen würde. Nur unter dem Vorwand, einer Entscheidung des deutschen Volkes nicht vorgreifen zu wollen, hatten die Militärregierungen, vor allem die amerikanische, seinerzeit die Suspendierungen der Paragraphen über ein wirtschaftliches Mitbestimmungsrecht der Betriebsräte ausgesprochen. Am 19. 10. 1949 folgte der Regierungserklärung ein entsprechender Antrag der Fraktion der CDU/CSU [69], und am 4. 11. 1949 erteilte das Parlament der Regierung mit Mehrheit den Auftrag, einen entsprechenden Gesetzesentwurf vorzulegen. [70] Die Bundesregierung wünschte aber, wohl auch im Hinblick auf die Vermeidung einer zu großen Belastungsprobe für das junge Parlament, wie sie mit einer Auseinandersetzung über dieses Thema verbunden gewesen wäre, vorherige Verhandlungen der betroffenen Organisationen miteinander.

Die Gewerkschaften, die selbst an einer Neuordnung im größeren Rahmen, nicht nur beschränkt auf eine Regelung der Betriebs-

---

[68a] Verhandlungen des Deutschen Bundestages (63) I. Wahlperiode, 26 C
[69] a.a.O. (63), Anlagen Bd. I, Drucksache 117
[70] a.a.O. (63), 354 C

verfassung, interessiert waren, erklärten sich zu Verhandlungen mit den Arbeitgebern über den Themenkomplex »Neuordnung der Wirtschaft« bereit.

Die Verhandlungen zwischen den Verbänden
und auf parlamentarischer Ebene bis zur ersten Lesung
eines Betriebsverfassungsgesetzes

Bei den Hattenheimer Verhandlungen zwischen Gewerkschaften und Arbeitgeberverbänden im Januar und März 1950 standen, wie es im Schlußkommuniqué vom 31. 3. 1950 heißt, »die mit dem Problem des Mitbestimmungsrechts im Gesamtbereich der Wirtschaft zusammenhängenden Fragen« zur Diskussion. [71] Dabei kam es sehr rasch zu übereinstimmenden Auffassungen für das Gebiet der überbetrieblichen Mitbestimmung. Das gemeinsame Kommuniqué betont: »In den Verhandlungen über die überbetriebliche Mitbestimmung konnte eine weitgehende Übereinstimmung über den Aufbau einer paritätischen Selbstverwaltung und Repräsentation der Wirtschaft in ihren Grundsätzen erzielt werden.« [72] Im einzelnen einigte man sich auf einen Bundeswirtschaftsrat, der zu wirtschaftlichen und sozialen Fragen Stellung nehmen sollte, und auf die Bildung von Landeswirtschaftsräten und Wirtschaftskammern auf der regionalen Ebene. Die Arbeitgeber stimmten dem offensichtlich zu, weil sie sich keine wesentlichen Änderungen der Wirtschaftsverfassung von solchen Gremien erwarteten, die erfahrungsgemäß eher eine integrative Wirkung auf die Gewerkschaften zu haben pflegen. In einer der entscheidenden Fragen der überbetrieblichen Mitbestimmung, nämlich der von Gewerkschaftsseite geforderten paritätischen Besetzung der Industrie- und Handelskammern, blieben die Arbeitgebervertreter nach wie vor unzugänglich. Ebenso wenig konnte eine Einigung in Fragen der innerbetrieblichen Mitbestimmung erzielt werden, wenn das Abschlußkommuniqué auch feststellt, daß die Unternehmer sich grundsätzlich einverstanden erklärt hätten, »daß wieder eine Vertretung der Arbeit-

---

[71] vgl. Rundschreiben des DGB-Bundesvorstands Nr. IV-1950 v. 11. 4. 1950, S. 1, im Archiv IG Metall (2)

[72] a.a.O. (2), S. 1

nehmer im Aufsichtsrat von Aktiengesellschaften erfolgt«.[73]
Aus dem Bericht von Gewerkschaftsseite geht hervor, daß die
geforderte paritätische Besetzung der Aufsichtsräte ebenso abgelehnt wurde wie das Recht der Gewerkschaften, die Arbeitnehmervertreter für die Aufsichtsräte selbst zu stellen oder zu
benennen und die gesetzliche Sicherung von wirksamen wirtschaftlichen Mitbestimmungsrechten der Betriebsräte insgesamt.
Mehr als ein Anhörungs- oder Informationsrecht sollte den Betriebsräten, wenn es nach Auffassung der Arbeitgebervertreter
ginge, nicht zugebilligt werden.[74]
Das Scheitern der Hattenheimer Verhandlungen in den wesentlichen Punkten stellte für die Gewerkschaften die Frage nach
dem weiteren Vorgehen bei der Durchsetzung ihrer Forderungen. Dafür gab es mehrere Alternativen, die in Kreisen der
Gewerkschaftsführung diskutiert wurden. Die erste Alternative war die Fortsetzung der Verhandlungen mit den Unternehmern. Das Hauptargument der Verfechter dieser Politik
war, daß Verhandlungsergebnisse mit den Unternehmern auf
jeden Fall wertvoller wären als mit der Bundesregierung, da
von dorther für die Gewerkschaften nichts Positives zu erwarten sei. Gegen diese Alternative sprach allerdings die hart-
näckige Weigerung der Unternehmerseite, irgendwelche tatsächlichen Konzessionen zu machen. Die Kritiker einer solchen Politik sahen denn auch Bundesregierung und Unternehmer in einer
Front. Sie schlugen vor, noch vor der Behandlung des Mitbestimmungsrechts im Bundestag in der Form des außerparlamentarischen Kampfes in das Geschehen einzugreifen. Hier gehe es
um derart zentrale Fragen für die gesamte Arbeitnehmerschaft,
daß man diesen Kampf aufnehmen müsse.[75] Die dritte Alternative war schließlich, die Bemühungen auf die parlamentarische
Ebene zu verlegen und eine Mehrheit für die Gewerkschaftsvor-
schläge zu finden, die auf der Basis des Arbeitnehmerflügels der
CDU/CSU, der Sozialdemokraten und der KPD zustandekom-

[73] a.a.O. (2), S. 1
[74] a.a.O. (2), S. 2 f
[75] vgl. dazu Protokoll der Sitzung des Vorstands der IG Metall am 16./
17. 5. 1950, in: Archiv der IG Metall (2), S. 9 ff. Die Alternative „weiterverhandeln" wurde vor allem von Walter Freitag verfochten, während
Hans Brümmer die Notwendigkeit des außerparlamentarischen Kampfes
betonte.

men sollte. [76] Zu dieser Taktik neigte offenbar die Mehrheit des DGB-Bundesvorstandes. Am 14. 4. 1950 waren in einer Sitzung des Bundesausschusses »Vorschläge für die Neuordnung der deutschen Wirtschaft« [77] verabschiedet worden, die die Grundlage für einen umfassenden Gesetzesvorschlag zur Neuordnung bildeten, den der DGB am 22. 5. 1950 der Bundesregierung, dem Bundestag und dem Bundesrat überreichte und als »überparteilichen Initiativantrag im Bundestag zu behandeln« empfahl. [78] Dieser Entwurf umfaßte achtzig Paragraphen und eine ausführliche Begründung. Als Gesetz zur Neuordnung der deutschen Wirtschaft beschäftigte er sich in Teil I mit dem »Mitbestimmungsrecht der Arbeitnehmer im Betriebe«, unterteilt nach Groß- und Mittelbetrieben, und in Teil II mit dem »Mitbestimmungsrecht der Arbeitnehmer in Organisationen der Wirtschaft«, unterteilt in Mitbestimmung über die Institutionen: Wirtschaftskammer, Handwerkskammer, Landwirtschaftskammer, Landeswirtschaftsrat und Bundeswirtschaftsrat. Die Begründung setzte sich mit der historischen Entwicklung des Mitbestimmungsrechts seit dem Ersten Weltkrieg und mit den möglichen und bekannten Gegenargumenten im Einzelnen auseinander. Der Gesetzesvorschlag faßte noch einmal alle Forderungen zur Wirtschaftsdemokratie (mit Ausnahme der Vergesellschaftungsforderungen) zusammen, die in den letzten fünf Jahren nicht oder nur im Ansatz hatten verwirklicht werden können. Die Aussicht, daß ein solcher Gesetzesvorschlag wenigstens in seinen wesentlichen Punkten von der bürgerlichen Mehrheit des Bundestages akzeptiert werden würde, war nach allem Vorangegangenen äußerst unwahrscheinlich, falls sich die Gewerkschaften auf die bloße Präsentation ihrer Forderungen beschränkten. Es gab jedenfalls keinen vernünftigen Grund, warum sich die Parlamentsmehrheit diesen ihren eigenen Vorstellungen weitgehend widersprechenden Gesetzesvorschlag zu

---

[76] In der CDU waren es vor allem die Sozialausschüsse, die die vom Bochumer Katholikentag im September 1949 erarbeiteten Grundsätze vertraten, ohne allerdings die Gewerkschaftsforderungen insgesamt zu akzeptieren. Auf der Deutschland-Tagung der Sozialausschüsse v. 2.–3. 2. 1950 in Oberhausen waren Richtlinien über das Mitbestimmungsrecht der Arbeitnehmer verabschiedet worden, die die Mitberatung, Mitwirkung und Mitbestimmung der Arbeitnehmer des Betriebes (!) in wirtschaftlichen, sozialen und personellen Fragen empfahlen.

[77] vgl. „Vorschläge des DGB zur Neuordnung der deutschen Wirtschaft" als Broschüre gedruckt am 14. 4. 1950, im Archiv IG Metall (2)

[78] abgedruckt in DGB-Info I (70), 27 bis 68

eigen machen sollte. Der Entwurf der Gewerkschaften hatte in dieser Form nur deklamatorischen Charakter.

Die Bundesregierung hatte aus den gescheiterten Hattenheimer Verhandlungen zwischen Gewerkschaft und Arbeitgeberverbänden die Konsequenz gezogen, sich selbst in diese Gespräche einzuschalten, um doch noch eine Einigung im vorparlamentarischen Raum zu erreichen. Sie beauftragte Bundesarbeitsminister Storch mit der Vorbereitung und Leitung derartiger Verhandlungen. Gleichzeitig, am 12. 5. 1950, beschloß sie aber, auch einen eigenen Gesetzesentwurf auszuarbeiten. Ein Entwurf der CDU/ CSU-Fraktion zur Regelung der Betriebsverfassung wurde am 17. 5. 1950 eingebracht [79], und auch die Unternehmer veröffentlichten zu diesem Zeitpunkt, im Mai 1950, eine eigene Denkschrift. [80] Bundesarbeitsminister Storch gelang es, die Gewerkschafts- und die Arbeitgebervertreter wieder an einen Tisch zu bringen. Man verhandelte am 24. 5. 1950, am 2. 6., am 9. 6. und am 22. 6. in Bonn, anschließend vom 5. bis 7. Juli in Maria Laach [81], wo die Gespräche schließlich abgebrochen wurden, nachdem man in den entscheidenden Fragen keinen Schritt weitergekommen war. Die Besprechungen ergaben wiederum Einigkeit über Fragen des überbetrieblichen Mitbestimmungsrechts, aber die alten Differenzen über die Fragen der betrieblichen Mitbestimmung waren bestehen geblieben. Die Arbeitgeber gestanden lediglich ein Drittel der Aufsichtsratssitze Arbeitnehmervertretern zu und die Einrichtung von paritätisch besetzten Wirtschaftsausschüssen in den Betrieben, die ein Informations- und Beratungsrecht ohne Vetoklausel erhalten sollten. [82] Die gemeinsame Abschlußerklärung der Verhandlungen von Maria Laach am 7. 7. 1950 betonte die Einigkeit über Fragen des sozialen und personellen Mitbestimmungsrechts der Betriebsräte. Die umstrittene Frage des wirtschaftlichen Mitbestimmungsrechts wurde einfach ausgeklammert. [83]

---

[79] Verhandlungen des Deutschen Bundestages (63) I. Wahlperiode, Anlage – Drucksache Nr. 970
[80] vgl. Potthoff (168) 72
[81] Zu den Terminen, s. Rede Schröders, Verhandlungen des Deutschen Bundestages (63) I. Wahlperiode, 2929
[82] vgl. dazu „Vertraulicher Bericht über die von Bundesarbeitsminister Storch einberufene Besprechung zwischen Gewerkschafts- und Unternehmervertretern über die gesetzliche Regelung des Mitbestimmungsrechtes in Bonn/Rhein, am 2. 6. 1950", bei den Akten Potthoff 0–280, im Archiv des DGB (1)
[83] vgl Pressekommuniqué über die Verhandlungen in Maria Laach, a.a.O. (1), 0–280

Die Gewerkschaften standen damit, vier Monate nach dem Scheitern der Hattenheimer Verhandlungen, wieder vor der gleichen Situation, nur hatte sich gezeigt, daß auch die Einschaltung von Regierungsvertretern die Angelegenheit nicht weitergebracht hatte. Neben Kritik an der Verhandlungsführung des Bundesvorstandes und der Tatsache der mangelnden Unterrichtung der Industriegewerkschaften, fanden sich immer noch Stimmen in der Gewerkschaftsführung, die Verhandlungen fortzusetzen, da eine gesetzliche Regelung dieser Fragen nur eine Verschlechterung für die Interessen der Arbeitnehmer und Gewerkschaften zu diesem Zeitpunkt zur Folge haben müßte. [84] Auch wurde bezweifelt, daß die Arbeitnehmerschaft großes Interesse an der Verwirklichung des wirtschaftlichen Mitbestimmungsrechts habe. Sie sei vielmehr vor allem an der Verbesserung der materiellen Lage interessiert, deshalb könne man zur Zeit keine großen Wirtschaftskämpfe führen. Andererseits wurde geltend gemacht, daß die Arbeiterschaft das Vertrauen in die Gewerkschaften verlieren müsse, wenn man kampflos vor dem Gegner kapitulieren würde. Auch sei die Beurteilung der Bereitschaft der Arbeitnehmer zu solchen Aktionen zu pessimistisch. Von einigen Seiten wurde sogar das Wort Generalstreik in die Debatte geworfen.

Im Bundesausschuß des DGB setzte sich ebenfalls die Auffassung durch, daß man nun nach dem endgültigen Scheitern der Verhandlungen Kampfmaßnahmen ergreifen müsse. Am 18. 7. 1950 erklärten Bundesvorstand und Bundesausschuß des DGB in einer Entschließung, sie seien gewillt, »gewerkschaftliche Kampfmittel zur Durchsetzung dieser Ziele anzuwenden. Der geschäftsführende Bundesvorstand wird daher in Zusammenarbeit mit den Hauptvorständen der angeschlossenen Gewerkschaften die hierfür notwendigen Vorbereitungen treffen.« [85] Der Beirat der IG Metall, der am 24. und 25. 7. 1950 tagte, einigte sich auf eine Kompromißformel, die ein Ausschöpfen des Verhandlungsweges beinhaltete, aber nach dem Scheitern solcher Verhandlungen ebenfalls für den Einsatz von Kampfmaßnah-

---

[84] so nach den ergebnislosen Bonner Verhandlungen v. 2. 6. 1950 noch Walter Freitag vor dem IG Metall Vorstand am 8./9. 6. 1950; vgl. Protokoll im Archiv der IG Metall (2), S. 6, aber auch vor dem Beirat am 24./25. 7. 1950, Protokoll a.a.O. (2), S. 4 f
[85] Beschluß des Bundesvorstands und Bundesausschusses des DGB v. 18. 7. 1950, in vollem Wortlaut im Archiv der IG Metall (2) S. 2

men sich aussprach. [86] Tatsächlich war zu diesem Zeitpunkt ein Verhandlungsspielraum gar nicht mehr gegeben. Zur Diskussion standen lediglich die gesetzliche Regelung auf parlamentarischer Ebene, wie sie sich in der ersten Lesung der vorliegenden Gesetzentwürfe am 27. 7. 1950 abzeichnete, oder der Einsatz von Kampfmaßnahmen von seiten der organisierten Arbeitnehmerschaft, der eine ungünstige Regelung möglicherweise verhindern konnte.

Die erste Lesung des von der CDU/CSU eingebrachten Entwurfs eines »Gesetzes über die Mitbestimmung der Arbeitnehmer im Betrieb« und des SPD-Antrages, der mit dem Gewerkschaftsvorschlag übereinstimmte, fand am 27. 7. 1950 vor dem Bundestag statt. [87] Für die CDU/CSU-Fraktion begründete der ehemalige Mitarbeiter der Stahltreuhandverwaltung, Gerhard Schröder, den vorgelegten Gesetzentwurf. Er wandte sich sofort scharf gegen die Absicht der Gewerkschaften, Kampfmittel einzusetzen und erklärte: »Es besteht die Gefahr, daß das Parlament zu einem Prägestempel außerparlamentarischer Beschlüsse wird.« [88] Die Regierung sei bei ihrer Verhandlungsführung während der Besprechungen zwischen den Sozialpartnern zu unentschlossen gewesen. Insgesamt betrachtet, nahm sich der CDU/CSU-Entwurf in Schröders Begründung als ein Mittelweg zwischen Gewerkschafts- und Arbeitgeberauffassung aus. Die paritätische Besetzung der Aufsichtsräte wurde als diskutabel für Großbetriebe bezeichnet, die Gewerkschaften sollten aber nur ein Vorschlagsrecht dafür haben, nicht selbst Vertreter entsenden können. Grundsätzlich äußerte Schröder zu dem Komplex der Neuordnung in einer bemerkenswerten Passage seiner Rede: »Ich bin mir völlig klar darüber, daß wir in dieser Frage 1945/46 vielleicht eine größere Aufgeschlossenheit gezeigt hätten (Sehr richtig! in der Mitte und links). Ich kann mir denken, daß es hier viele unter uns gibt, für die es 1945/46 unter dem Eindruck des damaligen Schocks – der Schock hat ja das Ergebnis, plötzliche Erkenntnisse aufzuzeigen, die jahrelang verschüttet waren – sehr viel leichter gewesen wäre, auf diesem Gebiet

[86] vgl. Protokoll der Beiratssitzung der IG Metall v. 24./25. 7. 1950, a.a.O. (2), Anlage 1

[87] Verhandlungen des Deutschen Bundestages (63) I. Wahlperiode, 2927–2996, SPD-Entwurf a.a.O. (63), Drucksache 1229, Band 5, CDU/CSU-Entwurf s. Anm. 79

[88] a.a.O. (63) 2931 C

zu einer Lösung zu kommen, die wir jetzt so schwer erkämpfen müssen. Inzwischen haben sich die Kräfte der trägen Beharrung des Gestrigen längst wieder gefunden (lebhafte Zustimmung in der Mitte und links), etwa unter dem Motto: ›Wir sind noch einmal davongekommen!‹ . . .«[89] Wenn diese Äußerungen auch unter dem Aspekt der Beschwichtigung des Arbeitnehmerflügels der eigenen Partei und der Gewerkschaften gesehen werden müssen, so gaben sie doch eine zutreffende Beurteilung der Situation und machten den Gewerkschaften deutlich, wie wenig die Mehrheit des Bundestages noch bereit war, systemverändernde Reformen zu akzeptieren. Schröders Ausführungen wurden auch sofort von den sozialkonservativen Kräften der CDU ergänzt. Der Abgeordnete Lehr, der seinerzeit die ersten Verhandlungen nach 1945 zwischen Unternehmervertretern und Gewerkschaften in der Montanindustrie geleitet hatte, bezeichnete als das Ziel des DGB/SPD-Entwurfs, den der IG Metall-Vorsitzende und SPD-Abgeordnete Walter Freitag erläutert hatte, »die mittelbare oder unmittelbare Beherrschung der Wirtschaft durch die Gewerkschaft.«[90] Die Sitzung endete schließlich mit der Überweisung der beiden Entwürfe an den zuständigen Ausschuß zur weiteren Beratung. Der Ende Oktober 1950 fertiggestellte Regierungsentwurf, der für die Gewerkschaften weitere Verschlechterungen gegenüber dem CDU-Entwurf enthielt, wurde dort ebenfalls mitberaten.[91]

Auch nach dieser Lesung, die kurz vor der Sommerpause des Parlaments erfolgt war, konnten sich die Gewerkschaften trotz der gefaßten Beschlüsse zunächst nicht für die Durchführung der angekündigten Kampfmaßnahmen entscheiden. Außer einer zentralen Kundgebung des Bundesvorstandes am 26. 9. 1950 in Düsseldorf, auf der Viktor Agartz eine kritische Analyse der gesellschaftlichen, politischen und wirtschaftlichen Zustände der Bundesrepublik vorlegte und die Entschlossenheit, für die Mitbestimmung gewerkschaftliche Kampfmittel einzusetzen, wiederholte, geschah nichts.[92] Erst in dem Augenblick, als bekannt wurde, daß das Mitbestimmungsrecht in der Montanindustrie in Gefahr sei, entschloß sich die Gewerkschaftsführung, die Vorbereitungen für Kampfmaßnahmen zu intensivieren. Mit der

[89] a.a.O. (63) 2933 D – 2934 A
[90] a.a.O. (63) 2948 B
[91] a.a.O. (63), Drucksache 1546 – Band 7
[92] s. „Die Gewerkschaften in der Bundesrepublik" (103)

erfolgreichen Verteidigung der paritätischen Mitbestimmung in der Eisen- und Stahlindustrie und ihrer Ausdehnung auf die Kohlewirtschaft gewann das Gesamtproblem der Neuordnung erst im Frühjahr 1951 wieder an Bedeutung für die Gewerkschaften, und die Auseinandersetzung um die Regelung der Betriebsverfassung setzte von Neuem ein. Die Erfahrungen des vergangenen Jahres schienen durch Adenauers progewerkschaftliche Haltung bei den Verhandlungen von Januar 1951 vergessen. Es begann eine neue Serie von Aussprachen mit dem Kanzler über den Problemkomplex der Mitbestimmung. Wieder schien sich die Gewerkschaftsführung aber nicht einig zu sein, für welches Vorgehen sie sich entscheiden sollte, und welches Ziel sie in den Verhandlungen erreichen wollte. Fest stand nur, daß der Entwurf eines isolierten Betriebsverfassungsgesetzes verhindert werden sollte.

Die mangelnde Selbstverständigung über Ziele und Methoden des Kampfes um das Betriebsverfassungsgesetz innerhalb der Gewerkschaftsführung

Als Hinweis auf die Diskussion innerhalb der Gewerkschaftsführung über das Problem der Zielvorstellung und der einzuschlagenden Taktik in den Auseinandersetzungen um die Neuordnung der Betriebsverfassung kann ein Brief von Hans Brümmer, einem der drei gleichberechtigten Vorsitzenden der IG Metall, an den DGB-Bundesvorstand vom 2. August 1950 dienen. [93] Brümmer ging in der Analyse der Situation, in der sich die Gewerkschaftsbewegung nach seiner Auffassung befand, von der Tatsache aus, daß das Problem der Mitbestimmung nun auf dem »Parkettboden des Parlaments« gelandet sei, wo es zunächst auch hingehöre. Fragen von dieser grundsätzlichen Bedeutung, die eine Änderung der gegenwärtigen Wirtschafts- und Gesellschaftsstruktur beabsichtigten, könnten nur durch die Gesetzgebung in Ordnung gebracht werden. Verhandlungen zwischen den Sozialpartnern ergäben allein keine tragfähige

---

[93] vgl. Schreiben von Hans Brümmer an den Bundesvorstand des DGB v. 2. 8. 1950, Abschrift im Archiv der IG Metall (2), dort die folgenden Zitate

Grundlage. Außerdem sei es klar, daß ein solch weitreichendes Ziel, wie es die Forderungen des DGB insgesamt darstellten, nur etappenweise verwirklicht werden könnte. Die entscheidende Frage sei daher der erste Einbruch in die Alleinherrschaft der Unternehmer in der Wirtschaft. Von dort aus könne das Begonnene dann weiterentwickelt werden. Damit kommt Brümmer zu seiner ersten wichtigen Feststellung: »Wir hätten also ernsthaft zu prüfen, was können wir aufgrund unserer gewerkschaftlichen Kraft und der politischen Machtverhältnisse vollbringen. Ist das festgestellt, dann haben wir aber auch für das uns erreichbar scheinende und als dringend notwendig erkannte Ziel alle der Gewerkschaftsbewegung zur Verfügung stehenden Kräfte einzusetzen.« Brümmer plädiert für ein Zurückschrauben der Forderungen auf das, was zu realisieren möglich sei, dies aber nicht »mit Reden und Entschließungen, sondern durch die Bereitschaft zum Handeln.« Er führt für diese Taktik des »retten, was noch zu retten sei«, vor allem an: »Eine Niederlage im Kampf ist immer schmerzvoll. Dieselbe ist aber leichter zu tragen, als ohne Kampf sich den Interessen der Nutznießer der kapitalistischen Wirtschaft zu beugen.« Brümmers Plädoyer für den »außerparlamentarischen Kampf« entsprang der Besorgnis, daß es mit dem Vertrauen in die Gewerkschaften vorbei sein werde, wenn sie sich nicht endlich zum Handeln entschlössen. Die Gewerkschaften könnten und dürften sich auf keinen Fall auf die Position zurückziehen, die ihnen ihre Gegner vorzuschreiben wünschten. Eine Position etwa, wie sie die »Wirtschaftszeitung« vom 29. 7. 1950 empfehle, wenn sie zu möglichen Aktionen der Gewerkschaften schreibe: »Die jetzt anlaufenden politischen Beratungen werden schon aus technischen Gründen Zeit erfordern. Aber wie ihr Ergebnis auch ausfällt, die Gewerkschaften müssen es respektieren, daß der Bundestag die zuständige demokratische Institution ist.« Brümmer fährt fort: »Diesem Ruf zu folgen, wäre ein Verhängnis für die junge deutsche Gewerkschaftsbewegung ... Nutznießer davon wäre das Unternehmertum und die Reaktion.«

Dieser Brief Brümmers, nach der Erfahrung der gescheiterten Verhandlungen mit den Unternehmern und der Haltung der Mehrheit des Bundestages in der ersten Lesung der Mitbestimmungsgesetzesentwürfe geschrieben, aber auch nach dem vorerst folgenlosen Entschluß der Gewerkschaften, Kampfmaßnahmen einzusetzen, sollte seine Kollegen in der Gewerkschaftsführung zwingen, statt einer Politik des Sich-treiben-lassens in den entscheidenden Fragen der Neuordnung der Wirtschafts- und Betriebsverfassung zu überdenken, welche von den angegebenen Zielen man durch entschlossenes Handeln überhaupt realisieren könnte. Die ständige Unterdrückung durch die alliierten Maßnahmen und die bedrängende Notlage der Nachkriegszeit waren für ihn keine Entschuldigung dafür, daß die Gewerkschaftsbewegung und vor allem ihre Führung sich der Erarbeitung einer klaren Konzeption, auf welche Weise man die selbst verkündeten Ziele verwirklichen könne, entzog. Das Grundsatzprogramm, das in München beim Gründungskongreß verabschiedet worden war, leistete diese Aufgabe ebensowenig wie der Gesetzesvorschlag vom Mai 1950, da es sich hier nur um die Wiederholung der Maximalforderungen handelte, ohne daß angegeben wurde, in welcher Form und auf welchem Weg sie realisiert werden sollten. Brümmer kritisierte damit die Abneigung des Gros der Gewerkschaftsführer gegen längerfristige Strategien, die zu ihrer Verwirklichung einen konsequenten, etappenweise geführten Kampf notwendig machten. Die pragmatische Grundeinstellung der meisten führenden Persönlichkeiten der Gewerkschaften erlaubte stattdessen nur ein momentanes Reagieren aus der Defensive auf aktuell sich ergebende Konfliktsituationen. Eine Diskussion, die eine Prüfung der Lage und der eigenen Bestände ebenso wie der Zielvorstellungen eingeschlossen hätte, wurde, sofern man sie überhaupt führte, auf die Spitzenebene der Gewerkschaftsbewegung beschränkt. Sich einer breiten Erörterung auf allen Ebenen der Organisation zu stellen, die die Gewähr bieten könnte, der Unbeweglichkeit und drohenden Erstarrung solcher sozialer Großgebilde, wie sie der Gewerkschaftsbund bereits wieder darstellte, entgegenzuwirken und die politische Apathie der Mehrheit der Mitgliedschaft in fruchtbare Mitwirkung an der Durchsetzung der beschlossenen Ziele zu verwandeln, widersprach dem Selbstverständnis der Gewerkschaftsführung weitgehend. Es spricht nicht gegen Brümmers Beurteilung der Lage, daß sich die Gewerkschaft wenige Monate nach diesem Brief tatsächlich zu einer entschlossenen Haltung, nämlich in der Frage der Verteidigung des Montanmitbestimmungsrechts, durchrang. Die günstigen Bedingungen, die hier zusammentrafen und die schon geschildert wurden, verdeckten nur die tatsächliche Situation. Das zeigte sich mit aller Deutlichkeit aus dem weiteren Verlauf der Entwicklung, nachdem dieser erste Einbruch in die Position der Alleinherrschaft der Unternehmer in der Wirtschaft gelungen war. Statt diese Etappe als Basis für ein weiteres Einbrechen in die Unternehmerherrschaft zu nutzen, fiel die Gewerkschaftsführung zurück in die durch den Montanmitbestimmungskampf nur kurz unterbrochene Politik der radikalen Entschließungen, die praktisch folgenlos blieben. Die Verhandlungen mit der Bundesregierung, die so lange fruchtlos bleiben mußten, als erkennbar war, daß von Gewerkschaftsseite kein wirksamer Druck ausgeübt werden würde, kennzeichneten für ein weiteres Jahr die Politik der Gewerkschaftsführung.

Die Durchsetzung der Vorstellungen der Bundesregierung
für ein Betriebsverfassungsgesetz nach dem Abbruch
der Kampfmaßnahmen durch die Gewerkschaftsführung

Auf dem außerordentlichen Kongreß des DGB im Juni 1951 in Essen, der notwendig geworden war, um einen Nachfolger für den verstorbenen Hans Böckler zu wählen, wurde der Regierungsentwurf für ein Betriebsverfassungsgesetz durch das Vorstandsmitglied Erich Bührig einer grundsätzlichen Kritik unterzogen und als »Verschlechterung des geltenden Rechtszustandes auf der ganzen Linie« bezeichnet. [94] Die Arbeitnehmer in den Betrieben würden dieses Gesetz nicht widerstandslos hinnehmen. Die Gewerkschaften würden in diesem Fall aber auch »nicht die Rolle einer Feuerlöschpolizei übernehmen«. [95] Bührig schloß sein Referat mit der Mahnung: »Seien wir uns dessen bewußt, daß kommende Geschlechter uns danach beurteilen, wie wir diesem geschichtlichen Auftrag gerecht werden.« [96] Konkrete Beschlüsse zur Durchsetzung der eigenen Forderungen oder zur Verhinderung der Absichten der Regierung wurden aber nicht gefaßt. Der Beschluß vom Juli 1950, Kampfmaßnahmen einzusetzen, schien durch die Auseinandersetzungen um das Montanmitbestimmungsrecht abgegolten zu sein. Der neugewählte Vorsitzende, Christian Fette, vorher erster Vorsitzender

[94] Prot. a. o. Kongreß des DGB 1951 (52), 105
[95] a.a.O. (52), 106
[96] a.a.O. (52), 108

der IG Druck und Papier, beschränkte sich in seinem Schluß-
wort auf die Feststellung, daß er vollinhaltlich zu Böcklers
Ausspruch stünde, »der sagte, daß die gewerkschaftliche Forderung nach Mitbestimmung unabdingbar ist.« [97] Dieses Ziel
werde bis zu seiner Erreichung angestrebt. Das Mittel des
Streiks erwog Fette offenbar nur sehr bedingt, wie aus seiner
Antwort an die Opposition hervorging, der er zurief: »Nicht
diejenige Gewerkschaft – merkt es Euch, Freunde von links –
die am meisten streikt, hat die besten Lohn- und Arbeitsbedingungen, sondern diejenige Gewerkschaft, die Rückgrat an Organisierten und Pulver hat, weil man mit dieser keinen Streik
aufnimmt.« [98] Diese bemerkenswerte Äußerung Fettes am
Schluß des Bundeskongresses zeigte, daß ein Teil des Bundesvorstands offenbar der Auffassung war, eine Stärkung der Organisation von innen her werde bereits eine derartige Ausstrah-
lung nach außen besitzen, daß ihre Forderungen ohne den
Einsatz gewerkschaftlicher Kampfmittel gebührend berücksichtigt würden. Die dieser Auffassung entsprechende Taktik war
das Verhandeln mit der Regierung und vor allem mit dem
Bundeskanzler. Erst als sich gegen Ende 1951 nach sechs ausführlichen Verhandlungen mit dem Kanzler [99] und Mitgliedern
seines Kabinetts herausstellte, daß auf diese Weise nicht das
geringste Nachgeben der Regierung bei den von ihr verfolgten
Plänen zu spüren war, entschloß man sich, die Mitarbeit in den
wirtschaftspolitischen Gremien, die die Regierung geschaffen
hatte, einzustellen. [100] Auch dieser Entschluß, der bereits im Juli
1951 angekündigt worden war und immer wieder aufgrund der
scheinbaren Gesprächsbereitschaft Adenauers verschoben worden
war, blieb ohne weitere Folgen. Während sogar noch Teile der
Gewerkschaftsführung für ein Weiterverhandeln plädierten [101],
obwohl die Aussichtslosigkeit solcher Verhandlungen offenkundig war, stellte Fette auf der Bundesausschußsitzung vom 3. 12.
1951 lediglich fest, »die Bundesregierung und die sie tragenden

[97] a.a.O. (52), 143
[98] a.a.O. (52), 151
[99] vgl. DGB-Info (70) III, 44, 58 f, 99 f, 105 f, 121, 131 f
[100] a.a.O. (70) III, 133 ff, angekündigt war die Einstellung bereits am
24. 7. 1951, s. a.a.O. (70) III, 39 ff
[101] vgl. Protokoll Beiratssitzung der IG Metall v. 8./10. 8. 1951, S. 17 f, im
Archiv der IG Metall (2) und Protokoll der Beiratssitzung der IG Metall
v. 24./25. 11. 1951, S. 1 ff, a.a.O. (2). Besonders Walter Freitag vertrat
diese Linie

politischen Parteien zeigen ... wenig Bereitschaft, den Forderungen der Gewerkschaften auch nur in etwa entgegenzukommen.« [102]

Damit war die Auseinandersetzung zwischen Regierung und Gewerkschaften aber noch keineswegs in eine neue Phase geraten. Die Beratungen im Bundestagsausschuß für Arbeit, dem die Gesetzentwürfe vorlagen, zogen sich weiter hin. Wie der stellvertretende Vorsitzende des DGB, Willi Richter, am 4. 1. 1952 vor dem Beirat der IG Metall mitteilte [103], werde dort jeder Vorstoß gewerkschaftsfreundlicher Abgeordneter, ob von seiten der SPD oder der CDU, sofort mit einem Gegenangriff der anderen Seite beantwortet und so blockiert. Die Regelungen für die überbetriebliche Mitbestimmung, »die für uns als Gewerkschaften die wichtigste ist«, würden ohnehin verhindert oder verschoben. Es zeige sich auf Regierungsseite eine Tendenz, den »Betriebssyndikalismus oder Betriebsegoismus« zu fördern, dadurch, daß den Organen des Betriebes, also dem Betriebsrat, Machtmittel in die Hand gegeben würden, die nicht im Interesse der Arbeitnehmerschaft lägen. Richter deutete damit eine Besorgnis der Gewerkschaften an, die später auch Bührig auf einer Arbeitstagung des DGB im Februar 1952 offen aussprach. [104] Wenn der Betriebsrat eine zu starke und von den Gewerkschaften unabhängige Position zugesprochen erhalte, brächte ihn das in eine Zwitterstellung zwischen Gewerkschaften und Arbeitgeber, die zwangsläufig eine stärkere Abhängigkeit vom Arbeitgeber wegen der Betriebsgebundenheit zur Folge hätte. Die Absicht der Regierung, die Gewerkschaften aus den Betrieben zu verdrängen, bzw. sie dem gewerkschaftlichen Einfluß zu entziehen, stünde hinter diesen Bestrebungen. Tatsächlich war das Ergebnis, daß die Ausschüsse für Arbeit und Wirtschaft schließlich einen Betriebsverfassungsgesetzentwurf vorlegten, der den gewerkschaftlichen Vorstellungen kaum noch entsprach. [105] Von der wirtschaftlichen Mitbestimmung der Betriebsräte war nur noch der Wirtschaftsausschuß übriggeblieben mit einem Anspruch auf Unterrichtung durch die Betriebs-

---

[102] vgl. Protokoll der 11. Sitzung des Bundesausschusses des DGB am 3. 12. 1951, S. 1, im Archiv des DGB (1)

[103] vgl. Protokoll der Beiratssitzung der IG Metall v. 4. 1. 1952, 1 ff, im Archiv der IG Metall (2)

[104] vgl. DGB-Info (70) IV, 126

[105] s. Verhandlungen des Deutschen Bundestages, I. Wahlperiode (63), Anlage Bd. 19 – Drucksache 3585

leitung und eine Beteiligung von einem Drittel Arbeitnehmervertretern im Aufsichtsrat. Artikel 49 betonte die Zusammenarbeit zwischen Arbeitgeber und Betriebsrat »zum Wohl des Betriebes und seiner Arbeitnehmer unter Berücksichtigung des Gemeinwohls«. Dieser Artikel erinnerte deutlich an den Paragraphen 1 des Weimarer Betriebsrätegesetzes, der die Formel von der Unterstützung des Arbeitgebers und der Erfüllung der Betriebszwecke enthalten hatte. Die Besorgnis der Gewerkschaften, der Betriebsrat, für den das Mittel des Arbeitskampfes verboten wurde, werde wieder eine Zwitterstellung erhalten, statt eindeutiger Interessenvertreter der Belegschaft zu sein, bewahrheitete sich. Außerdem war lediglich von einem Zusammenwirken mit den Gewerkschaften die Rede, nicht, wie noch im Kontrollratsgesetz Nr. 22, von einem Recht der Gewerkschaften, direkt auf die Bildung des Betriebsrates einzuwirken und ihn in seiner Arbeit anzuleiten.

Diese sichtbar ungünstiger werdende Entwicklung vermochte die Gewerkschaften aber immer noch nicht zu bewegen, sich nachdrücklicher als durch Appelle in die Auseinandersetzung einzuschalten. Erst als bekannt wurde, daß die Regierung ernsthafte Anstalten treffe, ein Sondergesetz für den öffentlichen Dienst durchzusetzen, begann wieder die Diskussion über Kampfmaßnahmen in der Gewerkschaftsführung. Die Absicht der Regierung, ein gesondertes »Personalvertretungsgesetz« zu schaffen, das die einheitliche Front der Arbeitnehmer aufzuspalten drohte, und den öffentlichen Dienst unter Sonderbedingungen stellen würde, die wesentlich verminderte Rechte beinhalteten, war schon im November 1950 andeutungsweise bekannt geworden. [106] In der Argumentation der Regierung hieß es, durch eine Mitbestimmung oder Mitwirkung der Betriebsräte im öffentlichen Dienst werde die parlamentarische Verantwortung ausgeschaltet oder eingeengt, zudem habe ein Großteil des öffentlichen Dienstes keine wirtschaftliche Zweckbestimmung. Am 10. 3. 1952 hatte sich daher der DGB an den Bundesrat gewandt und ihn in einer Eingabe gebeten, dem von der Bundesregierung eingebrachten Entwurf eines Personalvertretungsgesetzes die Zustimmung zu versagen. [107] Inzwischen drängte aber bereits der Vorsitzende der Gewerkschaft ÖTV, Kummer-

---

[106] vgl. DGB-Info (70) I, 100
[107] a.a.O. (70), IV, 76 und 130

nuss, die Gewerkschaftsführung, sich für Kampfmaßnahmen einzusetzen, um ein einheitliches Betriebsverfassungsgesetz zu erreichen. [108]

Zu einem derartigen Beschluß kam es aber erst am 10. April 1952 [109], mehr als zwei Jahre nach den gescheiterten Verhandlungen von Hattenheim und kurz vor der drohenden endgültigen Verabschiedung eines Betriebsverfassungsgesetzes im Sinne der Regierungsvorstellungen. Zu einem Zeitpunkt, wo sich die politische und wirtschaftliche Grundordnung der Bundesrepublik zudem wieder so weit zugunsten der sozialkonservativen Kräfte gefestigt hatte, daß auch die öffentliche Meinung den Gewerkschaftsforderungen weitgehend ablehnend gegenüberstand. Im Beschluß des Bundesvorstands vom 10. 4. 1952 hieß es nun: »Der Bundesvorstand beauftragt den geschäftsführenden Bundesvorstand in Gemeinschaft mit den Vorständen der Gewerkschaften, alle geeignet erscheinenden Maßnahmen zu treffen, um der Forderung auf Schaffung eines einheitlichen, fortschrittlichen Betriebsverfassungsgesetzes Geltung zu verschaffen.« [110] Daß es sich dabei um die Einleitung von Kampfmaßnahmen handelte, wurde auch noch nicht voll deutlich, als der Bundesausschuß des DGB am 22. April 1952 den Vorstandsbeschluß bestätigte. [111] Erst auf einer Pressekonferenz vom 12. Mai 1952, kurz vor der geplanten, dann aber verschobenen zweiten Lesung des Betriebsverfassungsgesetzes, informierte der Bundesvorstand des DGB die Öffentlichkeit darüber, daß Vorstand und Ausschuß »nach eingehender Prüfung der Situation einstimmig beschlossen hätten, gegebenenfalls durch Einsatz gewerkschaftlicher Machtmittel auf die Schaffung eines Betriebsverfassungsgesetzes hinzuarbeiten, das auch die Zustimmung des Deutschen Gewerkschaftsbundes finden kann.« [112] Gleichzeitig wurde ein Flugblatt in zehn Millionen Auflage verbreitet, das die Arbeiter, Angestellten und Beamten über die Situation aufklären

---

[108] vgl. Protokoll der 13. Sitzung des Bundesausschusses des DGB am 21./ 22. 4. 1952, S. 1, im Archiv der IG Metall (2). Aus dem Bericht Bührigs über die Bundesvorstandssitzung des DGB v. 1. 4. 1952 geht hervor, daß Kummernuss bereits auf der Düsseldorfer Arbeitstagung v. 28./29. 2. 1952 dieses Problem anschnitt.

[109] a.a.O. (2), S. 2

[110] s. DGB-Info (70) IV, 173

[111] s. Protokoll der Bundesausschußsitzung des DGB v. 21./22. 4. 1952, S. 3 Anlage, im Archiv der IG Metall (2)

[112] s. DGB-Info (70) IV, 213 ff

sollte. Adenauer wurde durch ein Schreiben Fettes persönlich unterrichtet. [113]

Innerhalb des DGB-Bundesvorstands war bereits in einer Sitzung am 1. 4. 1952 Einmütigkeit darüber hergestellt worden, daß zur Erreichung eines einheitlichen Betriebsverfassungsgesetzes auch eventuell Kampfmaßnahmen in die Überlegung einbezogen werden müßten. [114] Nach Rücksprache mit den Vorständen der einzelnen Gewerkschaften war dann am 10. 4. 1952 in einer außerordentlichen Bundesvorstandssitzung nach ausführlicher Diskussion festgestellt worden, daß sich fast alle Gewerkschaften solidarisch an eventuellen Aktionen beteiligen würden. Eine elfköpfige Kommission wurde gewählt, die sich mit den vorbereitenden Maßnahmen beschäftigen und Vorschläge ausarbeiten sollte, wie man durch außerparlamentarische Aktionen in die Beschlußfassung des Parlaments eingreifen könne. Die Bildung dieser Kommission sollte ausdrücklich geheim bleiben. In der Sitzung des Bundesausschusses vom 21. 4. 1952 wurde dann geklärt, daß nicht sofort an einen Generalstreik gedacht werden könne, wie bereits in der Presse gerüchteweise zu lesen stünde, sondern daß zunächst andere Mittel im Sinne einer Zermürbungstaktik anzuwenden seien. [115] Die erste Tagung der Elfer-Kommission, die die konkreten Maßnahmen vorbereiten sollte, brachte eine Diskussion über die verschiedenen Vorschläge für wirksame Kampfmaßnahmen, die die Vertreter der einzelnen Gewerkschaften im eigenen Bereich für möglich hielten. Die Anregungen, die vom Sitzstreik bis zur Lähmung des öffentlichen Lebens durch Stillegung der Verkehrsmittel oder der Gas- und Stromversorgung reichten, wurden in einem Aktionsplan zusammengefaßt, der vom Verteilen von Flugblättern über Pressekonferenzen, Funktionärskonferenzen, Betriebsversammlungen, öffentliche Kundgebungen, Warnstreiks, Sternfahrten nach Bonn bis zur »Arbeit nach Vorschrift« und der Ankündigung weiterer Maßnahmen in der Kohle- und Stahlerzeugung die verschiedensten Kampfmaßnahmen einbezog. Auch ein Zeitungsstreik wurde bereits erörtert. Wirksame propagandistische Arbeit sollte alle Aktionen begleiten. [116]

---

[113] a.a.O. (70) IV, 213 f
[114] vgl. Protokoll Bundesausschußsitzung des DGB v. 21./22. 4. 1952, S. 2, im Archiv der IG Metall (2)
[115] a.a.O. (2), 2
[116] vgl. Protokoll über die Sitzung der Elfer-Kommission am 29. 4. 1952, im Archiv der IG Metall (2)

Mit diesem Aktionsplan waren die Gewerkschaften nun zwar aus ihrer passiven Politik der unfruchtbaren Verhandlungen und folgenlosen Appelle herausgetreten, aber damit war die zweite ebenso wichtige Bedingung für eine erfolgreiche Durchsetzung der Gewerkschaftsvorstellungen noch nicht gegeben, nämlich die Klarheit über das Ziel, für das die Kampfmaßnahmen eingesetzt werden sollten. [117] Auf der einen Seite, und so hatte man es auch in dem Flugblatt an die Arbeitnehmer formuliert, hieß die Parole: »Dieser Entwurf darf nicht Gesetz werden.« [118] Ein eigener isolierter Gegenentwurf sollte nicht vorgelegt werden. Der von der SPD eingebrachte Gesetzesentwurf, der sich mit den DGB-Vorschlägen vom Mai 1950 deckte, bedeutete nur eine pauschale Regelung und hatte sein Schwergewicht auf der überbetrieblichen Mitbestimmung. Daß man zu einem solchen konkreten Gegenentwurf auch nicht bereit war, zeigte sich an der Tatsache, daß es unter den SPD-nahen gewerkschaftlichen Parlamentariern bereits Empörung auslöste, als eine Gegenüberstellung von geplantem Regierungsentwurf und gewerkschaftlichen Forderungen in Broschürenform, herausgegeben vom IG Metall-Vorstand, in Bonn auftauchte. [119] Die Parlamentarier, vor allem einer der IG Metall-Vorsitzenden, Walter Freitag selbst, sprachen von einem Skandal, denn die Aktion des DGB ziele nur darauf, den vorliegenden Gesetzesentwurf zum Scheitern zu bringen, und werde durch eigene Entwürfe empfindlich gestört. [120] Diese Reaktion ist umso bemerkenswerter als andererseits seit langem ein sozialpolitischer Ausschuß unter Leitung von Erich Bührig ständig tagte und Verbesserungsvorschläge gegenüber dem Regierungsentwurf erarbeitete, die dann im Ausschuß für Arbeit des Bundestages bei den Beratungen vertreten wurden. Hans Brümmer, ebenfalls

---

[117] a.a.O. (70) IV, 216. Brümmer hatte in der ersten Sitzung der Elfer-Kommission vergeblich versucht, zunächst eine Diskussion über das Kampfziel herbeizuführen. Ihm war entgegnet worden, daß dies nicht Sache der Kommission, sondern des Bundesvorstandes und Bundesausschusses sei.

[118] s. DGB-Info (70) IV, 216

[119] Diese Broschüre, datiert v. 19. 5. 1952, stammte von dem Arbeitsrechtsexperten der IG Metall, Olaf Radke, der sie auf Wunsch der Spitzenfunktionäre zusammengestellt hatte, um übersichtliches Material zu erhalten. Vgl. dazu den Briefwechsel Freitag – Brümmer v. 29. 5. und 30. 5. 1952 und das Schreiben Radkes v. 24. 5. 1952 an Ollenhauer; Broschüre und Briefe im Archiv der IG Metall (2)

[120] vgl. den Brief Freitags v. 29. 5. 1952 a.a.O. (2)

IG Metall-Vorsitzender, nahm diesen Vorfall zum Anlaß, noch-
mals darauf hinzuweisen, daß »man sich endlich im Bundesvorstand auf schnellstem Wege über das Kampfziel, das wir
beim Betriebsverfassungsgesetz verfolgen, klar werden muß« [121],
sonst sei es sinnlos, über taktische Fragen zu beraten. Die Un-
klarheiten über das Ziel des bereits begonnenen Kampfes und
das Ausbleiben einer Diskussion darüber in den Kreisen der
Gewerkschaftsführung weisen darauf hin, daß die Gewerkschaftsführung nicht in der Lage war, ein tragfähiges Konzept
zu entwickeln, mit dem der zunehmenden Restauration der
Wirtschaftsordnung mit Aussicht auf Erfolg hätte begegnet werden können. Diese Konzeptionslosigkeit mußte sich in der konkreten Auseinandersetzung mit der Regierung als schwerer
Nachteil für die Position der Gewerkschaften herausstellen.
Inzwischen waren bereits die ersten Aktionen der Gewerkschaften angelaufen. Kundgebungen, die mit Arbeitsniederlegungen
verbunden waren, und Warnstreiks bildeten den Auftakt. Darstellungen der Gewerkschaftspresse zufolge [122] demonstrierten
am 15. 5. 1952 in Düsseldorf 60 000 Arbeitnehmer, am folgenden Tag in Hamburg 175 000, am 20. 5. in Hessen mehr als
100 000, in der Folge in Braunschweig 40 000, in Dortmund
80 000, in Mannheim 60 000, in Bielefeld 50 000 und in München Ende Mai 140 000. In Nordrhein-Westfalen waren an
Arbeitsniederlegungen, Warnstreiks und Demonstrationen bis
Anfang Juni etwa 600 000 Arbeitnehmer beteiligt, in Bayern
etwa 560 000. Eine erweiterte Sitzung der Elfer-Kommission
am 18. 5. 1952 brachte im wesentlichen positive Erfahrungsbe-
richte, auch von seiten der DGB-Bezirksleiter. [123] Über das weitere Vorgehen herrschte Übereinstimmung; man beschloß, sich
mit Warnstreiks vorerst nicht zu stark zu engagieren, um noch
Steigerungsmöglichkeiten in Reserve zu haben. Die Aktionen
liefen durchaus zur Zufriedenheit der Gewerkschaftsführung ab,
die am 4. Juni 1952 feststellte, »daß die Arbeitnehmer die
Maßnahmen des Deutschen Gewerkschaftsbundes voll unterstützt und sich an den Abwehraktionen in bisher nicht gekann-

[121] vgl. den Brief Brümmers v. 30. 5. 1952 a.a.O. (2)
[122] vgl. zum folgenden vor allem „Metall" (71), Nr. 11 v. 28. 5. 1952 und
Nr. 12 v. 11. 6. 1952, sowie DGB-Info (70) IV, 225
[123] Niederschrift über die Sitzung der Elfer-Kommission gemeinsam mit den
Landesbezirks-Vorsitzenden des DGB am 18. 5. 1952, im Archiv des
DGB (1)

tem Umfange beteiligt haben«. [124] Die Resonanz in der Öffentlichkeit war allerdings nicht so positiv. Nicht zuletzt, weil der erste Höhepunkt der Kampfmaßnahmen die taktisch ungeschickte Maßnahme der Bestreikung der Tageszeitungen für zwei Tage darstellte. [125] Dieser Druckerstreik vom 27. bis 29. 5. 1952 verschärfte die Polemik der Presse gegen die Gewerkschaften nur noch, so sehr auch der Bundesvorstand des DGB betonen mochte, daß sich diese Aktion nicht gegen die Pressefreiheit richte. [126] Immerhin hatten die Arbeitsniederlegungen und Demonstrationen den Erfolg, daß der Termin für die zweite Lesung des Regierungsentwurfs weiter hinausgeschoben worden war und Adenauer Verhandlungen anbot. [127] Die Gewerkschaftsführung stand damit vor einer ähnlichen Situation wie Ende 1950/Anfang 1951 in der Frage der Montanmitbestimmung. Die Arbeitnehmer hatten gezeigt, daß sie bereit waren, sich entschlossen für ihre Rechte einzusetzen, die Regierung mußte zur Kenntnis nehmen, daß ihre Absichten nicht widerstandslos hingenommen würden. Adenauer hatte in seinen Briefen an Fette auch auf die Situation vom Dezember 1950 und seine Briefe an Böckler verwiesen, deren Argumentation er noch einmal wiederholt hatte. Er fügte lediglich hinzu, daß die Gewerkschaftsmaßnahmen bedenklicherweise zeitlich den Drohungen gleich seien, die aus der Sowjetzone kämen und die Verhinderung der Unterzeichnung des Deutschlandvertrages mittels eines Generalstreiks bezweckten. [128] Obwohl sich der DGB längst von derartigen Zusammenhängen distanziert hatte, versuchte Adenauer seine Gegenspieler damit in den Geruch von Verbündeten der Kommunisten zu bringen. Eine Maßnahme, die dem Klima des Kalten Krieges entsprach. Fette wies diese demagogischen Versuche zurück und erklärte sich im übrigen zu dem angebotenen Gespräch, allerdings nicht wie ge-

---

[124] DGB-Info (70) IV, 248
[125] a.a.O. (70) IV, 237
[126] a.a.O. (70), IV, 240. Für die negative Aufnahme dieser Aktionen in der Öffentlichkeit ist ein Brief des den Gewerkschaften im allgemeinen sehr wohlwollend gegenüberstehenden Prof. Alfred Weber an den DGB-Bundesvorstand v. 7. 6. 1952 bezeichnend. Weber kritisierte am Druckerstreik, daß eine völlig ungenügende Aufklärung der Öffentlichkeit vorangegangen sei, die die Unbeteiligten gegen die Gewerkschaften eingenommen habe. Der Brief befindet sich im Archiv des DGB (1)
[127] vgl. DGB-Info (70) IV, 254
[128] a.a.O. (70) IV, 231, Schreiben Adenauers v. 16. 5. 1952

wünscht allein, sondern mit einer Delegation, bereit. [129] Die
Adenauerschen Argumente von der Unrechtmäßigkeit der gewerkschaftlichen Maßnahmen wies er unter Berufung auf Böcklers Briefe vom Dezember 1950 mit den gleichen Gründen zurück. [130]

Ähnelten sich so weit die Situationen und Argumente vom Juni
1952 und vom Dezember 1950, so unterschieden sie sich gleich-
wohl auch beträchtlich. Einmal hatten sich die Verhältnisse
weiter zuungunsten der Gewerkschaften konsolidiert, und zum
anderen besaß die Gewerkschaftsführung keinerlei klare Vorstellungen von dem Ziel, das sie eigentlich mit ihren Kampfmaßnahmen erreichen wollte. [131] Sie wußte nur, daß sie den
Regierungsentwurf nicht wollte, einen anderen aber nicht an-
bieten konnte oder wollte. Sie war sich ebenfalls bewußt, daß
derartige entscheidende Fragen der Wirtschaftsverfassung nur
gesetzmäßig zu regeln waren.

Ihren entscheidenden Fehler machte die Gewerkschaftsführung
aber, indem sie auf Drängen Adenauers den Abbruch aller Aktionen anordnete, »mit Rücksicht auf die bevorstehenden Beratungen mit der Bundesregierung vom 11. Juni an ...« [132] Dieser
Beschluß bedeutete, daß sich die Gewerkschaftsführung des
einzigen Druckmittels begab, das sie besaß. Böckler hatte im
verwandten Fall bewußt die Streikdrohung im Hintergrund
stehen gelassen, als er verhandelte, weil er sich im Klaren darüber war, daß dies seine einzige Stärke bei den Verhandlungen
ausmachen würde.

Der Abbruch der Aktionen, am 4. 6. 1952 vom Bundesvorstand
beschlossen und am 14. 6. 1952 nach der ersten Gesprächsrunde
mit Adenauer vom Bundesausschuß des DGB bestätigt [133], stieß
bei seinem Bekanntwerden auf den heftigsten Widerspruch in

---

[129] a.a.O. (70) IV, 230, Schreiben Fettes v. 20. 5. 1952
[130] a.a.O. (70) IV, 229
[131] vgl. dazu einen Brief Brümmers an Fette v. 16. 6. 1952, Abschrift im
Archiv der IG Metall (2), in dem Brümmer zum wiederholten Male den
Versuch unternimmt, den Bundesvorstand dazu zu bewegen, Klarheit
über das Ziel des Kampfes zu erreichen. U. a. schreibt er: „Die Schlag-
sätze genügen nicht: Dieser Entwurf darf nicht Gesetz werden! Denn ein
paar kleine nichtssagende Änderungen haben wohl das Äußere geändert,
aber nicht den Geist und den Inhalt . . . Der Bundesvorstand hat die
Verpflichtung, unseren Kollegen, die zu den Verhandlungen gehen, gewisse Marschlinien vorzuschreiben . . ."
[132] vgl. DGB-Info (70) IV, 254
[133] a.a.O. (70) IV, 255

den mittleren und unteren Funktionärsschichten, aber auch beim politisch bewußten Teil der Mitgliedschaft. Auf dem zweiten Gewerkschaftskongreß der IG Chemie, der vom 17. bis 20. Juni 1952 in Frankfurt tagte, mußte sich der anwesende Fette scharfer Kritik erwehren. Ein Delegierter aus Hannover drückte das Unbehagen vieler aus, als er auf die aufgetauchten Zweifel der Mitglieder hinwies: »Hoffentlich wird unsere Spitze nicht auf halbem Wege stehenbleiben und so etwas wie einen faulen Kompromiß machen.« [134] Der Abbruch der Aktionen sei unverständlich, denn in dem Augenblick, wo die Gegenseite Schwäche zeige, und das sei der Moment gewesen, in dem Adenauer Verhandlungen angeboten hätte, da wäre es richtig gewesen, nach aller Kampferfahrung rücksichtslos nachzusetzen, um zum Erfolg zu kommen. »Ich bin der Meinung, daß die Kollegen draußen wenig Verständnis dafür haben werden, daß in dem Augenblick, wo sich bei der Regierung und auf der Unternehmerseite Schwächen zeigen, unsere Kollegen in der Spitze bereit waren, einen Burgfrieden für mehrere Wochen abzuschließen.« [135] Bezeichnend für die Stimmung der Delegierten war ein Vorfall bei einer Entschließung der Verwaltungsstelle Wuppertal, die in scharfer Form den Regierungsentwurf kritisierte und aufrief, »die gewerkschaftlichen Mittel einzusetzen, um ein der Entwicklung entsprechendes fortschrittliches Betriebsverfassungsgesetz zu erzwingen.« [136] Diese Entschließung wurde zunächst von der Antragskommission mit der Begründung abgelehnt, »daß im Zeichen des augenblicklichen Burgfriedens mit der Regierung diese Resolution nicht angebracht erscheint.« [137] Auf heftigen Protest griff der Vorsitzende der IG Chemie, Gefeller, selber ein und riet der Kommission, die Entschließung zur Annahme zu empfehlen. Sie wurde anschließend in der vorgelegten Form einstimmig angenommen. [138] Noch Monate nach der Verabschiedung der Gesetze, auf dem folgenden DGB-Kongreß, beschäftigte sich die Kritik der Redner mit dem Abbruch der Kampfmaßnahmen. Besonders, »daß der Bundesvorstand den Kampf vorzeitig abgebrochen hat und sich nicht

---

[134] Prot. des 2. Kongresses der IG Chemie 1952 (57), 132. So der Delegierte Winter (Hannover)
[135] Winter, a.a.O. (57), 132
[136] a.a.O. (57), 78
[137] a.a.O. (57), 172
[138] a.a.O. (57), 173

darum kümmerte, wie die Meinung des unteren und mittleren Funktionärskörpers war (Zuruf: Sehr richtig)«[139] erbitterte die Funktionäre der Gewerkschaft.

Fette verhandelte am 13. 6. 1952 an der Spitze einer Delegation zum ersten Mal mit Adenauer und Vertretern der Regierungskoalition über die anstehenden Fragen. Das Ergebnis war die Einsetzung einer Achter-Kommission, paritätisch zusammengesetzt aus Gewerkschaftsvertretern und Abgeordneten, um »vor Beendigung der Beratungen der Ausschüsse des Bundestages die Vorschläge zu besprechen, die hinsichtlich des Betriebsverfassungsgesetzes vom DGB vorgetragen werden.«[140] Außerdem sollten Vorschläge für einen zu errichtenden Bundeswirtschaftsrat gemacht werden. Der Bundesausschuß stimmte am 14. 6. 1952 dem Verhandlungsergebnis zu, da gesichert schien, daß »weitere Beratungen in den Ausschüssen des Bundestages über ein Betriebsverfassungsgesetz ... erst nach dieser Stellungnahme zu erwarten« sind.[141] Davon konnte freilich keine Rede sein; die Beratungen wurden vielmehr von den Koalitionsfraktionen beschleunigt dem Ende zugeführt. Wie sich einen Monat später herausstellte, hatte das Kabinett außerdem am gleichen Tage, an dem mit den Gewerkschaften zum ersten Mal verhandelt worden war, ohne deren Wissen das Sondergesetz für den öffentlichen Dienst verabschiedet, das bekanntermaßen eine der Hauptursachen des gewerkschaftlichen Widerstandes bildete.[142] Die Achter-Kommission war noch einmal am 30. 6. und am 7. 7. 1952 zusammengetreten, ohne große Fortschritte zu erzielen. Als am 7. 7. der Vertrauensbruch der Regierungsseite, den die Verabschiedung des Personalvertretungsgesetzes für den öffentlichen Dienst zweifellos bedeutete, bekannt wurde, wurden die Verhandlungen von Gewerkschaftsseite abgebrochen.[143]

Damit sah sich die Gewerkschaftsführung allerdings einer schwierigen Situation gegenüber. Der Wille der Bundesregierung, noch vor der parlamentarischen Sommerpause, die mit dem 19. 7. begann, das Betriebsverfassungsgesetz zu verabschie-

---

[139] so der Delegierte Kuhlmann (ÖTV) auf dem 2. Bundeskongreß des DGB 1952 (53), 129
[140] DGB-Info (70) IV, 255
[141] a.a.O. (70) IV, 255
[142] a.a.O. (70) V, 24 f. Adenauer selbst hatte, wie er Gewerkschaftsvertretern gegenüber erklärte, nicht an dieser Kabinettssitzung teilgenommen
[143] a.a.O. (70), 26 ff

den, stand außer Frage. Es blieb also nur noch wenig Zeit, um zumindest eine Vertagung der zweiten und dritten Lesung auf einen späteren Zeitpunkt zu erreichen. Bundesvorstand und Bundesausschuß tagten deshalb bereits am 11. und 12. Juli 1952 in einer vorgezogenen Sitzung, um über weitere Maßnahmen zu beraten. Gleichzeitig wurde bekannt, daß, auf Vorschlag des nordrhein-westfälischen Ministerpräsidenten Karl Arnold, Adenauer die Gewerkschaftsvertreter noch einmal für den 14. 7. 1952 zu einer Aussprache nach Bonn eingeladen hatte. [144] Bei der entscheidenden Sitzung des Bundesausschusses am 12. 7., in der darüber beraten werden mußte, in welcher Form und ob überhaupt die Aktionen fortgesetzt werden sollten, stand bereits fest, daß die zweite und dritte Lesung des Betriebsverfassungsgesetzes vom Ältestenrat des Bundestages auf den 16. und 18. Juli 1952 festgesetzt war. [145] Trotzdem hatte der Bundesvorstand des DGB offenbar die Hoffnung nicht aufgegeben, durch Einwirken auf Bundeskanzler Adenauer die Lesungen zu verschieben. Im Protokoll der Bundesausschußsitzung vom 12. 7. heißt es: »Der Vorstand kam in seiner gestrigen Sitzung zu der Auffassung, im Augenblick, d. h. vor der Besprechung mit dem Bundeskanzler, keine entscheidenden Beschlüsse zu fassen. Er empfiehlt dagegen, den geschäftsführenden Vorstand zu beauftragen, nach der Besprechung am Montag den Bundesausschuß u. U. telegrafisch erneut zu berufen.« [146] Fette selbst ergänzte diesen Vorstandsbeschluß durch die Feststellung, »daß das Vorgehen des Bundesausschusses so sein müsse, daß die Verhandlungen am Montag auf keinen Fall gestört würden.« [147] Der Bundesvorstand war also der Auffassung, daß es das Beste sei, die Dinge sich weiter entwickeln zu lassen und auf die Verhandlungen mit Adenauer zu vertrauen. Das Protokoll der Bundesausschußsitzung verzeichnete zu diesem Punkt der Tagesordnung sieben Redner namentlich und weitere Redner, die Terminvorschläge für die nächste Sitzung gemacht hätten. Es gab Stimmen für und gegen weitere Aktionen, sogar von Generalstreik wurde ge-

---

[144] a.a.O. (70), 30
[145] vgl. Protokoll der 16. Sitzung des Bundesausschusses des DGB am 12. 7. 1952, im Archiv der IG Metall (2), die Termine waren dem Vorstand bekannt, s. S. 2
[146] a.a.O. (2), S. 2
[147] a.a.O. (2), S. 2

sprochen. Eine klare Mehrheit für die Wiederaufnahme der seinerzeit abgebrochenen Kampfmaßnahmen fand sich nicht, so daß schließlich ein einstimmiger Beschluß des Bundesausschusses zustandekam, demzufolge der Ausschuß von dem Bericht des Vorstandes und der geplanten Besprechung mit Adenauer am Montag, den 14. 7., Kenntnis genommen habe und zu seiner nächsten Sitzung am 15. 7. wieder zusammentreten werde. [148] Die Besprechungen mit Adenauer am 14. 7. ergaben, wie schon von einigen Mitgliedern des Bundesausschusses richtig vorhergesagt worden war, keinerlei neue Resultate. Offenkundig hatte Adenauer lediglich Zeit gewinnen wollen, denn während einer Unterbrechung der Verhandlungen am 14. 7. verließ er kurzerhand die Sitzung und kehrte nicht wieder zurück, da er, wie den Gewerkschaftsvertretern erklärt wurde, dienstlich verhindert sei. [149] An seiner Stelle machte der Bundestagsabgeordnete Sabel (CDU) klar, daß von seiten der Mehrheit des Bundestages an eine Verschiebung der Termine für die zweite und dritte Lesung nicht mehr gedacht war.
Die am 15. Juli 1952 stattfindende 17. Bundesausschußsitzung des DGB stand damit vor einer völlig unveränderten Situation, mit Ausnahme der wichtigen Tatsache, daß die Frist für die Wiederaufnahme von Aktionen vor den Bundestagslesungen auf ein Minimum zusammengeschrumpft war. Offenbar wollte die Mehrheit der Gewerkschaftsführung eine solche Wiederaufnahme der Kampfmaßnahmen aber auch gar nicht mehr. Fette hatte bereits am 12. 7. vor dem Bundesausschuß erklärt, daß man zwar dem Kanzler gegenüber sehr deutlich werden müsse. »Es jedoch in der Öffentlichkeit schon zu sein, hieße sich erneut dem Vorwurf aussetzen, daß man das Parlament unter Druck setzen wolle.« [150] Die berechtigte Frage gegenüber einer derartigen Argumentation konnte nur lauten, was die Aktionen denn sonst für einen Zweck haben sollten, wenn nicht, dem Parlament nachdrücklich zur Kenntnis zu bringen, welches der Wille der organisierten Arbeitnehmerschaft der Bundesrepublik sei. Fettes Argumentation entsprach vollkommen der Adenauers, die dieser in seinem Brief vom 16. 5. in Anlehnung an seine Schreiben an Böckler während der Aus-

[148] a.a.O. (2) S. 6
[149] vgl. Protokoll der 17. Sitzung des Bundesausschusses des DGB am 15. 7. 1952, im Archiv der IG Metall (2), S. 2
[150] Protokoll der 16. Sitzung v. 12. 7. 1952 ,im Archiv der IG Metall (2), S. 5

einandersetzungen um das Montanmitbestimmungsgesetz wiederholt hatte: Streiks, um der Parlamentsmehrheit den gewerkschaftlichen Willen aufzuzwingen, seien verfassungswidrig. »Der Wähler allein hat das Recht, durch die Abgabe seiner Stimme bei Wahlen die Zusammensetzung des Parlaments zu bestimmen und damit die parlamentarische Willensbildung zu beeinflussen.« [151] Indem Fette diese Grundsätze praktisch anerkannte, verließ er auch den Boden der Böcklerschen Argumentation, auf die er sich noch in seinen Antwortschreiben an Adenauer berufen hatte. Das Recht der wirksamen Mitbestimmung der organisierten Arbeitnehmerschaft bei der Gestaltung der Wirtschafts- und Betriebsverfassung, das Böckler noch energisch verteidigt hatte, wurde von Fette aufgegeben zugunsten einer Integration in das bestehende System der repräsentativen Demokratie, so wie sie von der bürgerlichen Mehrheit des Parlaments aufgefaßt und praktiziert wurde. Daß Fette mit diesem Verzicht auf eine Beeinflussung der grundlegenden Strukturen der Wirtschaftsverfassung durch nachdrückliche Willenskundgebungen der Arbeitnehmerschaft in der Gewerkschaft nicht alleine stand, zeigt auch die Äußerung, die einer der IG Metall-Vorsitzenden, Walter Freitag, auf dem zweiten ordentlichen Gewerkschaftstag seiner Organisation im September 1952, nach der Verabschiedung des Gesetzes, tat: »Wir haben die Haltung eingenommen, alle zusammen, wie sie nur eingenommen werden konnte: Das Parlament hat gesprochen und der Entscheidung des Parlaments müssen wir uns beugen.« [152]

Die 17. Bundesausschußsitzung des DGB am 15. 7. 1952 stand vor einer fast aussichtslosen Lage, was die wirksame Beeinflussung der parlamentarischen Prozedur der Beratungen des Betriebsverfassungsgesetzes anbetraf. Es standen nur noch drei Tage zur Verfügung, um etwas zu unternehmen. Fette schlug in seiner Sitzung zwar einen befristeten Warnstreik vor, nachdem er die Verantwortung dazu vom Bundesvorstand auf die Industriegewerkschaften verlegt hatte, aber, wie aus seiner Argumentation deutlich wurde, weniger, weil er an einen tatsächlichen Erfolg glaubte, sondern, wie es im Protokoll heißt: »Kollege Fette hält eine solche Aktion im Interesse des

---

[151] vgl. DGB-Info (70) IV, 231
[152] Prot. 2. Gewerkschaftstag der IG Metall 1952 (42), 169

Vertrauens der Mitglieder des DGB für notwendig.«[153] Zweck einer solchen Aktion wäre es also nur gewesen, die Mitglieder zu beschwichtigen. Damit waren allerdings eine Reihe von Mitgliedern des Bundesausschusses nicht einverstanden. Während einige für Steigerung der Aktionen eintraten, bestanden andere noch immer darauf, daß man sich ruhig verhalten müsse, um die dritte Lesung vielleicht doch noch verhindern zu können. Eine Unterbrechung der Sitzung gab dann dem geschäftsführenden Bundesvorstand die Gelegenheit, sich mit den Vorsitzenden der großen Industriegewerkschaften gesondert zu beraten. Die Neigung dieser Organisationen für eine Wiederaufnahme der Kampfmaßnahmen war gering. Das Resultat war ein gemeinsamer Vorschlag, demzufolge der Bundesausschuß »seinen Unwillen darüber zum Ausdruck bringt, daß Bundesregierung und Bundestag bis zur Stunde noch nicht dem Willen der gewerkschaftlich organisierten Arbeitnehmerschaft auf Schaffung eines fortschrittlichen Betriebsverfassungsgesetzes entsprochen haben.«[154] Daran sollte sich ein letzter Appell an die Abgeordneten aller Parteien anschließen, die dritte Lesung von der Tagesordnung abzusetzen. Außerdem wollte man aufklärende Flugblätter verteilen. Dieser Beschluß wurde schließlich gegen zwei Stimmen auch angenommen. Auf ausdrückliche Forderung des Vorsitzenden der Gewerkschaft Nahrung und Genuß, Nätscher, der sich bis zuletzt noch für Kampfmaßnahmen eingesetzt hatte, mußte dann noch darüber abgestimmt werden, ob eine bis zum 17. 7. 1952 durchzuführende Aktion die Steigerung der Gesamtaktionen bringen sollte. Die Abstimmung ergab 15 Stimmen für diesen Vorschlag, 24 Stimmen dagegen und 10 Enthaltungen. Um nach außen hin das geschlossene Bild des DGB zu erhalten, sollte dieses Abstimmungsergebnis vorerst nicht bekannt werden.[155]
Die Gewerkschaften hatten damit ihre Resignation gegenüber einer Beeinflussung des Parlaments bekundet, und die Durchführung der zweiten und dritten Lesung des Betriebsverfassungsgesetzes nach dem CDU/CSU- und dem Regierungsentwurf in der Fassung, die er in den Ausschüssen erhalten hatte, war nur noch eine Formsache. Die von den Ausschüs-

[153] Protokoll der 17. Sitzung des Bundesausschusses des DGB v. 15. 7. 1952, im Archiv der IG Metall (2), S. 6
[154] a.a.O. (2), S. 6
[155] a.a.O. (2), S. 8 und 9

sen vorgelegte Fassung wurde im Eiltempo vor der Sommerpause ohne Berücksichtigung der Abänderungsanträge der
Oppositionsparteien am 16., 17. und 19. Juli verabschiedet. [156]
Die namentliche Schlußabstimmung am 19. 7. 1952 ergab 354
abgegebene Stimmen, davon 195 Ja-Stimmen, 140 Nein-Stim-
men und 7 Enthaltungen, die von Abgeordneten stammten,
die den CDU-Sozialausschüssen angehörten. Von den Berliner
Abgeordneten stimmten 6 dafür und 6 dagegen. [157] Der DGB
bezeichnete in seiner Stellungnahme den Tag der Verabschiedung des Betriebsverfassungsgesetzes als »schwarzen Tag für
die demokratische Entwicklung der Bundesrepublik«. [158] Fette
erinnert in einer Rundfunkansprache vom 19. 7. 1952 an
Adenauers Worte von den Neuwahlen zum Bundestag im kommenden Jahr, die die Gelegenheit böten, das zu ändern, was
nun Gesetz sei. [159]

[156] s. Verhandlungen des Deutschen Bundestages, Erste Wahlperiode (63)
     9932 A ff, 10 239 A ff
[157] a.a.O. (63), 10 281
[158] DGB-Info (70) V, 41
[159] a.a.O. (70) V, 39 ff

4. Die Bedeutung der Niederlage der Gewerkschaften im Kampf um das Betriebsverfassungsgesetz für die künftige Rolle der Gewerkschaften in der Bundesrepublik

Die Niederlage der Gewerkschaften bei ihren Bemühungen, ein Betriebsverfassungsgesetz zu verhindern, das den Interessen der organisierten Arbeitnehmerschaft widersprach, stellte in gewissem Sinne den Endpunkt einer ersten Phase in der Geschichte der Bundesrepublik dar. Die innere Konsolidierung des restaurierten Wirtschafts- und Gesellschaftssystems fand einen vorläufigen Abschluß mit der Unterordnung der Gewerkschaften unter den Willen des Parlaments. Dieses Faktum hatte seine Ursache nicht so sehr darin, daß die Gewerkschaften durch ungeschicktes Taktieren eine Niederlage erlitten hatten, sondern in der prinzipiellen Anerkennung des Anspruchs der Regierung und des Parlaments durch die Gewerkschaftsführung, Wirtschaftsverfassung und Wirtschaftspolitik allein zu gestalten und gewerkschaftlicherseits Änderungen nur noch anzustreben, sofern sie innerhalb des einmal anerkannten Modells der bürgerlich-parlamentarischen Demokratie möglich seien. Das bedeutete eine Beschränkung der gewerkschaftlichen Politik auf die Einwirkung über die Stimmabgabe bei den Wahlen, die möglicherweise eine parlamentarische Mehrheit zustande bringen könnte, die den gewerkschaftlichen Vorstellungen aufgeschlossener gegenüberstände. Die Gewerkschaften hatten damit eine Integration in das bestehende System vollzogen, die zwar der von ihnen seit geraumer Zeit bereits praktizierten Politik entsprach, nicht jedoch dem weiter vorgetragenen Anspruch, die Wirtschaftsordnung als solche zu verändern. Daß mit den Auseinandersetzungen um das Betriebsverfassungsgesetz diese prinzipielle Entscheidung getroffen wurde, erkannten im Laufe dieses Kampfes offenbar nur wenige Funktionäre in der Gewerkschaftsführung so deutlich wie der damalige Bezirksleiter der IG Metall in Hannover und spätere erste Vorsitzende dieser Gewerkschaft, Otto Brenner. Brenner erklärte auf dem

DGB-Kongreß im Oktober 1952 im Laufe der Debatte um das Versagen der DGB-Führung bei den Auseinandersetzungen um das Betriebsverfassungsgesetz: »Die wiedererstarkten restaurativen Kräfte in Deutschland, das wiedererstarkte restaurative Unternehmertum zielen darauf ab, den aufstrebenden Gewerkschaften nach 1945 die erste entscheidende Niederlage beizubringen. Darum war meiner Meinung nach der einmal begonnene Kampf um das Betriebsverfassungsgesetz von entscheidender Bedeutung, und alles das, was heute hier schon angesprochen wurde ... sind jetzt schon die Folgeerscheinungen dieses verlorengegangenen Kampfes.« [160] Über die Ursachen der Niederlage hatte ebenso klar einer der IG Metall-Vorsitzenden, Hans Brümmer, bereits unmittelbar nach der Niederlage geschrieben: »Ich glaube, es wird vielfach übersehen, daß es sich hier um eine grundsätzliche Auseinandersetzung zwischen der kapitalistischen Welt und uns gedreht hat, um einen Weg zu beschreiten, der zu einer Veränderung der Wirtschafts- und Gesellschaftsverfassung in der Entwicklung führt. Ich unterstreiche noch einmal: Der Kampf um das BVG war in erster Linie ein hochpolitischer Kampf, ein Kampf gegen ein politisches und wirtschaftliches System, das wir in gewissen Grenzen verändern wollten. Diese Grenzmöglichkeiten hat man vor Beginn des Kampfes nicht untersucht und klar herausgestellt, und daraus haben sich dann die weiteren Irrtümer entwikkelt.« [161] Aber die Konzeptionslosigkeit der Gewerkschaftsführung war wohl nur eine Ursache für die Niederlage und die damit verbundene Integration der Gewerkschaften in das bestehende System.

Ebenso entscheidend für die Niederlage war die Art, in der der Kampf geführt worden war: ohne echte Beteiligung der Funktionäre auf den unteren Ebenen, geschweige denn der Mitgliedschaft an der Formulierung der Ziele des Kampfes und ohne Mitsprache über dessen Verlauf. Bloße Anordnungen von oben und willkürliches Abstoppen der Kampfmaßnahmen, wann immer ein kleines Gremium der Gewerkschaftsführung

---

[160] Prot. 2. Bundeskongreß des DGB 1952 (53), 177
[161] vgl. Schreiben von Hans Brümmer v. 5. 9. 1952 an Erwin Essl, Bezirksleitung München der IG Metall, S. 2, Abschrift im Archiv der IG Metall (2), Essl hatte in seinem Schreiben vom 30. 8. 1952 vor allem auf die mangelnde Konsultation der Mitgliedschaft als Ursache für die Schwäche des Kampfes um das BVG verwiesen.

es für richtig hielt, ohne gemeinsame Beschlußfassung über Urabstimmungen oder ähnliche Willensbildungsformen lähmten die Kampfkraft der Organisation. [162] Diese Taktik leistete der zunehmenden Entpolitisierung der Mitglieder Vorschub und verhinderte, daß die Spitzenfunktionäre einer Kontrolle ihrer Maßnahmen unterworfen wurden, die ihnen isolierte Entscheidungen erschwert hätte. Zwar waren große Massen der organisierten Arbeitnehmerschaft, wie sich gezeigt hatte, zur Demonstration ihrer Interessen noch zu veranlassen, aber der Erfolg der Aktionen beruhte mehr auf der traditionellen Disziplin der Gewerkschaftsmitglieder und dem teilweise noch vorhandenen geschärften politischen Bewußtsein kleiner Funktionärsgruppen, die sich nicht widerstandslos der restaurativen Entwicklung fügen wollten.

Das doppelte Versagen der Gewerkschaftsführung in der wichtigen Frage der Wirtschafts- und Betriebsverfassung bedeutete für die Gewerkschaften im politischen Kräftespiel der Bundesrepublik eine entscheidende Schwächung. Der Anspruch der Gewerkschaften auf Verankerung wirtschaftsdemokratischer Institutionen neben der nur politischen Demokratisierung der Gesellschaft nach dem Zusammenbruch von 1945, war ursprünglich keine Forderung, die im luftleeren Raum erhoben worden war. Sie stellte vielmehr die Summe von Erfahrungen dar, die die Gewerkschaften aus dem Scheitern ihrer Bemühungen in der Weimarer Zeit und während der Verfolgung in der Zeit des nationalsozialistischen Herrschaftssystems gesammelt hatten. Das galt nicht nur für die Führung, sondern auch für breite Teile der Mitgliedschaft und der Funktionäre. Nach 1945 waren diese Vorstellungen neu artikuliert worden, aber gegen den Widerstand der Besatzungsmächte und aufgrund einer zurückhaltenden Politik der Gewerkschaftsführung nur in Ansätzen verwirklicht worden. Mit der Förderung der restaurativ orientierten Kräfte durch die westlichen Besatzungsmächte unter dem Einfluß des wachsenden Ost-West-Konflikts waren auch diese Ansätze allmählich wieder zurückgedrängt worden, so daß schließlich nur, dank einer einmaligen entschlossenen Verteidigungsaktion, das Mitbestimmungsrecht in der Montanindustrie durchgesetzt werden konnte. Aber auch dieses Mitbestimmungs-

---

[162] vgl. dazu die Ausführungen von Prof. Alfred Weber auf dem 3. Europäischen Gespräch „Gewerkschaften im Staat" (31 a), 262, dort auch Otto Stammer, S. 154 ff und 241

relikt mußte in der Folgezeit durch die Wendung der Gewerkschaften von einer Kraft, die das System in gewissen Grenzen verändern wollte, zur bloßen Opposition innerhalb dieses Systems, – als isolierter Faktor in der neuen »alten« Wirtschaftsordnung, – eine integrative Tendenz erhalten, wenn eine Ausdehnung der Mitbestimmung nicht gelang.

Das Scheitern der gewerkschaftlichen Neuordnungsbestrebungen aus dem Fehlen einer tragfähigen antikapitalistischen Strategie und der mangelnden Willensbildung von unten nach oben innerhalb der Gewerkschaften war verbunden mit der Verschärfung des Kalten Krieges seit Anfang der fünfziger Jahre, dessen Wirkungen auch auf die Gewerkschaftsbewegung ausstrahlten und nachhaltige Folgen hinterließen. Der zunehmend verschärfte Kalte Krieg, vor allem auch seit den Auseinandersetzungen in Korea, trug zu einem politischen Bewußtsein bei, das alle soziale Veränderung als Angriff auf die Grundfesten des Systems erscheinen ließ, weil jede Unruhe in den Basisstrukturen als Vorteil für den kommunistischen »Gegner« ausgegeben werden konnte. Die beginnende Remilitarisierung der Bundesrepublik verstärkte nur noch die Vorstellung von der Unabänderlichkeit der Fronten, die mit den gegebenen politischen Herrschaftsverhältnissen in Übereinstimmung gesehen wurden. Die Gewerkschaftsführung und breite Schichten der Mitgliedschaft hatten sich diesem Bewußtsein verhältnismäßig rasch angepaßt [163] und begriffen Aktionen, die sich gegen die parlamentarische Alleinentscheidung in Grundfragen der Wirtschafts- und Sozialordnung richteten, in Denkkategorien, die denen der herrschenden Schichten entsprachen. Der Mangel einer breiten Diskussion über eine antikapitalistische Konzeption und eine daraus abzuleitende Strategie, die diesen Tendenzen hätte entgegenwirken können, machte sich hier besonders bemerkbar. Er lieferte die Gewerkschaften schließlich hilflos dem bestehenden System aus, das dann als unabänderlich akzeptiert wurde.

---

[163] Bezeichnend für diese Anpassung der Gewerkschaften an das Kalte-Kriegs-Denken ist zum Beispiel die Tatsache, daß anläßlich der Verhandlungen zwischen Regierung, Unternehmern und Gewerkschaften am 2. 6. 1950 (vgl. Anm. III, 82) nicht nur Bundesarbeitsminister Storch („geistiger Wall gegen den Osten") und Dr. Raymond für die Arbeitgeber („wodurch sich das östliche kollektive Wirtschaftssystem von dem westlichen unterscheide"), sondern auch der Gewerkschaftsvertreter, vom Hoff, das Wort von dem „geistigen Wall gegen den Osten" zustimmend in seine Begründung für die gewerkschaftlichen Forderungen aufnimmt.

Der Rückzug auf die »traditionellen« Aufgaben der Tarif- und Sozialpolitik in den folgenden Jahren täuschte nur deshalb über das tatsächliche Kräfteverhältnis in der Bundesrepublik hinweg, weil im Zuge der aufstrebenden konjunkturellen Entwicklung auf diesem Gebiet wirksame Erfolge vorgezeigt werden konnten. Der Anspruch, mit dem die Gewerkschaftsbewegung nach 1945 angetreten war, das Wirtschaftssystem in gewissen Grenzen zu verändern, war – vorerst – nicht verwirklicht worden.

Anhang

Literatur- und Quellenangaben

1. Archivmaterialien

1) Archiv des Bundesvorstandes des Deutschen Gewerkschaftsbundes, Düsseldorf, hier auch die Akten von Dr. Erich Potthoff (nach 1945 in verschiedenen Funktionen als Wirtschaftsexperte des DGB und Sachverständiger für Mitbestimmungsfragen tätig, Mitglied der ehemaligen Stahltreuhändervereinigung), Ordner 100–440

2) Archiv des Vorstandes der Industriegewerkschaft Metall für die Bundesrepublik Deutschland, Frankfurt am Main

3) Friedrich Ebert-Stiftung – Archiv, Bad Godesberg, hier der Nachlaß von Dr. Heinrich Deist (nach 1945 Wirtschaftsexperte der SPD, Mitglied der ehemaligen Stahltreuhändervereinigung), Akten 50–64

4) Akten zum Demontageproblem im Besitz von Erich Söchtig, Salzgitter-Watenstedt (ehemaliger Betriebsratsvorsitzender der Reichswerke Salzgitter)

2. Befragungen

5) Francis Kenny, Bad Godesberg, am 21. 12. 1968 (Kenny war in leitender Stellung in der Manpower Division der Britischen Militärregierung in Deutschland in der Industrial Relations Abteilung tätig, lebt im Ruhestand in Bad Godesberg-Mehlem)

6) Karl Küll, Solingen, am 7. 10. 1968 (Küll war nach 1945 kurzzeitig Vorsitzender der Metallarbeitergewerkschaft der Nordrheinprovinz, später Vorstandsmitglied der IG Metall – bis 1950 – lebt im Ruhestand in Solingen)

7) Olaf Radke, Frankfurt, am 28. 11. 1968 (Radke war nach 1945 als Arbeitsrechtsexperte beim Vorstand der IG Metall tätig und ist heute Leiter der Abteilung Tarifpolitik beim Vorstand der IG Metall in Frankfurt)

8) Erich Söchtig, Salzgitter, am 8. 10. 1968 (Söchtig war nach 1945 Betriebsratsvorsitzender der Reichswerke AG Salzgitter, heute stellvertretender Betriebsratsvorsitzender der Salzgitter Hüttenwerke AG)

9) Fritz Strothmann, Frankfurt, am 19. 11. 1968 (Strothmann war nach 1945 Bevollmächtigter der IG Metall in Mülheim/

Ruhr und ist heute geschäftsführendes Vorstandsmitglied der IG Metall in Frankfurt)

10) Alois Wöhrle, Frankfurt, schriftliche Anfrage am 4. 12. 1968 (beantwortet am 11. 12. 1968) (Wöhrle war nach 1945 Landesvorsitzender der IG Metall in Bayern, später stellvertretender Vorsitzender der IG Metall für die Bundesrepublik Deutschland, seit Oktober 1968 im Ruhestand)

3. Memoiren und Erinnerungen

11) Adenauer, Konrad, Erinnerungen 1945–1953, Stuttgart 1965
12) Byrnes, James F., In aller Offenheit, dt., Frankfurt o. J.
13) Clay, Lucius D., Entscheidung in Deutschland, dt., Frankfurt 1950
14) Erhard, Ludwig, Wohlstand für alle, Düsseldorf 1957
15) Martin, James Stewart, All Honorable Men, Boston 1950
16) Marshall Montgomery, Memoiren, dt., München 1958
17) Murphy, Robert, Diplomat unter Kriegern, Zwei Jahrzehnte Weltpolitik in Sondermission, dt., Berlin 1965
18) Pünder, Hermann, Von Preußen nach Europa, Lebenserinnerungen, Stuttgart 1968

4. Protokolle, Geschäfts- und Tätigkeitsberichte, Jahrbücher etc.

19) Bericht des DGB-Ortsausschusses Hamburg über Wiederaufbau und Tätigkeit der Hamburger Gewerkschaften im Jahre 1945–1947, Hamburg, o. J.
20) Bericht über Deutschland – des amerikanischen Hochkommissars für Deutschland, 21. 9. 1949 bis 31. 7. 1952, hrsg. vom Amt des amerikanischen Hochkommissars für Deutschland, Bad Godesberg o. J.
21) Betriebsräte in der Metallindustrie, Material und Zahlen über Auswirkung des Betriebsrätegesetzes, hrsg. vom Deutschen Metallarbeiter Verband, Berlin 1931
22) Bezirke des DGB, Die, Sonderdruck aus »Die Gewerkschaftsbewegung in der britischen Besatzungszone«, Köln o. J.
23) Deutsche Sozialpolitik im Neuen Aufbruch, Bericht des Arbeitgeber-Ausschusses NRW über die Jahre 1945–48, Düsseldorf 1949
24) Deutschland-Jahrbuch 1949, hrsg. von Dr. Klaus Mehnert und Dr. Heinrich Schulte, Essen 1949
25) Deutschland in Zahlen 1950, hrsg. vom Wirtschaftswissenschaftlichen Institut der Gewerkschaften, Köln 1951

26) 75 Jahre Industriegewerkschaft Metall – 70 Jahre Verwaltungsstelle Essen, hrsg. von der IG Metall, Verwaltungsstelle Essen, Essen 1966

27) 75 Jahre Ortsverwaltung Karlsruhe, IG Metall, Karlsruhe 1966

28) Gemeinsam sind wir stärker, 20 Jahre Gewerkschaftsbund in Bayern – Ein Rückblick, hrsg. vom DGB-Landesbezirk Bayern, o. O., o. J. (1968)

29) Geschäftsbericht der Industriegewerkschaft Metall für die britische Zone und das Land Bremen 1947/48, Mülheim/Ruhr 1948

30) Geschäftsbericht 1948, hrsg. vom Vorstand des Bayerischen Gewerkschaftsbundes, München 1949

31) Geschäftsbericht der Vereinigung der Arbeitgeberverbände e. V. vom 1. 4. 1949 bis 31. 10. 1950, o. O. 1950

31 a) Gewerkschaften im Staat, Drittes Europäisches Gespräch in Recklinghausen 1952, Im Auftrage des DGB, hrsg. von Wolfgang Hirsch-Weber o. O., o. J. (Düsseldorf 1955)

32) Gewerkschaftsbewegung in der britischen Besatzungszone, Die, Geschäftsbericht des Deutschen Gewerkschaftsbundes (brit. Besatzungszone) 1947–1949, Köln 1949

33) Industrial Relations in Germany 1945–1949, An Account of the Post-War Growth of Employers' and Workers' Organizations in the British Zone of Germany, ed. The Secretary of State of Foreign Affairs, London 1950

34) Jahresbericht der Bundesvereinigung der Deutschen Arbeitgeberverbände, 1. 11. 1950 bis 31. 10. 1951, o. O. vom 29. 11. 1951

35) Jahresbericht der Bundesvereinigung der Deutschen Arbeitgeberverbände, 1. 11. 1951 bis 30. 11. 1952, o. O. vom 4. 2. 1952

36) Jahrbuch der SPD 1946, o. O., o. J. (1947)

37) Jahrbuch der SPD 1947, o. O., o. J. (1948)

38) Neuordnung der Eisen- und Stahlindustrie im Gebiet der Bundesrepublik Deutschland, Die, Ein Bericht der Stahltreuhändervereinigung (abgek. NESI) München und Berlin 1954

39) Niederschrift der Verhandlungen des 2. Verbandstages der IG Metall (britische Zone und Bremen), 28.–30. 9. 1948 in Lippstadt, Mülheim/Ruhr o. J.

40) Niederschrift der Verhandlungen des Vereinigungsverbandstages der IG Metall (britische Zone und amerikanische Zone), 19.–21. 10. 1948 in Lüdenscheid, Mülheim/Ruhr o. J.

41) Niederschrift der Verhandlungen des 1. ordentl. Gewerkschaftstages der IG Metall für die Bundesrepublik Deutschland, Hamburg, 18.–22. 9. 1950

42) Niederschrift der Verhandlungen des 2. ordentl. Gewerk-

schaftstages der IG Metall für die Bundesrepublik Deutschland, Stuttgart, 15.–20. 9. 1952

43) Probleme der westdeutschen Wirtschaft, Tätigkeitsbericht des Wirtschaftswissenschaftlichen Instituts der Gewerkschaften für die Geschäftsjahre 1946–1949, Köln o. J.

44) Protokoll des 12. Kongresses der Gewerkschaften Deutschlands, abgehalten in Breslau vom 31. August bis 4. September 1925, Berlin 1925

45) Protokoll der Verhandlungen des 13. Kongresses der Gewerkschaften Deutschlands, abgehalten in Hamburg vom 3.–7. September 1928, Berlin 1928

46) Protokoll der 1. Gewerkschaftskonferenz der britischen Zone vom 12.–14. März 1946 im Kathol. Vereinshaus in Hannover-Linden o. O., o. J.

47) Protokoll der 1. Zonenkonferenz des DGB (brit. Zone) 21.–23. 8. 1946 in Bielefeld, Bielefeld o. J.

48) Protokoll des Gründungskongresses des DGB (brit. Zone) 22.–25. 4. 1947 in Bielefeld, Düsseldorf o. J.

49) Protokoll des außerordentl. Bundeskongresses des DGB (brit. Zone) 16.–18. 6. 1948 in Recklinghausen, Köln o. J.

50) Protokoll des 2. ordentl. Bundeskongresses des DGB (brit. Zone) 7.–9. 9. 1949 in Hannover, Köln o. J.

51) Protokoll des Gründungskongresses des Deutschen Gewerkschaftsbundes, 12.–14. 10. 1949 in München, Köln o. J.

52) Protokoll des außerordentl. Bundeskongresses des DGB, Essen, 22.–23. 6. 1951, Köln 1951

53) Protokoll des 2. ordentlichen Bundeskongresses des DGB, Berlin, 13.–17. 10. 1952, Düsseldorf o. J.

54) Protokoll über den 1. Verbandstag der IG Metall (brit. Zone und Bremen) 20.–21. 4. 1947 in Peine, Mülheim/Ruhr o. J.

55) Protokoll der Verhandlungen des 1. Kongresses des Gewerkschaftsbundes Württemberg-Baden vom 29. 8. bis 1. 9. 1946 in Kornwestheim, o. O., o. J.

56) Protokoll 2. ordentl. Bundestag des Bayerischen Gewerkschafts-Bundes, München, 23.–26. 8. 1948, o. O., o. J.

57) Protokoll der Verhandlungen des 2. Gewerkschaftstages der IG Chemie-Papier-Keramik vom 17.–20. 6. 1952 in Frankfurt, Hannover o. J.

58) Protokoll der Verhandlungen des Parteitages der Sozialdemokratischen Partei Deutschlands in Heidelberg 1925, Berlin 1925

59) Protokoll der Verhandlungen des SPD-Parteitages vom 9.–11. 5. 1946 in Hannover-Linden, Hamburg 1947

60) Protokoll des 40. Parteitages der SPD, 19.–20. 4. 1946 in Berlin, Berlin 1946

61) Rheinisch-Westfälisches Wirtschafts- und Firmenjahrbuch, hrsg.

von den IHK zu Aachen, Arnsberg ... unter Leitung der Industrie- und Handelskammer Essen, 1. Jahresband, Essen 1948

62) Stenographischer Bericht über die 1.–139. Sitzung des Landtages von Nordrhein-Westfalen, 1. Wahlperiode, Düsseldorf 1947–1950

63) Verhandlungen des Deutschen Bundestages, I. Wahlperiode 1949, Stenographische Berichte, Bonn 1949–1952

64) versprochen – gebrochen
Die Interzonenkonferenzen der deutschen Gewerkschaften 1946–1948, hrsg. vom Bundesvorstand des DGB, Düsseldorf 1961

65) 10 Jahre Arbeit – 10 Jahre Aufstieg, 1945–1955, 10 Jahre Neue Deutsche Gewerkschaftsbewegung, Köln 1956

5. Zeitungen und Zeitschriften

66) Bund, Der, Das Gewerkschaftsblatt der britischen Zone, Jg. 1 (1947) bis 3 (1949)

67) Frankfurter Rundschau, Jg. 1947, Frankfurt 1947

68) Gewerkschaftszeitung, Organ der Bayerischen Gewerkschaften, Jg. 1 (1946) bis 3 (1948), München

69) Gewerkschaftliche Monatshefte, hrsg. vom Bundesvorstand des DGB, Jg. 1 (1949) bis 4 (1952), Köln

70) Informations- und Nachrichtendienst der Bundespressestelle des DGB, Bd. I–V, Jg. 1950–52, Düsseldorf 1950–52

71) Metall, Zeitung der Industriegewerkschaft Metall für die Bundesrepublik Deutschland (Vorläufer: Die Industriegewerkschaft Metall) (brit. Zone und Bremen), Jg. 1 (1949) bis 4 (1952)

72) Quelle, Die, Funktionärsorgan des DGB (Vorläufer: als Funktionärsorgan des Bayerischen Gewerkschaftsbundes ab 1948), Jg. 1 (1950) bis 3 (1952)

73) Tagesspiegel, Der, Jg. 1947, Berlin 1947

74) Welt der Arbeit, Wochenzeitung des Deutschen Gewerkschaftsbundes, Jg. 1 (1949) bis 4 (1952)

6. Quellensammlungen und Gesetzestexte

75) A Decade of American Foreign Policy, Basic Documents 1941–49, 81st Congress 1st Session Senate Document Nr. 123, Washington 1950

76) Amtsblatt der Militärregierung Deutschland, Kontrollgebiet der zwölften Armeegruppe, o. O., 1945; Nr. 1–4, ab Nr. 5 als Amtsblatt der Militärregierung in Deutschland, Britisches Kontrollgebiet, o. O., Nr. 5–28, 1945–1949

77) Betriebsrätegesetz vom 4. 2. 1920, erläutert von Dr. Georg Flatow, Berlin 1922

78) Betriebsverfassungsgesetz mit Wahlordnung, Kommentar v. Dr. Rolf Dietz, Berlin 1953

79) Bremisches Betriebsrätegesetz nebst Wahlordnung, Das, hrsg. von Hilmer Arnold, Bremen 1950

80) Deutsche Nationalversammlung im Jahre 1919 (1920) in ihrer Arbeit für den Aufbau des neuen deutschen Volksstaates, hrsg. von Ed. Heilfron, Bd. 8 und 9, Berlin 1919 und 1920

81) Deutsche Revolution 1918–1919, Die, Dokumente, hrsg. von Gerhard A. Ritter und Susanne Miller, Frankfurt 1968

82) Documents in Germany under Occupation 1945–1954, sel. and ed. by Beate Ruhm von Oppen, London, New York, Toronto 1955

83) Dölle-Zweigert, Das Gesetz Nr. 52, Stuttgart 1947

84) Dokumente der Deutschen Politik und Geschichte von 1848 bis zur Gegenwart, Bd. VI, Deutschland nach dem Zusammenbruch, hrsg. von Johannes Hohlfeld, München und Berlin 1954

85) Dokumente und Materialien zur Geschichte der deutschen Arbeiterbewegung, Reihe III, Band 1, Mai 1945 bis April 1946, Berlin 1959

86) Dokumente zur parteipolitischen Entwicklung in Deutschland seit 1945, hrsg. von Ossip K. Flechtheim, Bd. I–III, Berlin 1962

87) Dokumente der KPD 1945–1956, Berlin (O) 1965

88) Drucksachen des Zweizonenwirtschaftsrates, 1947–1948, 1–814, Frankfurt 1947/1948

89) Engler, Dr. Herbert, Kommentar zum Betriebsrätegesetz für das Land Hessen, Offenbach a. M. 1949

90) Entwurf eines Gesetzes zur Neuordnung des Geldwesens (Homburger Plan), vorgelegt von der Verwaltung für Finanzen des Vereinigten Wirtschaftsgebietes, Heidelberg, Berlin, Göttingen 1948

91) Europa-Archiv, hrsg. von Wilhelm Cornides, Jg. 1 ff, Oberursel bei Frankfurt 1946 ff (abgekürzt: E. A.)

92) Germany 1947–49, The Story in Documents, Dept. of States Publications 3556, European and British Commonwealth Series 9, hrsg. vom State Department, Washington 1950

93) Keesing's Archiv der Gegenwart, 16.–17. Jg. 1946–1947, Essen 1950

94) Löwisch–Müller, Betriebsrätegesetz für Württemberg-Baden vom 18. 8. 1948, Stuttgart 1948

95) Meissinger-Raumer, Das Bayerische Betriebsrätegesetz vom 25. 10. 1950, München 1951

96) Mitbestimmung und Arbeitsrecht, Gesetze des Landes Baden, hrsg. von der Bezirksstelle Baden des DGB, Freiburg 1951

97) James K. Pollock and ass., Germany under Occupation, Illustrative Materials and Documents, Ann Arbor 1947, 1949

98) Potsdam 1945, Quellen zur Konferenz der »Großen Drei«, hrsg. von Ernst Deuerlein, München 1963

99) Thilo Ramm, Arbeitsrecht und Politik, Quellentexte 1918–1933, Neuwied und Berlin 1966

100) Schneider, Dieter und Kuda, Rudolf, Arbeiterräte in der Novemberrevolution; Ideen, Wirkungen, Dokumente, Frankfurt 1968

100 a) Verfassungen der deutschen Bundesländer, Die, hrsg. von Dr. Dieter Kakies, München 1966

101) Wirtschaftskammergesetz – Entwurf eines Gesetzes über die Einrichtung und Aufgaben von Wirtschaftskammern, hrsg. vom Bundesvorstand des DGB (brit. Besatzungszone), Düsseldorf 1947

7. Programmschriften und Reden

102) Agartz, Viktor, Sozialistische Wirtschaftspolitik, Rede auf dem Parteitag der SPD am 9. 5. 1946 in Hannover, Hamburg o. J.

103) Agartz, Viktor, Die Gewerkschaften in der Bundesrepublik; Vortrag gehalten auf der Kundgebung des Bundesvorstandes des DGB am 26. 9. 1950 in Düsseldorf

104) CDU/CSU, Düsseldorfer Leitsätze über Wirtschaftspolitik – Landwirtschaftspolitik – Sozialpolitik – Wohnungsbau; Sonderdruck des Deutschland Union Dienstes vom 15. 7. 1949

105) Gedanken zur Neuordnung der Gewerkschaftsfinanzen, Diskussionsmaterial, hrsg. vom Bundesvorstand des Württembergischen Gewerkschaftsbundes, Juni 1946

106) Naphtali, Fritz, Wirtschaftsdemokratie – Ihr Wesen, Weg und Ziel (1928) neu: Frankfurt 1966

107) Neue Deutsche Gewerkschaftsbewegung, Die Programmvorschläge für einen einheitlichen deutschen Gewerkschaftsbund, London im Frühjahr 1945 (abgekürzt: NDG)

108) Vorschläge und Material zum Neuaufbau der Gewerkschaften und des Gewerkschaftsbundes, hrsg. vom Gewerkschaftsrat des vereinten Zonensekretariats, Frankfurt o. J.

109) Abendroth, Wolfgang, Die deutschen Gewerkschaften; Wege demokratischer Integration, Heidelberg 1954

110) ders., Wirtschaft, Gesellschaft und Demokratie in der Bundesrepublik, Frankfurt 1965

111) ders., Das Grundgesetz – Eine Einführung in seine politischen Probleme, Pfullingen 1966

112) ders., Die Berechtigung gewerkschaftlicher Demonstrationen für die Mitbestimmung der Arbeitnehmer in der Wirtschaft, jetzt auch in: Abendroth, W., Antagonistische Gesellschaft und politische Demokratie – Aufsätze zur politischen Soziologie, Neuwied und Berlin 1967, S. 203–230

113) ders., Zum Begriff der Gewerkschaften in der Gesetzgebung und im Verfassungsrecht nach 1945, jetzt auch in: Antagonistische Gesellschaft und politische Demokratie, a.a.O. (112), S. 231–250

114) ders., Bilanz der sozialistischen Idee in der Bundesrepublik, jetzt auch in: Antagonistische Gesellschaft und politische Demokratie, a.a.O. (112), S. 429–462

115) ders., Die gegenwärtige völkerrechtliche Bedeutung des Potsdamer Abkommens, in: Europa-Archiv, a.a.O. (91) Bd. 7 (1952), S. 4993 ff

116) Agartz, Viktor, Das Zentralamt für Wirtschaft der britischen Zone, in: Geist und Tat, Heft 1 (1947), S. 9–11

117) Agartz, Viktor und Deist, Heinrich, Gesetz Nr. 75 und Ruhrstatut, o. O. und o. J.

118) Alperovitz, Gar, Atomare Diplomatie, Hiroshima und Potsdam, München 1966

119) Badstübner, Rolf, Restauration in Westdeutschland 1945–1949, Berlin 1965

120) Badstübner, Rolf und Thomas, Siegfried, Die Spaltung Deutschlands 1945–1949, Berlin (O) 1966

121) Balabkins, Nicolas, Germany under Direct Control, Economic Aspects of Industrial Disarmament 1945–1948, New Brunswick, N. J. 1964

122) Balfour, Michael, Viermächtekontrolle in Deutschland 1945, 1946, Düsseldorf 1959

123) Behrendt, Albert, Die Interzonenkonferenzen der deutschen Gewerkschaften, Berlin (O) 1960

124) Blum, John Morton, Deutschland – ein Ackerland, Morgenthau und die amerikanische Kriegspolitik 1941–1945, Düsseldorf 1968

125) Borst, Manfred, Der wirtschaftliche Aspekt amerikanischer Deutschlandpolitik während des Zweiten Weltkrieges und

nachher, Diss. jur. Tübingen 1952

126) Briefs, Götz, Zwischen Kapitalismus und Syndikalismus, München 1962

127) Broecker, Bruno, Wirtschaftliche Mitbestimmung der Betriebsräte? Eine Frage aus dem Bereich der Wirtschaftsdemokratie. Die Neue Gesellschaft 2. Heft, Stuttgart 1948

128) Bührig, Erich (Hrsg.), Handbuch der Betriebsverfassung, Köln 1953

129 Cornides, Wilhelm, Die Weltmächte und Deutschland, Geschichte der jüngsten Vergangenheit 1945–1955, Tübingen 1957

130) Davidson, Basil, Germany: What Now? Potsdam–Partition 1945–1949, London 1950

131) Deist, Heinrich, Die Neuordnung in der Montanwirtschaft und die Mitbestimmung in den Holding-Gesellschaften, in: Schriftenreihe der IG Bergbau, Heft 2, Dortmund 1954

132) Dorendorf, Annelies, Der Zonenbeirat der britisch besetzten Zone. Ein Rückblick; Monographien zur Politik, hrsg. vom Forschungsinstitut für Sozial- und Verwaltungswissenschaften der Universität Köln, Abt. Sozialpolitik, Heft 2, Göttingen 1953

133) Dorn, Walter L., Die Debatte über die amerikanische Besatzungspolitik für Deutschland, in: Vjh. für Zeitgeschichte Bd. 6 (1958), Heft 1, Stuttgart 1958, S. 60 ff

134) Ebsworth, Raymond, Restoring Democracy in Germany. The British Contribution, London und New York 1960

135) Edinger, Lewis J., Sozialdemokratie und Nationalsozialismus, Hannover und Frankfurt 1960

136) Enderle, August (unter Mitarbeit von Heise, Bernt), Die Einheitsgewerkschaften, Manuskript für jeden Abdruck gesperrt, hrsg. als hektographiertes Manuskript vom Bundesvorstand des DGB, Bd. 1–3, Düsseldorf 1959

137) Felgentreu, Herbert, Der Kampf um Mitbestimmung, Studie über den gewerkschaftlichen Kampf gegen das reaktionäre Betriebsverfassungsgesetz in den Jahren 1951/52 in Westdeutschland, Schriftenreihe zur nationalen Gewerkschaftspolitik, Berlin (O) 1960

138) Fisher, Paul, Betriebsräte in Deutschland (Übers.), hrsg. v. Office of the United States High Commissioner for Germany, Office of Labor Affairs, Frankfurt/M. 1951

139) Gässler, Willy, Die Neugestaltung des Rechts der Arbeitnehmervertretungen in den Betrieben, Diss. jur. Köln 1947

140) Geschichte der deutschen Arbeiterbewegung, hrsg. vom Institut für Marxismus-Leninismus beim Zentralkomitee der SED, Bd. 6 und Bd. 7, Berlin (O) 1966

141) Gillen, J. F. J., Labor Problems in West Germany, hrsg. von

Historial Division of the HICOG, Bad Godesberg – Mehlem 1952

142) Graumann, Willi, So war es vor acht Jahren, in: Hüttenzeitung Gußstahlwerk Bochumer Verein AG, 22. Jg. Nr. 8 vom 8. 5. 1953, S. 26

143) Grote, Hermann, Der Streit, Taktik und Strategie Köln 1952

144) Hasenack, W., Betriebsdemontagen als Reparationsform, Teil I Beweggründe und Zeitpunkt der Demontageaktion, Kettwig 1948

145) Herberts, Hermann, Walter, Freitag – Weg und Wollen eines deutschen Gewerkschafters, Berlin 1954

146) Hirsch-Weber, Wolfgang, Gewerkschaften in der Politik, Schriften des Instituts für politische Wissenschaften Bd. 13, Köln 1959

147) Hockstein-Rasch, Alfred, Bibliographie zur Mitbestimmung und Betriebsverfassung, hrsg. vom Deutschen Industrieinstitut, Köln 1955

147 a) Huntington, Samuel P., The Soldier and the State, The Theory and Politics of Civil-Military Relations, Cambridge/Mass. 1957

148) Kahn, Arthur D., Offiziere, Kardinäle und Konzerne. Ein Amerikaner über Deutschland, dt., Berlin 1964

149) Kelly, M. A., The Reconstitution of the German Trade Union Movement, in: Political Science Quarterly, März 1949, S. 26 ff

150) Kolb, Eberhard, Die Arbeiterräte in der deutschen Innenpolitik. Beiträge zur Gesch. des Parlamentarismus und der polit. Parteien Bd. 23, Düsseldorf 1962

151) Kolb, Johannes, Die Metallgewerkschaften in den westlichen Besatzungszonen Deutschlands nach 1945 und ihre Vereinigung zur IG Metall, Diss. phil., Berlin 1968

152) Koch, Harald, Rechtsform der Sozialisierung unter besonderer Berücksichtigung der Sozialisierung in Hessen, in: Tagung Deutscher Juristen, Bad Godesberg, 30. 9. bis 1. 10. 1947, Reden und Vorträge S. 63–103, Hamburg 1947

153) Korsch, Karl, Auf dem Wege zur industriellen Demokratie (= Arbeitsrecht für Betriebsräte), neu hrsg. von Erich Gerlach, Frankfurt 1968

154) Kuczynski, Jürgen, Die Geschichte der Lage der Arbeiter unter dem Kapitalismus, Bd. 7 a: Darstellung der Lage der Arbeiter in Westdeutschland seit 1945, Berlin 1963

155) Kuda, Rudolf und Schneider, Dieter, Mitbestimmung – Weg zur industriellen Demokratie? München 1969

156) Mai, Karl Otto, Der Betriebsrätegedanke als Beitrag zur Neuordnung der Wirtschaft, Diss., Erlangen 1948

157) Marienfeld, Wolfgang, Konferenzen über Deutschland, Die alliierte Deutschlandplanung und -politik 1941–1949, Hannover 1962

158) Moltmann, Günter, Amerikas Deutschlandpolitik im Zweiten Weltkrieg, Kriegs- und Friedensziele 1941–45, Beihefte zum Jahrbuch für Amerikastudien, Heft 3, Heidelberg 1958

159) Neuloh, Otto, Die deutsche Betriebsverfassung und ihre Sozialformen bis zur Mitbestimmung, Tübingen 1956

160) von Oertzen, Peter, Die Probleme der wirtschaftlichen Neuordnung und der Mitbestimmung in der Revolution von 1918 unter besonderer Berücksichtigung der Metallindustrie, Beiträge zur Geschichte und Soziologie der Metallindustrien und ihrer Organisationen, hrsg. vom Vorstand der Industriegewerkschaft Metall, Frankfurt o. J.

161) ders., Betriebsräte in der Novemberrevolution, Eine politikwissenschaftliche Untersuchung über Ideengehalt und Struktur der betrieblichen und wirtschaftlichen Arbeiterräte in der deutschen Revolution 1918/19, Beiträge zur Gesch. des Parlamentarismus und der polit. Parteien, Bd. 25, Düsseldorf 1963

162) Opel, Fritz, Der Deutsche Metallarbeiter-Verband während des Ersten Weltkrieges und der Revolution, Schriftenreihe des Instituts für wissenschaftliche Politik, Marburg/Lahn Nr. 4, Frankfurt, 3. Aufl. 1965

163) Opel, Fritz und Schneider, Dieter, 75 Jahre Industriegewerkschaft 1891–1966, Vom Deutschen Metallarbeiterverband zur Industriegewerkschaft Metall, hrsg. vom Vorstand der Industriegewerkschaft Metall, Frankfurt/Main 1966

164) Parteien in der Bundesrepublik, Schriften des Instituts für politische Wissenschaft, Bd. 6, Stuttgart und Düsseldorf 1955, enthält u. a.: Gerhard Schulz: Die CDU, S. 3 ff und Klaus Schütz: Die SPD, S. 157 ff

165) Piettre, André, L'Economic Allemande Contemporaire (Allemagne Occidentale) 1945–1952, Paris 1952

166) Pirker, Theo, Die blinde Macht, Die Gewerkschaftsbewegung in Westdeutschland, 2 Bände, München 1960

167) ders., Die SPD nach Hitler, Die Geschichte der SPD 1945–1964, München 1965

168) Potthoff, Erich, Der Kampf um die Montanmitbestimmung, Köln 1957

169) Pritzkoleit, Kurt, Männer, Mächte, Monopole. Hinter den Türen der westdeutschen Wirtschaft, Düsseldorf 1953

170) Pünder, Tilman, Das Bizonale Interregnum. Die Geschichte des Vereinigten Wirtschaftsgebiets 1946–49, Köln und Berlin 1966

171) Reger, Erik, Zwei Jahre nach Hitler, Fazit 1947, Hamburg und Stuttgart 1947

172) Rexin, Manfred, Die Jahre 1945–1949, Hannover 1962

173) Riedel, Matthias, Vorgeschichte, Entstehung und Demontage der Reichswerke im Salzgittergebiet, Technik-Geschichte in Einzeldarstellungen, Nr. 4, Düsseldorf 1967

174) Rosenberg, Arthur, Entstehung der Weimarer Republik, neu, Frankfurt/Main 1961

175) ders., Geschichte der Weimarer Republik, neu, Frankfurt/Main 1961

176) Rudolph, Fritz, Die Ordnung des Betriebes in der Sicht der deutschen Gewerkschaften nach 1945, Dortmunder Schriften zur Sozialforschung Bd. 28, 1965

177) Salaba, Kurt, Die deutsche Gewerkschaftsbewegung, ihre Politik und ihre Probleme seit 1945, Diss. jur., Marburg 1955

178) Scholz, Günther, Äußerer und innerer Wandel der deutschen Gewerkschaftsbewegung in ihrer Entwicklung seit der Entstehungszeit bis zur Neugründung nach dem Zweiten Weltkrieg, Diss. jur., Marburg 1955

179) Schürholz, Franz, Die Deutschen Gewerkschaften seit 1945, Praktische Arbeit und Reformbedürfnisse, Düsseldorf 1955

180) Schwarz, Hans Peter, Vom Reich zur Bundesrepublik, Neuwied und Berlin 1966

181) Schwering, Leo, Frühgeschichte der CDU, Recklinghausen 1963

182) Seidel, Richard, Die Gewerkschaftsbewegung und das Rätesystem, Berlin 1919

183) Spiro, Herbert John, The Politics of German Codetermination, Cambridge (Mass.) 1958

184) Spliedt, Franz, Die Gewerkschaft, Entwicklung und Erfolge, Ihr Wiederaufbau nach 1945, Hamburg o. J.

185) Squires, R., Auf dem Kriegspfad, dt., Berlin (O) 1951

186) Stolper, Gustav, Die deutsche Wirklichkeit, dt., Hamburg 1949

187) Tormin, Walter, Zwischen Rätediktatur und sozialer Demokratie, Die Geschichte der Rätebewegung in der deutschen Revolution 1918/19, Beiträge zur Gesch. des Parlamentarismus und der polit. Parteien, Heft 4, Düsseldorf 1954

188) Treue, Wilhelm und Schrader, Käthe, Die Demontagepolitik der Westmächte nach dem Zweiten Weltkrieg, Göttingen 1967

189) Ule, Carl H., Verfassungsrechtliche Probleme der Sozialisierung, Abhandlungen der Rechts- und Staatswissenschaften, Heft 6, Hamburg 1948

190) Utley, Freda, Kostspielige Rache, dt., Hamburg 1950

191) Klein-Viehöfer, Else, und Viehöfer, Joseph, Hans Böckler, Köln und Berlin 1952

192) Vogel, Walter, Westdeutschland 1945–1950, Der Aufbau

von Verfassungs- und Verwaltungseinrichtungen über den Ländern der drei westlichen Besatzungszonen, Teil I und II, Schriften des Bundesarchivs Nr. 2 und 12, Koblenz 1956 und Boppard 1964

193) Vorwerk, Wilhelm, Zur Neugründung der Arbeitgeberverbände nach 1945, in: Der Arbeitgeber, Heft 1 (1959), S. 34, Düsseldorf 1959

193 a) Warburg, James P., Deutschland – Brücke oder Schlachtfeld, dt., Stuttgart 1949

194) Wege zum sozialen Frieden, Beiträge zur Mitbestimmung und sozialen Partnerschaft in der Wirtschaft, Veröffentlichungen der Akademie für Gemeinwirtschaft, Hamburg; Stuttgart und Düsseldorf 1954

195) Westdeutsche Gewerkschaften und das staatsmonopolitische Herrschaftssystem 1945–1966, Die, hrsg. von Dr. Albert Behrendt u. a., Berlin (O) 1968

196) Wheeler, George S., Die amerikanische Politik in Deutschland 1945–1950, Berlin (O) 1958

197) Wieck, Hans Georg, Die Entstehung der CDU und die Wiedergründung des Zentrums 1945, Beiträge zur Gesch. des Parlamentarismus und der polit. Parteien, Heft 2, Düsseldorf 1958

198) Zigan, Herbert, Betriebsvereinbarungen nach KRG 22 (Betriebsrätegesetz) Düsseldorf 1948

199) Zink, Harold, The United States in Germany 1944–1955, Princeton 1957

200) Zwischenbilanz der Mitbestimmung, hrsg. von der Hans-Böckler-Gesellschaft von Erich Potthoff, Otto Blume, Helmut Duvernell, Tübingen 1962

201) Gimbel, John, The American Occupation of Germany-Politics and the Military 1945–1949, Stanford, Cal. 1968

Nachwort

Als die vorliegende Arbeit im Sommer 1969 nach mehrjähriger Forschungstätigkeit, die einherging mit hauptamtlicher Gewerkschaftsarbeit beim IG Metall-Vorstand, abgeschlossen werden konnte, lagen nur wenige wissenschaftliche Arbeiten zur Geschichte der westdeutschen Gewerkschaften nach dem Zweiten Weltkrieg vor. Diese Situation hat sich inzwischen verändert. Das Interesse an der Geschichte der Arbeiterbewegung ist spürbar gewachsen und Arbeiten zur Geschichte und aktuellen Politik der Gewerkschaften mehren sich in den letzten Jahren. Die Ursachen dafür liegen nicht zuletzt in der durch die Studentenbewegung der sechziger Jahre vorangetriebenen Kritik der bürgerlichen Geschichtsschreibung, ihrer Methodik wie ihrer thematischen Begrenzung. Aber auch das aktuelle politische Interesse an der Rolle der Arbeiterbewegung in der Bundesrepublik Deutschland gibt das Motiv für Untersuchungen ab, die die Entstehungsbedingungen der gegenwärtigen Lage der Arbeiterklasse und ihrer Organisationen zu erklären suchen.

Neben übergreifende Darstellungen, wie z. B. die von Huster/ Kraiker u. a., U. Schmidt/T. Fichter und Jürgen Klein (die allerdings nur bis 1946 reicht), sind lokale und regionale Studien getreten, die vor allem die Entwicklung in der wichtigen Phase unmittelbar nach dem Zusammenbruch der nationalsozialistischen Herrschaft zu erhellen suchen. Hinzu kommen Arbeiten über einzelne Komplexe wie den Demonstrationsstreik von 1948 oder die Frage der Entstehung und Entwicklung der Einheitsgewerkschaft.[1] Auf der Grundlage dieser neueren Forschungsarbeit wäre

---

[1] Angaben über einzelne Arbeiten finden sich regelmäßig in der Internationalen Wissenschaftlichen Korrespondenz zur Geschichte der deutschen Arbeiterbewegung (IWK), die von der Historischen Kommission in Berlin herausgegeben wird.

manche Einzelaussage in der vorliegenden Untersuchung neu zu überprüfen und zu korrigieren. Insbesondere verdiente der Teil, der sich mit der Wiederentstehung der Gewerkschaften auf betrieblicher und lokaler Ebene beschäftigt, eine Überarbeitung. Hier müßte das Problem der Ungleichzeitigkeit der Entwicklung in verschiedenen Branchen und Regionen schärfer herausgearbeitet werden. Die Gesamttendenz des Buches, die Beschreibung und Einschätzung der Rolle der Alliierten, der bürgerlichen Kräfte und der Gewerkschaftsführung im Prozeß der Restauration der kapitalistischen Wirtschaftsordnung scheinen mir indessen durch die neueren Forschungsergebnisse weiter bestätigt zu sein.

Künftige Forschungsarbeit, die sich auf die Bedingungen der Reorganisation der Arbeiterbewegung nach der Zerschlagung des Faschismus konzentriert, hätte vor allem die Klärung der folgenden Fragen zu leisten:

Welche Folgen hatten die Zerstörung des proletarischen Lebenszusammenhangs und die Vernichtung unzähliger sozialistischer und kommunistischer Kader durch den Faschismus für die Rekonstituierung von Arbeiterklasse und Klassenbewußtsein?

Was bedeutete die Veränderung in der Zusammensetzung der Arbeiterklasse nach 1945, gekennzeichnet durch das Einströmen von Flüchtlingen aus vorwiegend agrarischen Gebieten und durch die verstärkte Einbeziehung von Frauen in den Produktionsprozeß, für die Handlungsfähigkeit der politischen und gewerkschaftlichen Organisationen? Wie weit bewirkt die materielle Verelendung und der Zwang zur individuellen Existenzsicherung eine Tendenz zur Entsolidarisierung?

Was bedeuteten die unmittelbare militärische Präsenz der Alliierten und ihr Kampf gegen fortgeschrittene Kader und Forderungen für die Entwicklung der Kämpfe in den Betrieben und gegenüber dem rasch erstarkenden Bürgertum?

Diese Fragen stellen, heißt zugleich, undifferenzierte Thesen von einer angeblichen revolutionären Situation nach 1945 zurückzuweisen und die Kämpfe fortgeschrittener Teile der Arbeiterklasse, wie der Bergarbeiter im Frühjahr 1947, nicht vorschnell zum Muster der allgemeinen Entwicklung zu machen. Andererseits darf aber auch nicht der Fehler einer unkritischen Apologie der Verhältnisse, wie sie nun einmal waren und wie sie sich scheinbar notwendig entwickeln mußten, begangen werden.

Die schwierige Frage nach den Spielräumen politischen Handelns, der den Organisationen der Arbeiterbewegung durch die zumindest partielle Angewiesenheit der westlichen Alliierten auf ein gewisses Maß an Loyalität der Bevölkerung gegeben war, sollte nicht unterschlagen werden. Es ist die Frage nach den Alternativen der Entwicklung, die nicht nur spekulativ ist, sondern eine kritische Reflexion des Geschehenen in praktischer Absicht erst ermöglicht. Für eine zureichende wissenschaftliche Darstellung der Klassenauseinandersetzungen in Westdeutschland in der ersten Phase nach 1945 fehlte es noch immer an vielen Einzeluntersuchungen. Es wäre zu wünschen, daß diese Arbeiten in den nächsten Jahren in Angriff genommen werden, und daß sich das Interesse an Problemen der Zeitgeschichte der Arbeiterbewegung nicht nur als vorübergehende Modeerscheinung erweist.

Oldenburg, im August 1975   Eberhard Schmidt

Inhalt

Franz Neumann
Demokratischer und
autoritärer Staat
Beiträge zur Soziologie der Politik
1971. 239 Seiten, kart. 9,80 DM
ISBN 3-434-45001-7
(basis studienausganen)

Es war gut, diese Arbeiten von
Neumann jetzt erneut zu veröf-
fentlichen: das Für und Wider,
das sie provozieren, macht sie zu
einem notwendigen Werkzeug in
einer Situation, wo nur der Versuch, eine der realen gesellschaftlichen Entwicklung »adäquate
Theorie der Demokratie« zu formulieren, der Arbeiterbewegung
neuen Spielraum für die politische Aktion eröffnen wird.«
Gewerkschaftliche Monatshefte

Wilfried Gottschalch
Zur Soziologie der
Politischen Bildung
Statt einer Vorlesung
1970. 4. Auflage 1973. 164 Seiten,
kart. 10,– DM
ISBN 3-434-00128-X
(Theorie und Geschichte der
Politischen Bildung)

»Wenn wir mit Hilfe kritischer
Wissenschaft Probleme der Soziologie der politischen Bildung
erörtern wollen, so bedeutet das,
daß wir immer nach dem Zusammenhang zwischen politischer
Bildung und gesellschaftlicher
Wirklichkeit fragen werden. Es
kommt darauf an, einige soziale
Determinanten politischer Bildung, den institutionellen Rahmen politischen Unterrichts in
der Gegenwart . . . kritisch zu untersuchen. Im Vordergrund steht
dabei nicht, was die Menschen
beabsichtigen, sondern was sie
bewirken. Und die entscheidende Frage, die wir stellen, wo wir
politische und pädagogische Bemühungen untersuchen, wird oft
»cui bono« lauten.«
Wilfried Gottschalch

Oskar Negt
Die Konstituierung der Soziologie
zur Ordnungswissenschaft
Strukturbeziehung zwischen den Gesellschaftslehren Comtes und Hegels
Anhang: Zum Problem der Entmythologisierung in der Soziologie.
Zweite, neu eingeleitete Ausgabe 1974.
180 Seiten, kart. 14,– DM
ISBN 3-434-20060-6
(Studien zur Gesellschaftstheorie)

»Negts Schrift befaßt sich mit dem sachlichen Verhältnis – nicht mit
etwaigen genetischen Zusammenhängen – zwischen den der Gesellschaft geltenden Gedanken Hegels und der Comteschen Soziologie
als Wissenschaft der Geschichte; ihrer Verwandtschaft wie ihrem
Gegensatz. Das Interesse daran erschöpft sich nicht in bloßer Dog-
mengeschichte. Vielmehr erteilt die Untersuchung Aufschlüsse über
die Stellung sozialen Denkens in der Wirklichkeit, an der es sich bildet.«
Max Horkheimer/Theodor W. Adorno (Vorrede)

**Europäische
Verlagsanstalt**

André Gorz
Zur Strategie der Arbeiterbewegung im Neokapitalismus
Nachtrag:
Die Aktualität der Revolution.
1974, 296 Seiten, kart. 14,– DM
ISBN 3-434-45042-4
(basis studienausgaben)

»Zur Strategie der Arbeiterbewegung im Neokapitalismus«, 1963 entstanden, hat trotz aller dazwischenliegender Ereignisse bis heute nichts von seiner Aktualität eingebüßt. Gorz erarbeitet eine neue Theorie: Politische und ökonomische Interessen sollen wieder zusammen vertreten werden. Seine Frage lautet: Wie kann man, da heute die Voraussetzungen zu einer plötzlichen, revolutionären Umwälzen des Kapitalismus nicht mehr gegeben scheinen, antikapitalistische Lösungen innerhalb des Kapitalismus durchsetzen, ohne daß sie sogleich von ihm absorbiert werden? Der Nachtrag »Die Aktualität der Revolution« wurde unter dem Eindruck der Ereignisse des französischen Mai 1968 geschrieben.«

Michael Vester
Die Entstehung des Proletariats als Lernprozeß
Die Entstehung antikapitalistischer Theorie und Praxis in England 1792-1848
Mit einem Vorwort von Alfred Krovoza und Thomas Leithäuser
1972. 3. unveränderte Auflage 1975.
454 Seiten, kart. 22,– DM
ISBN 3-434-45024-6
(basis studienausgaben)

Vester interpretiert die Geschichte der ersten Arbeiterbewegungen und der frühsozialistischen Theorien in England (1792-1848) als langen kollektiven Lernprozeß. Im Hinblick auf das aktuelle Problem: Wie kann aus einer apathisierten, manipulierten und fragmentierten Unterklasse eine revolutionäre Klassenbewegung entstehen?, wertet Vester die Ergebnisse historischer, soziologischer und politikwissenschaftlicher Forschung aus. Er begründet die Notwendigkeit einer kritischen Revision anerkannter Theorien über das Entstehen der Arbeiterbewegung und stellt am Beispiel der englischen Arbeiterbewegung sozialgeschichtliche Bedingungen politischer und sozialer Emanzipation dar.

Johannes Agnoli/Peter Brückner
Die Transformation der Demokratie
Zur Theorie und Geschichte des Parlamentarismus
1974, 10. Auflage 1978, 200 Seiten, kart. 14,80 DM
ISBN 3-434-45038-6
(basis studienausgaben)

»Man hat den Vertretern der Außerparlamentarischen Opposition oft vorgeworfen, sie operierten in ihrer Polemik gegen die derzeitige parlamentarische Demokratie mit Schlagwörtern wie »Manipulation«, »System«, »Charaktermaske« und anderen. Wer Agnolis und Brückners Abhandlungen liest, wird erkennen, daß diese Begriffe alles andere als billigen Fachjargon darstellen, daß sie Teil subtiler Analysen sind, deren Niveau weit das übersteigt, was in den vergangenen Jahren an Demokratietheorie eher gepredigt als argumentativ entwickelt wurde.«   DIE ZEIT

Europäische Verlagsanstalt

ERICH FROMM
1900-1980

**Die Furcht
vor der Freiheit**
12., revidierte Auflage
1980,
Ca. 324 S., Kt.,
Ca. DM 19,80
ISBN 3-434-00423-8

**Das Menschenbild
bei Marx**
Mit den wichtigsten
Teilen der Frühschrif-
ten von Karl Marx
9., revidierte Auflage
1980,
Ca. 196 S., Kt.,
Ca. DM 16,80
ISBN 3-434-00421-1

**Wege aus einer
kranken Gesell-
schaft**
(vorher: Der moderne
Mensch und seine
Zukunft)
Eine sozialpsycholo-
gische Untersuchung
10. Auflage 1980,
Ca. 286 S., Kt. DM 19,80
ISBN 3-434-00424-6

Europäische
Verlagsanstalt